培文书系 | 社会科学译丛

法国视角下的
社会学史与社会学思想

[法]菲利普·卡班 让-弗朗索瓦·多尔蒂耶 主编　吴绍宜 主译　夏其敏 参译

图书在版编目（CIP）数据

法国视角下的社会学史与社会学思想／（法）卡班，（法）多尔蒂耶主编；吴绍宜主译，夏其敏参译．—北京：北京大学出版社，2010.6

（培文书系·社会科学译丛）

ISBN 978-7-301-17261-2

Ⅰ.①法… Ⅱ.①卡… ②多… ③吴… ④夏… Ⅲ.①社会学－文集 Ⅳ.①C91-53

中国版本图书馆 CIP 数据核字（2010）第 099304 号

En application de la Loi du 11 mars 1957, il est interdit de reproduire intégralement ou partiellement, par photocopie ou tout autre moyen, le présent ouvrage sans autorisation de l'éditeur ou du Centre français du droit de copie. © Sciences Humaines Éditions, 2000, 38, rue Rantheaume, BP 256, 89004 Auxerre Cedex ISBN 2-912601-09-6.

书　　　名：	法国视角下的社会学史与社会学思想
著作责任者：	［法］菲利普·卡班　［法］让-弗朗索瓦·多尔蒂耶　主编 吴绍宜　主译　夏其敏　参译
责 任 编 辑：	徐文宁
标 准 书 号：	ISBN 978-7-301-17261-2/C·0591
出 版 发 行：	北京大学出版社
地　　　址：	北京市海淀区成府路 205 号　100871
网　　　址：	http://www.pup.cn　电子信箱：pw@pup.pku.edu.cn
电　　　话：	邮购部 62752015　发行部 62750672　编辑部 62750112 出版部 62754962
印　刷　者：	三河市欣欣印刷有限公司
经　销　者：	新华书店
	720 毫米 × 1020 毫米　16 开本　18.5 印张　345 千字 2010 年 6 月第 1 版　2010 年 6 月第 1 次印刷
定　　　价：	24.00 元

未经许可，不得以任何方式复制或抄袭本书之部分或全部内容。

版权所有，侵权必究。举报电话：010-62752024　电子信箱：fd@pup.pku.edu.cn

目 录

本书作者及分工 …………………………………………………… 3

总　序　社会学轨迹 ……………………………………………… 5

第一章　先驱者与奠基者 ………………………………………… 1
　　第一节　孔　德——"社会学"概念的"发明者"，实证主义之父，
　　　　　　一种新宗教的始祖 ………………………………… 3
　　第二节　托克维尔与实行民主 ………………………………10
　　第三节　马克思与社会学 ……………………………………14
　　第四节　韦　伯——现代性的社会学家 ……………………24
　　第五节　1900—1910——法国社会学组织起来之时 ………27
　　第六节　迪尔凯姆——现代社会学之父 ……………………29
　　第七节　塔尔德——社会心理学的来源 ……………………38
　　第八节　齐美尔——被埋没的互动主义社会学之父 ………42
　　第九节　现代性——社会学的一个传统 ……………………49

第二章　美国社会学 ……………………………………………57
　　第一节　威廉·托马斯和弗洛里安·兹纳涅茨基——波兰农民，
　　　　　　一个移民的人生旅程 …………………………………58
　　第二节　拉扎斯菲尔德——调查社会影响 …………………64
　　第三节　帕森斯与"宏大理论" ……………………………68
　　第四节　默　顿 ………………………………………………72
　　第五节　互动主义社会学迅猛发展 …………………………76
　　第六节　戈夫曼 ………………………………………………79
　　第七节　互动——社会生活网络——霍华德·贝克尔访谈录 …83
　　第八节　希尔施曼——一位非正统的社会经济学家 ………91
　　第九节　社会动力学——贝尔访谈录 ………………………96

第三章 欧洲社会学 ······ 101
- 第一节 意大利社会学 ······ 102
- 第二节 认同与集体行动——皮佐尔诺访谈录 ······ 108
- 第三节 作为现代性自我意识的社会学——吉登斯访谈录 ······ 117
- 第四节 思想的社会建构——关于道格拉斯的《制度如何思考》一书 ······ 123
- 第五节 持重、礼貌和文明——埃利亚斯搞错了吗? ······ 127
- 第六节 法兰克福学派——从"马克思咖啡馆"到"马克斯咖啡馆" ······ 133

第四章 法国社会学 ······ 139
- 第一节 个体及其意向——雷蒙·布东访谈录 ······ 140
- 第二节 支配幕后——布迪厄的社会学 ······ 146
- 第三节 主体社会运动——图雷纳访谈录 ······ 161
- 第四节 行动者们的游戏与变革动力学——克罗齐耶访谈录 ······ 167
- 第五节 埃德加·莫兰——从社会学到复合思想体系(与反向折回) ······ 174
- 第六节 社会结构与社会动力学——芒德拉访谈录 ······ 183
- 第七节 回归"部落"——马费佐利访谈录 ······ 191

第五章 社会学家们的新目光 ······ 197
- 第一节 90年代——法国社会学裂变 ······ 198
- 第二节 职责清单 ······ 204
- 第三节 寻找行动的逻辑 ······ 211
- 第四节 生活就是经验——弗朗索瓦·迪贝访谈录 ······ 217
- 第五节 多元人——经受个体考验的社会学 ······ 223
- 第六节 社会变革理论 ······ 230
- 第七节 作为资源的社会关系 ······ 239
- 第八节 有组织行动动力学——弗里德贝格访谈录 ······ 246
- 第九节 微生物是社会行动者吗?——拉图尔访谈录 ······ 250
- 第十节 共同行动和生活——博尔坦斯基访谈录 ······ 255
- 第十一节 行动社会学……家务——考夫曼访谈录 ······ 260
- 第十二节 一位都市社会学家——维维奥尔卡访谈录 ······ 266

附录 关键术语 ······ 271

本书作者及分工

西尔万·阿勒芒(Sylvain Allemand)，《人文科学》杂志科学类记者。第一章第二节、第二章第七节、第四章第六节

法比奥·德·安德烈亚(Fabio d'Andréa)，佩鲁贾大学社会学教授。第三章第一节

霍华德·贝克尔(Howard Becker)，华盛顿大学社会学教授。第二章第七节

丹尼尔·贝尔(Daniel Bell)，哈佛大学终身名誉教授，美国艺术与科学研究院成员。第二章第九节

让－米歇尔·贝特洛(Jean-Michel Berthelot)，巴黎第四大学－索邦大学教授。第五章第二节

吕克·博尔坦斯基(Luc Boltanski)，社会科学高等研究学校(HCHESS)研究部主任。第五章第十节

雷蒙·布东(Raymond Boudon)，索邦大学社会学教授，法兰西研究院院士。第四章第一节

菲利普·卡班(Philippe Cabin)，《人文科学》杂志科学类记者。第二章第五节；第三章第二节；第四章第二节；第五章第一节、第四节；第五章第十一节

米歇尔·克罗齐耶(Michel Crozier)，全国科学研究中心名誉研究主任，法兰西研究院院士，组织社会学中心奠基人。第四章第四节

让－弗朗索瓦·多尔蒂耶(Jean-François Dortier)，《人文科学》杂志主编。第一章第一节、第三节、第四节、第五节；第二章第一、二、三、四、九节；第三章第三节；第四章第一节、第三节、第四节、第五节；第五章第八节、第十节

弗朗索瓦·迪贝(François Dubet)，波尔多大学教授，社会学分析及干预中心研究员。第五章第四节

让·艾蒂安(Jean Etienne)，社会科学大中学教师学衔获得者。第一章第九节

米歇尔·福尔塞(Michel Forsé)，全国科学研究中心主任。第五章第六节、第七节

马蒂娜·富尼耶(Martine Fournier)，《人文科学》杂志记者。第一章第六节专栏

埃拉尔·弗里德贝格(Erhard Friedberg),巴黎政治研究学院教授,组织社会学中心主任。第五章第八节

安东尼·吉登斯(Anthony Giddens),伦敦经济学院院长,剑桥大学国王学院及加州大学(圣巴巴拉分校)教授。第三章第三节

菲利普·于贡(Philippe Hugon),巴黎南特第十大学经济学教授。第二章第八节

尼古拉·茹尔内(Nicolas Journet),《人文科学》杂志科学类记者。第三章第四节、第五节;第五章第九节

让-克洛德·考夫曼(Jean-Claude Kaufmann),全国科学研究中心,社会交往研究中心(CERLIS,巴黎第四大学—索邦大学)主任。第五章第十一节

贝纳尔·拉伊尔(Bernard Lahire),里昂第二光明大学教授,法兰西大学研究院院士(membre de l'Institut universitaire de France)。第五章第五节

米歇尔·拉勒芒(Michel Lallement),国立工艺美术学院社会学教授。第一章第八节;第五章第三节

布鲁诺·拉图尔(Bruno Latour),巴黎高等矿业学校教授。第五章第九节

雅克·勒孔特(Jacques Lecomte),第五章第十二节

塞尔日·勒卢什(Serge Lellouche),记者。第三章第六节

米歇尔·马费佐利(Michel Maffesoli),巴黎第四大学—索邦大学教授。第四章第七节

亨利·芒德拉(Henri Mendras),巴黎政治研究学院教授。第四章第六节

洛朗·米克希埃利(Laurent Mucchielli),法国全国科学研究中心、法律与刑罚制度研究与社会学中心(CESDIP)研究员。第一章第六节、第七节

多米尼克·皮卡尔(Dominique Picard),巴黎第十三大学教授。第二章第六节

阿莱桑德罗·皮佐尔诺(Alessandro Pizzorno),佛罗伦萨欧洲大学研究院教授。第三章第二节

蒂埃里·罗热尔(Thierry Rogel),社会科学大中学教师学衔获得者。第一章第八节专栏

让-克洛德·吕阿诺-博尔巴兰(Jean-Claude Ruano-Borbalan),第四章第七节

阿兰·图雷纳(Alain Touraine),高等社会科学研究学校研究部主任(l'Ehess)。第四章第三节

米歇尔·维维奥尔卡(Michel Wieviorka),高等社会科学研究学校研究室主任。第五章第十二节

总　序

社会学轨迹

　　自从有了人类，社会现象也就与之同时存在。然而，直至19世纪末，社会科学才问世，社会学才开始具有一定的结构：确定研究对象、研究方法及主体思想框架。社会是怎样得到维系的？政治秩序是怎样被人们接受下来的？集体生活有普遍法则吗？是什么在指引个体行动？对于社会中普遍存在的违法犯罪、暴力……等整体性怪现象，该作何解释，又该怎样扭转？有人认为，要想解决上述问题，就要寻求系统的、精确的并且是经验论的答案；换句话说就是，用科学方式来解答。

　　20世纪历尽磨难，各种力量相互对立，分分合合，并出现两次大的中断。如今，社会学已走过百年发展历程，积累了丰硕的知识之果：有影响深远的各种著述及其作者们，有唯经验论的各种资料，有广泛传播的各种理论，有多方面的测量工具和多种干预手段……

　　但很明显，由于这门学科发展急速，其规则尚不明朗。社会学是现代性的产儿，起源于了解并有效地处理社会问题的意愿。社会学的发展，跟社会、政治与文化的演变并驾齐驱。就其宗旨本身而言，社会学要比其他任何科学都更能体现时代特点，反映其价值、其愁绪、其社会关系，反映经济及政治顽症。

　　本书辑录了关于所有社会学奠基人乃至社会学最新发展动态的文章，力求再现社会学迄今为止的发展历程，帮助读者更好地去理解社会学，力求对这一学科的知识与学术成果做一全面阐述。为了便于读者理解本书结构，这里简单交代一下本书的编排方式：

- 特定的社会历史背景渊源，19世纪末的背景；
- 社会秩序范畴的若干对象：视情况，科学地维护、阐释、了解该社会秩序或予以揭露；
- 社会环境的影响：无论涉及研究方法或对象，社会学总离不开文化背景和社会需求；
- 各种传统、思潮、机构：社会学能够存在，还依仗个体意志及特殊机构的配合；
- 质疑问难：社会学发展中反复出现的几个大问题。

一、社会学何以存在？

在动荡中，在向新社会的过渡中，在三场革命——政治革命（法国大革命）、经济革命（工业革命）与精神革命（理性主义、科学及实证主义的胜利）——的交叉影响下，社会学诞生了。简而言之，那个时代的人们想以激进的方式，从传统性过渡到现代性。社会学的先驱们（孔德、托克维尔、马克思）着手探究刚露头的新社会秩序的思想体系。

上述第一场社会变革，关系到社会性质自身。在法国大革命前，社会组织均被设想为由超验或自然的外界力量所支配。在现代社会，人们认为社会问题有其固有的运行法则，是可以弄明白的。埃米尔·迪尔凯姆（Emile Durkheim）是"发现社会问题"的开山祖，他指出，个体自杀虽纯属个人行为，但却与其所拥有的社会势力（其宗教、其关系网、其职业等）有很大关系。

19世纪亦是工业革命时期。资本主义商业的发展、生产过程的机械化、大规模生产单位的创建、工人阶级的形成，以及都市化，都充分说明当时的经济发生了巨变。乡村农民变为城市工人，资产者为之恐慌不已。他们对社会病症（暴力、越轨、混乱）的恐惧，成了最早进行的社会调查的直接原因，例如，维莱梅（Villermé）自1840年起对劳工界进行的调查。同理，20世纪初，为了了解并应对伴随都市化和入境移民而来的种种现象，美国社会学也应运而生。

社会学源于第三场变革——科学思想体系和理性化的降临。孔德宣称实证主义时代已经来临，也就是说，这是一个以科学论述为根基的世界，一切都要以对事实的了解及实验结果来说话。孔德首创了"社会学"这个术语,希望社会学能用严密的唯经验论去观察社会现象。另一位主要奠基人韦伯,则从另一个角度描述了资本主义文明史,认为它是理性思想的胜利,是在向"世界祛魅"迈进。

二、治疗、描写、领悟与揭示

所有这些动荡,以设定的和精确的知识形式,为认识与工具化提供了需要。在这一总的情势下,社会学一直都在应对社会关注的种种问题:

• **社会学是一门研究整体现象的科学,它尤其被视为一种诊断、治疗某些社会病症并改善某些社会机构的功能的手段。**

"1827年,我亲眼目睹了(……)社会性的苦难出现,而且对今天构成极大的危害;与我的同窗学友们一样,我首先考虑对症下药的手段":这是社会调查方面开路先锋之一弗雷德里克·勒普莱(Frédéric Le-Play)的原话。至于迪尔凯姆这位法国社会学之父,则为其所称的失范(anomie)状况忧心忡忡,他担心社会结构原子化(atomisation)会导致定位失衡——他极为关注社会的凝聚力,他认为社会学是更有效地预防这类危险征候的一种手段,可以免除其后患。

美国社会学从其出现伊始就被设计为对社会进行鉴定:美国人力图给社会这个大齿轮涂抹上润滑剂,以防这个年轻、朝气蓬勃、每日创新的社会发展过热。稳定化、少数民族共处、城市人口集中……困扰着美国,因而20世纪初冒出了"芝加哥学派",想要剖解上列难题。不久之后,因为想要了解哪些因素会限定劳动效率,埃尔顿·梅约(Elton Mayo)在位于霍索恩(Hawthorne)的通用公司(GE)的车间里做了一系列实验。这一功能说明美国社会学很早就在社会机构团体里扎下了根,而且在大学里也立住了脚,是一种公认的行动手段,在这一点上美国社会学家遥遥领先于其欧洲同行。

上述可操作性能标志着社会学的发展。该性能彰明较著,因为建构了多种工具且使之形式化,还因为阐明了各种各样的干预方法。例如,为协助企业经营管理、作好策略分析,组织社会学的代表人物米歇尔·克罗齐耶和埃拉尔·弗里德贝格提出了多种方法。二战以来,社会学出现了专业化的势头。研究人员与日俱增。要求提供社会专业性鉴定（expertise sociale）的呼声变得越来越强烈，而且也具有一定的结构：有研究机制向社会学家订做鉴定报告……卫生保健、社会劳动、城市规划、企业人力资源管理、沟通对话等社会上所有这些新突现的功能，都要求培养称职的社会学家。

• **社会学的使命是最忠实地描述社会及其功能。**

社会学先驱们努力刻画他们亲眼看到的两个世界的交替：自 1887 年起，德国社会学家腾尼斯（Ferdinand Tönnies）便开始从事这项工作，对"社区"与"社会"进行对比。

当然，由于研究方法不同，了解社会问题的手段也不尽相同。总的来说，在这方面有两种立场幡然对立。迪尔凯姆持"客观主义者的"外在姿态，认为社会学家应该从社会问题里走出来，这样目光才能保持客观；应该把社会现象"当做物"，方能对其进行解释。另一种推理方法则是要尽力去理解，为个体着想，从内部抓住个体的主观性。这种理解社会学的代表人物是韦伯。理解社会学的原理如下：社会问题的原料是个体的行动，只有领会人们赋予行动的价值意义，才能真正理解该行动。

无论采取什么样的姿态，社会学家始终关注的都是创制各种符合事实的、精确的、可以信赖的调查工具及手段。社会统计学一开始的特征是重视精确严密的测定。数量与经验社会学的传统，在 1945 年后显著地得到发扬光大。有几个研究中心（像美国的以拉扎斯菲尔德（Paul Lazarsfeld）为首的哥伦比亚大学小组）起到了推动作用，行政机关必须掌握经验数据，调查技术有所创新并日趋完善（民意测验，问卷调查，现今的计算机处理数据），这一切很快就会促成量化设备的构建。此外，在质量与理解方面，技术也在不断多样化，日益提高：专著，内容分析，小组的活力，非指导性交谈……勒普莱是尝试创造常人及比较直接观测法的第一人。对我们这些社会学者来说，譬如让-克洛德·考夫曼，更易接受的是符号互动主义和常人方法学潮流，其旨意是采用并改进各种手段，最恰切地再现社会游戏中互动及主观层面的精妙含义。

• **关注社会问题，尽量谙熟其难以捉摸的特性，这被纳入建构科学、理性的知识体系的计划中。**

孔德和迪尔凯姆相信科学和理性。他们认为，社会学应以精密科学为规范，就像化学或物理学一样。社会学的主旨是揭示各类社会功能的规律。迪尔凯姆著有《社会学方法论准则》(1895)一书,想用科学方法为研究社会现象奠定基础。

上述唯科学主义的表象便于人们了解社会学的创建,固然至今仍很重要,但却并未获得当代法国社会学名流的一致认可。布迪厄(Pierre Bourdieu)力图证明,社会问题的一些结构是隐蔽的。他(至少在他最初的一些著作中)捍卫苛细得几乎是过分严厉的观点,主张进行客体建构与科学处理。雷蒙·布东虽然选定了经验论的严密方法,但他揭露批判了"制定规律"(即断言可以列出社会问题运行法则)的观点,认为这种观点霸气十足。他要求人们接受部分社会问题具有不确定性这一见解,因为至少有一部分社会问题是个体表达自由意志的结果。至于米歇尔·马费佐利,他摒弃了体系化的观测技术,主张"漂泊游移"和"温存抚摩"的社会学。

· 批判功能由马克思首开先河。

马克思著述的目的是为了揭露社会。马克思的思想体系对社会学有一定影响,尤其是在20世纪50—70年代的法国产生了很大的影响。人们从反对或揭露的角度看待诸多别的重要思潮,像法兰克福学派、符号互动主义等。布迪厄的全部成果都被视为揭开了社会秩序隐秘的面纱。他的批判意愿是科学思维活动中的主线,但却不应成为著述者的立场,尽管著述者肯定会是持有一定思想观念的知识分子。

三、历史与时代的产儿

社会学产生于特定的历史条件及一系列社会动乱的形势:科学技术革命,资本主义扩张,都市化,各国的飞速发展以及民主的迅猛推进,各种价值观、道德观、社会准则和信仰快速变化。可以说,整部社会学史就是对社会政治事件的反映,相应地亦是社会对这门学科有所需求的反映。

因此,两次大战期间美国社会学的制度化与勃勃生机,可以归因于经济与文化背景。纳粹主义在欧洲猖獗,即将强化霸权:大量欧洲犹太社会学家(拉扎斯菲尔德、阿多诺、马尔库塞、舒茨)移居美国。欧洲社会学"穿越大西洋"。相反,美国的情势则是，战乱促进而不是中断了研究。乔治·盖洛普（George Gallup）创造了民意调查，拉扎斯菲尔德探讨权势与宣传的机制。战争期间，斯托夫（Samuel Stouffer）领导一个实验室，研究军队的士气；他在1950年发表了一份划时代的调查，记述了美国士兵的立场态度。

战后是美国社会学发展的黄金时代。经济恢复繁荣，社会治安稳定，美国对自己的价值观又有了信心。问题不在于避免危险，关键是探寻如何平稳协调地使社会结构发生深刻变化。帕森斯（Talcott Parsons）宏大的理论建构尤其体现了其所处时代的乐观与整合精神，体现了"美国生活方式"的胜利，他在其著述中提出了社会系统的维系与功能。

20世纪60年代疑窦丛生：这是一个种族问题引起暴动及越战爆发的时代。批判社会学应运而生。米尔斯（Charles Wright Mills）求助于社会学想象力。马尔库塞揭露富足社会的短处。互动主义者们反对拉扎斯菲尔德、帕森斯等大师们的霸主作风，主张把研究重心放回微观社会学的日常交换上。他们对较少共识性的课题，像越轨、毒品、精神病等比较感兴趣。在戈夫曼（Erving Goffman）的作品中，社会生活具有戏剧性；因而，社会生活的拟剧性表达的是自由社会里悲观且玩世不恭的看法。

法国社会学的建构同样带有历史痉挛的标记：1945年濒临消失，在戴高乐主义与计划经济时代得到当局扶持，重建法国社会学，当局拨款给实验室、大学、研究计划、杂志……自1970年起，马克思主义与结构主义的影响削弱了铁杆"整体论者"的各样思潮，从而有利于社会原子化及互动观点。如今，社会被视为偶发的产物，是构成社会的个体者们行动与思考的成果。

社会学受文化环境约制，也通过课题研究来明确方向。60年代在法国出现了沟通与媒体社会学。略一审视这一领域就可看出，这一研究项目在多大程度上暴露了社会的忧虑与焦点。首先是巴尔特（Roland Barthes）、鲍德利亚（Jean Baudrillard）与埃德加·莫兰（Edgar Morin）对广告、消费、电影进行学术研究；继而是多米尼克·沃尔通（Dominique Wolton）就电视和大众文化发表感想；进入90年代以来，则是雷吉斯·德布雷（Régis Debray）与菲利普·布雷东（Philippe Breton）对新科技工艺学和"信息社会"提出质问。近年来，围绕社会交往危机所进行的公开辩论，很明显地左右了法国社会学研究的题目——受排斥，入境移民，家庭，城市暴力等。

四、传统、思潮与结构

社会学并非一门整齐划一的科学，实际上从其诞生之日起人们就一直对此争论不休，并出现诸多分支。整部社会学史也可以说是一部个体的、策略的、传统的、结构的历史。

1890—1900 年，社会学诞生于三个不同的摇篮：法国，德国和美国。这三重源头致使理性的思维方法从根本上相互对立。法国学派以迪尔凯姆的人格为标志，即他的解释性的及客观主义的方法；法国学派把社会学列入科学总场域，采用研究自然科学的模式。德国持二元论观点：断然把自然科学与精神科学、解释与理解区分开。由于有韦伯和齐美尔这两位开山鼻祖，德国社会学是理解性的。当迪尔凯姆认定是"社会现象"时，韦伯则断定是"社会活动"。因此，"迪尔凯姆式纲领的基础，是实验理性主义与自然主义；德国社会学实施的纲领，则以感觉和社会活动为基础。"

相比之下，美国社会学先驱对这门学科的理解就要实用得多：用经验研究方法进行干预、处理具体难题，是社会学的使命。芝加哥学派的奠基人阿尔比恩·斯莫尔（Albion Small）创建了各种实验室，制定研究项目，出版多本教科书，并创办了一份杂志。

迪尔凯姆施行制度化策略，与其相反，韦伯则不求创建学派，即使他的后继者不乏其人（舒茨、埃利亚斯）。无论如何，1945 年已无人再去谈及法国学派或德国学派。此后，社会学具有一定的结构，极点减少。对美国来说，这一结论是有根据的，因为自 20 世纪 30 年代起可以区分出两股思潮：芝加哥学派被列入传统的城市社会学范畴，特别关注质化方法论，并参与其中；哥伦比亚学派则力求通过大规模的研究来描述美国社会，后来成为量化经验论的中心。二战后，哈佛出现了第三个极点，侧重理论化（以帕森斯为代表）。

下面我们以法国为例，请不要忘记，1945 年时的法国社会学简直是一片废墟。重建者们——让·斯托策尔（Jean Stoetzel）、乔治·古尔维奇（Georges Gurvitch）、乔治·弗里德曼（Georges Friedmann）、雷蒙·阿隆（Raymond Aron）——重任在身，当局热情鼓励并积极投资，大学界则对其持保留态度，其他学科（哲学、历史）更是对其存有戒心；结果是，社会学场域丰饶，有火力，带有经验论标记，他们联手协作，封闭的小圈子层出不穷。人们察觉到，专业化进程突出了分支化印象，像教育社会学、家庭社会学、组织社会学、文化社会学等，就这样自主地发展起来。

不过，20世纪80年代，法国社会学场域以布迪厄、布东、克罗齐耶及图雷纳的四部重要著作为中心，依然有四股"公认的"思潮印记。90年代是消除对立、与外部合作的年代。由于齐美尔、埃利亚斯、贝克尔（H. Becker）、戈夫曼等人的影响不断增大，互动与建构主义维度日见重要。知识社会学、常人方法学、认知科学、新范式的突生（像网络分析），都促使社会学在法国的研究场域更加分散。反过来，封闭小圈子之间的争论则和缓了，论战也趋于平息。

五、几个重要疑团

不论这个时代有着什么样的特征，尽管我们曾提到多样性，但社会学探讨的大课题总的来说并非如此繁多。这些大课题与前面所述社会关注的种种问题相对应。

• **社会交往**：社会是怎样维系自身的？

人类各集合体怎样才不会陷入普遍化暴力，或者说，不会分裂成无数微观群体？自从社会学诞生之日起，这些问题就无时无处不被人提出来。而答案也是多种多样。埃利亚斯这样描写人类社会的"习俗文明"史进程：暴力、欲望的表达日渐受到约束，甚至被社会生活所取缔。戈夫曼的看法是，社会交往好像共同生活的大舞台，要叫社会运转，人们必须"严格按规则玩"，并同意上台表演。有的社会学家则认为，社会交往无非是个体间在理性交换过程中相互盘算与机制的结果（"理性选择"派别）。

• **现代性及其性质**：显现西方社会实质的内涵。

马克思还有韦伯的著作，都是描述资本主义历史、功能及法则的鸿篇巨制。直到今天，我们依然能够认出长篇巨著的提纲：从鲍德利亚、莫兰对消费社会的分析，一直到卡斯泰尔对网络社会的构想，以及丹尼尔·贝尔和图雷纳对后工业社会的构想。

• **统治与权力**：为什么人类会接受社会秩序？

为什么人们会让别人替自己行使权力？韦伯是最早系统思考这类问题的人

之一，他同时还提出了权力形式类型论。在社会学家当中，布迪厄探究统治机制大概最执拗最坚韧不拔，他视其为社会组织的核心现象。为此，他更新了概念设置，由其提出的"惯习"、"符号暴力"、"再生产"等观念都已成为社会学中的常用语。

· 行动：人类行动的原动力何在？

自从 20 世纪 80 年代"行动者回归"，布迪厄的观点——人类行动在很大程度上是社会强制力的结果，社会强制力胜过人类行动——开始被其他理论所超越。一些学派强调个体自由的幅度由个体选择掌握，即使处于受强制的场域也是这样，并认为社会生活之所以存在，多亏了个体在其中发挥作用。方法论个体主义（布东）、策略分析（克罗齐耶）就属于这类学派。由于日常人际交换的游戏规则始终不断地在建构着社会、社会准则、社会走向，有些派别对"互动"产生兴趣。符号互动主义（贝克尔）、常人方法学（加芬克尔）是这类推理方法的典型。当前的研究重心放在"在场"上，即我们当中每个个体的在场、多元行为模式的在场。因而，探讨行为表现，主要在于分析各种模式怎样进行选择或怎样运营（贝纳尔·拉伊尔），或是分析行动记录（弗朗索瓦·迪贝）。最后，有些社会学家着重研究格外起决定性作用的变数，像博尔坦斯基认为是价值观，皮佐尔诺则认为是需要承认他人……

· 理性抑或缺乏理性？

在这方面，韦伯剖析了近代世界理性化的进程，并将各种理性形态做了分类，从而指明了研究途径。源于经济理论领域的功利主义观点（人们行动时总要盘算，只求趋利避害），与"理性选择"派别一道，正在进入社会学领域。但因这种观念限制性太强又太不实际，故出现许多争议，结果就是"有限理性"的出现，这一概念的提出应该归功于西蒙（Herbert Simon），继续对这一概念进行探究的则是克罗齐耶和弗里德贝格；这些"令人满意的道理"备受布东的青睐。另一些社会学家，像莫兰，则驳斥了企图把人的理性方面与非理性及情感方面分割开的见解。

· 社会结构：什么是社会建筑？

各个社会是怎样组织起来的？按照马克思主义的传统提法，是物质结构（经济、生产器具、财产）确定社会组织。后来，社会学家们借鉴人类学（功能主义和结构主义）来思考这一问题体系。帕森斯把社会描述成是一个稳定而有组织的体系，具有四项主要功能：适应、达成目标、整合、维持规范。社会学家在描述社会时，确实也提出了结构问题。从长时段去看，社会确实首先是由阶级(工人、农民、资产者……)、阶层或社会职业类别组成。而今，尽管没人否认社会条件有差异，但在勾勒或观察社会时使用的则是别的手段，对网络作分析，像阿兰·德热纳(Alain Degenne)与米歇尔·福尔塞所做的研究，就是这方面的一个实例。

·社会结构的深刻变化：社会怎样才能变革？

孔德将静态社会与动态社会区别开：这足以表明这个问题在他心中非常重要。着手研究这一问题的方法各有不同，因为其所依据的主要参数相异。福尔塞辨析出四种类型的社会结构深刻变化：功能主义、进化主义、冲突理论、互动主义。一些有名望的社会学家（像贝尔）则特别强调，作为社会结构深刻变化的原动力，科技工艺革新很重要，但他们并未将其视为惟一因素。

结论：建构中的一门学问

上面所开列的问题清单可能并不全面，不过，围绕社会学始祖们提出的、周而复始出现的几个疑问，就足以说明这门学问是怎样创立的。列清单的过程，就是借助多种资料去积累、取其精华、列出对立观点的过程；这些资料源于多种研究手段，其观察标尺、使用方法、研究对象各不相同。

本书旨在同时再现上述多样性及多样性的建构方式。第一部分介绍这门学科的创建经过。随后划出三个成果丰硕区域：美国，欧洲（意大利、德国、英国）和法国，展示当代社会学全貌。全书最后一章则阐述了最新的派别及其发展动向。

第一章

先驱者与奠基者

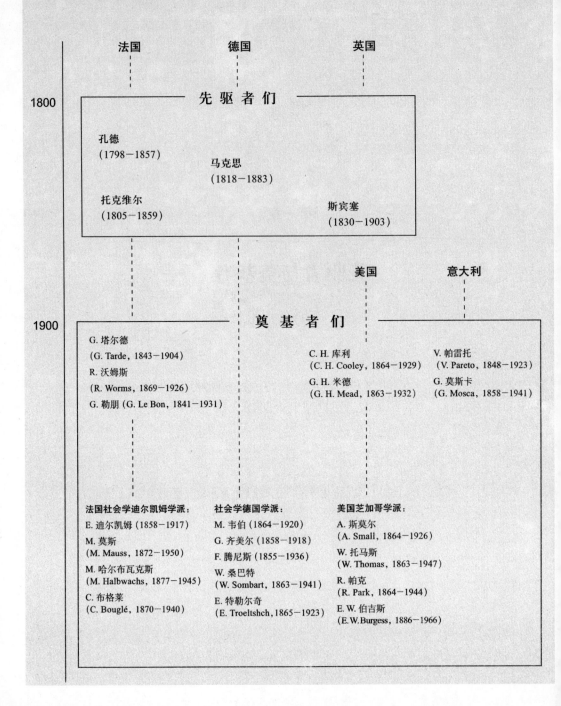

第一节 孔 德
——"社会学"概念的"发明者",
实证主义之父,一种新宗教的始祖

孔 德

深受工业社会诞生和科学理性的吸引,孔德是经验主义和实证主义的创建者。为了思考这突生的新社会,他要创立一门后来被他取名为"社会学"的研究社会问题的科学。

"社会学"这个词最初出现在 1839 年孔德的《实证哲学教程》第四十七课的一个段落里。作者引入这个新词是迫不得已之举。实际上,孔德起先曾打算把他心目中的社会科学叫做"社会物理学"。可是在这之前几个月,比利时数学家兼天文学家阿道夫·凯特勒(Adolphe Quetelet, 1796—1874,近代统计学之父、数理统计学派创始人,著有《概率论书简》、《社会物理学》等)已经占用了"社会物理学"一词,用它来称呼一门新学科——人口统计研究。

凯特勒在巴黎旅行期间发现,可以用统计来解释犯罪现象并确定它在人口中的发生频率。这样就可作出预测并据此为公众行动指引方向。这门学科后来发展成为人口学，凯特勒这位人口学先驱更喜欢"社会物理学"一词并通过其著述将其传播开来。孔德对此感到既愤怒又遗憾，只好放弃他想好的名称。他不得不为他的科学寻找一个新的名字，这就是"社会学"(sociologie)这个由拉丁语词根 socius（社会）和希腊语 logos（知识）构成的新词。

"社会物理学"这一表达方式，很好地揭示了其作者的意图。对于孔德这位昔日巴黎综合工科大学的学生、这位数学和物理学的痴迷者来说，只有依靠理性和事实才算是科学。以物理学为参照，表明了他建立真正科学的决心。努力找到规律、以确凿事实为依据并进行严格论证，这就是孔德所倡导的"实证哲学"或实证主义的首要原则。"社会物理学"的目的就是揭示社会规律，并把这门知识用于为城邦的开明政府服务。

奇特的经历

孔德在 1839 年"发明"社会学一词时并非一点名气也没有。那年他 41 岁，距离 1826 年开始编写并讲授《实证哲学教程》已有些年头。这门课的听众起先很少，他们来到孔德位于巴黎蒙马特街的住所听课。后来孔德名气大了就在专门租来的礼堂里讲课。孔德的学术雄心与他的地位很不相称。尽管曾是名天才学生，他却在大学讲台上没有谋到任何位置，他的生活只能是靠给人当私人教师和几个忠实信徒的接济来维持。孔德 1798 年生于蒙彼利埃市一个社会下层之家。他曾表现出非凡的数学才能并在 16 岁考入巴黎综合工科大学。可是到了 1816 年学校却关了门，孔德与其他许多学生一道被开除学籍。法国王朝复辟容不得巴黎综合工科大学变成革命策源地，而年轻的孔德当时正是一名出色的革命推动者。虽然后来孔德又回到综合工科大学教课，但他却一直没有得到正式职位。

与圣西门相遇

1817 年，19 岁的孔德遇到圣西门(Saint-Simon, 1760—1825)并成为其助手。圣西门伯爵这位极富特色的人物当时正在建立一门被他不久之后当做"新天主教"介绍的哲学学说和社会学说——工业主义。圣西门背叛自己的贵族家庭，年纪轻轻就站在革命理想一边。作为年轻军官，他前往美洲，为的是在美国独立战争中与拉法耶特并肩作战。他在这段经历中发现了正在进行的工业革命。就像后来的托克维尔一样，他带着"政治革命和工业革命预示着人类新纪元"这一思想从美国回来。贵族和僧侣领导的处于末日的传统社会，正在让位于科学家和工业家逐渐占据主导地位的时代。

回到法国，圣西门投身商业。他购买房产土地，创立商业和交通运输业。在法国大革命期间，他特别想出版共和扑克牌，把原来扑克牌中的国王、王后和侍从的面孔换成象征天才、自由和平等的面孔。这些是他衷心期盼的社会新秩序的象征。

1798年38岁时，他决定放弃商业献身研究。他想从此以后潜心构思一种新的哲学并要为在他眼皮底下诞生的工业社会设计社会计划。他把家安置在靠近巴黎综合工科大学的圣热纳维耶芙山上，为的是学习物理学和数学，然后又住在医科大学附近，为的是学习医学和心理学。他的计划是构想一门被他称为"社会生理学"的新科学。这门学科与社会组织的关系，犹如生理学与有生命的机体一样，能够引出"治疗学"的科学知识，因为社会科学将服务于实际行动。除了具有鲜明的人物个性之外，圣西门所捍卫的思想是当时许多社会思想家即社会学先驱们所共有的思想：旧社会正在被一种工业和商业占据中心地位的新的社会秩序所推翻。一个建立在"生产者"基础上的新社会正在诞生。旧社会引导各民族为取得财富而相互争斗，工业则能使大家都富裕起来。君主和军人应该让位于生产者。"把对人的统治变成对物的管理"，这一说法后来马克思也用过。社会科学将是这个新世界的助手。社会科学思考其依据并帮助进行治理。"圣西门主义"以一种建立在工业和博爱基础上的社会主义形式出现。在随后20年时间里，圣西门通过书籍和小册子不断宣传他的学说。

年轻的孔德深受圣西门学说的影响。既然圣西门署名的小册子是他们一起编写的，他必然曾积极参与学说的构思。不过，后来两人因为在署名问题上发生争吵导致不和，最终在1824年分道扬镳。

孔德没有了工作。他努力想得到一个大学教授的职位，可是巴黎综合工科大学则拒绝把这个职位给予一个具有极强煽动性的校友。孔德只好上几节数学课和物理课。正是在这一时期，他娶了认识已久的曾当过妓女的卡罗琳·马森。经过"慷慨的计算"，他希望他们俩都能从婚姻中得利：他拥有她积攒的小小资本，她通过合法婚姻从良。然而，他们的婚姻最终却以失败告终。卡罗琳多次离家出走重操旧业。1826年，夫妻关系危机导致孔德精神病发作并企图自杀。劳累过度无疑与发病不无关系，因为他一直在为他的新科学原理的理论大作《实证哲学教程》的定稿而疯狂工作。

《实证哲学教程》是一个宏大的学术项目。从其部头来看，六大卷，出版时间长达 12 年（1830—1842）；从其志向抱负来看，他自认为回答了哲学中的重大问题：如何认识世界？什么是人？什么是社会？如何一起生活？

孔德的学术流派属于笛卡尔的《方法论》、孟德斯鸠的《论法的精神》或孔多塞的《人类精神进步的历史画卷》那条线，这些都是孔德反复阅读并颇为欣赏的作品。应该说，由于这些精神的综合，那个时代非常活跃。我们可以把孔德的学术事业与同时期黑格尔在德国以他的《精神现象学》为代表所进行的事业做一番比较，从中找出相同的要素：都是百科全书派思想，都是在进行历史比较，尤其是两人都想获得一种能够完善所有知识领域并作为统治社会指南的新知识。实际上，几乎可以说孔德就是法国的黑格尔。

三阶段法则

《实证哲学教程》的第一课介绍的是"三阶段法则"，孔德认为这一法则是对人类思想发展的概括。知识的发展经历三个阶段（与三个历史时代相对应，也与三个智力发育时代相对应）：

神学阶段或"虚构"阶段，是人类的童年。精神在寻找现象的原因时，或者认为物是有意念的（拜物教），或者猜想存在超自然物（多神教）或是仅存在一个上帝（一神教）。"人类的头脑把各种现象想象为是一些超自然能动者直接而持续的行动的产物。"这是魔幻信仰时期、拜物时期、神灵时期、宗教时期，是一个转向冥间、转向崇拜祖先的世界，是一个"死人统治活人"的世界。

形而上学（"或抽象"）阶段，是思想的少年时期。超自然力量被斯宾诺莎的"大自然"、笛卡尔的"几何学家上帝"、狄德罗的"物质"、启蒙世纪的"理性"等抽象力量所取代。这个阶段较之前一阶段（即把神人格化的阶段）是一个进步。但是思想仍然被一般抽象的、万能的哲学概念所束缚，把物质实在性与道德准则相联系。孔德写道："这就是哲学家的方法。"

最后到来的是孔德所说的"我们智力的成年阶段"，即"实证阶段"。实证思想抛弃了对事物"终极原因"的探寻而去观察事实，观察它们的"实际规律即它们接替和相似的不变关系"（《实证哲学教程》第一卷）。依靠事实、依靠实验、依靠现实的验证，就能走出思辨推论。这是实证主义的首要原则。形而上学精神依靠的是万能的永恒概念，而且不让这些概念经受现实的检验，实证精神则把猜想与现实世界进行对比。这一做法导致抛弃一般理论，而注重与现有事实相关、精确的操作知识。让绝对万能理论见鬼去吧，因为它既空洞又无用——孔德宣称："一切都是相对的，只有这一条才是绝对的。"简言之，实证主义就是抛弃无意义的思索和想象出的概念，坚持从经验中获得的知识的客观性、对事实的观察和严格的论证。这些就是实证主义的信条，这些信条是反对形而上学的学说，后来成为19世纪重要思潮之一。

实证精神预示着思想新纪元的到来。孔德在其《教程》中接着提出了科学知识的一般分类。分类的建立以研究对象的复杂程度递增为顺序。天文学和物理学研究的对象是无生命的，研究方法既抽象又简单。化学和生物学是研究有生命的科学，其研究对象既复杂又多变。《教程》前四十五课论述的是天文学、物理学、化学、生物学这些科学的主要方法和成果。在科学排序中最后来到的是社会科学。社会科学应该融合其他学科的成果以面对最为复杂的研究对象——人类社会。

更名为社会学的社会物理学，应该成为一门实证科学。这门科学既能让人认识社会组织的法则（"社会静力学"），又能让人知道社会的变化规律（"社会动力学"）。孔德想用社会学解决社会问题，因为他还抱有解决社会组织症结的目的："知晓就是预见，预见就是力量。"《实证哲学教程》就是这样结尾的。剩下的问题就是实施计划。此时正是孔德生活发生大转折的时候。

克洛蒂尔德和人道宗教

1844年，孔德认识了对他具有决定意义的一个人，那就是克洛蒂尔德（Clotilde de Vaux），一个已婚但与丈夫分居的年轻女人。那时克洛蒂尔德还不到30岁，漂亮、灵敏、有学问、聪明。他们相互爱慕。他们约会，写给对方激情似火的情书。然而，他们的爱情却将停留在柏拉图式的恋爱上，因为克洛蒂尔德患有肺病并自知将不久于人世。她在一封信中向孔德表白："除了爱情"她无法给予他"其他东西"。克洛蒂尔德死了，那是1846年4月5日，她的手握在来居所看她的爱人手中。从这一刻开始，孔德对逝去的爱人开始抱有崇敬之情。我们将会看到，他将会让这个死后他还继续钟爱的女人扮演何等奇怪的角色。

与克洛蒂尔德相识之时，正好是孔德思想进入新阶段的时期。阐发了实证主义原则之后的事情，就是为从中得出的社会组织打下基础。从1845年起，孔德把其全部时间都用于撰写他的不久后变成《新宗教》的《实证政治体系》。

虽然孔德严厉地批判了旧时代的"神学精神"，但他心里却很清楚，宗教起着社会纽带的作用。工业化和法国革命虽然推翻了旧制度，但却也拆解了人与人之间相联系的旧有纽带（教会、行会、旧制度下的"等级"），从而出现了一个简化为个人聚合体的社会。孔德知道，个人的聚合体不足以形成社会。如果缺少把个体连接成一个更高一级"整体"的"有机纽带"，任何社会都无法运转。社会是人与人之间的联合整体，应该超越个体的个人利益。

因此，必须为突生的新世界找到旧世界诸神的替代者。应该用新的"上帝"取代旧世界的神。这就是人类自己，也就是"过去、现在和将来愿意共同致力于完善世界秩序的所有人"。1847年孔德宣告"人道宗教"的创立。在这个宗教里，科学，尤其是社会科学将会取代信条。科学家将会取代教士。孔德在这里重新找到了他年轻时与圣西门接触所建立的思想——科学家共和国的思想。但是《实证主义问答》的作者从与克洛蒂尔德的接触中懂得了，聪明不足以使人类紧密团结，还必须有爱，有爱情。应该在科学家旁边给予妇女一个重要位置，她们是能把人类团结起来的爱和慈善的保证。因而，孔德要给他的宗教发明一位保护女神、守护天使、母亲女神，而这个女神的形象就是他一生的女人、他逝去的爱人克洛蒂尔德。

在接下来的时间里，孔德撰写了四卷本的《实证政治体系》（1851—1854），副标题是"建立人道宗教的社会学论文"。与此同时，他还在1852年编写了《实证主义问答》。这一时期，孔德的一些曾经接受了实证学说并资助他的忠实信奉者（如穆勒）开始与他疏远。1848年，孔德创立"实证主义者协会"，把他的门徒集合起来。协会成员中的马克西米利安·利特雷向他提供"实证主义津贴"以资助他生活。一些实证主义者社团也开始在外省和外国纷纷成立。

晚年的孔德越来越转向救世主降临主义。孔德宣称自己就是"人道宗教的教皇"，他给当世最显赫的人物沙皇尼古拉、奥斯曼帝国首相写信，使他们赞同实证主义。1856年，他甚至向耶稣会总会长提议建立联盟，为的是把两教传教行动融合在一起。他预计自己将会在1860年之前在巴黎圣母院布讲实证关系！

可他 1857 年却患上胃癌，当年便在他的门徒的关爱中与世长辞。

孔德的反常

孔德的生活和事业似乎都基于一系列反常现象：富有科学和理性主义精神的他，竟然去建立一种宗教；身为主张坚持看重事实的实证主义理论家，却一生都在建构一种与任何经验观察都毫无干系的哲学推论。他的著作充满综合精神的活力，但其文笔却乏味得让人生厌。而他的私生活则又恰恰相反，不稳定、浪漫、听任激情摆布。

尽管他身上充满矛盾，但他的贡献却不仅仅是创用了"社会学"一词。这门学科的创立，主要建立在发现社会问题具有独立性这一基础之上。社会并非像组成它的个体那么简单，而是一个"整体"。他还懂得，务必要用复杂的方法去研究人类事实，因为人类事实与所有有生命的事情一样，绝对不会听命于绝对法则。

虽然孔德创立的新宗教在今天看来有些癫狂，但却并不像人们通常所认为的那样离奇反常。在那个时代，"社会科学"与"社会问题"及"社会主义"都是同义词。年轻的社会学是以解决"社会问题"和在人与人之间建立共同的大家庭的面目出现的。圣西门已经把他的学说变成"新基督教"并建立了带有实验性质的乌托邦社区。马克思主义将会有着与此相似的命运……

第二节 托克维尔与实行民主

托克维尔

地位平等是否可与实行自由并存？托克维尔思想里的这个中心问题，也是民主可能性的中心问题。

托克维尔进行他那有名的美国之行时才25岁。那是1831年，法国自大革命以来一直没能建立稳定的体制。长期作为参照的英国君主立宪制已不再适合。托克维尔认为，作为《人权宣言》故乡的法国，在不可逆转的发展道路上比其他任何国家都走得更远——地位"平等化"。在这种背景下，必须把政治自由扩大到所有人身上。贵族阶级彻底让位于民主的时候已经到了。

然而，地位平等是否可与实行自由和谐并存？把选举权赋予所有公民，这难道不会让民主陷入无政府状态？正是为了找到这些问题的答案，他才去美国进行考察，然后写了两卷本的《论美国的民主》，因为美国是当时自由主义民主的唯一范例。

第一卷出版后大获成功。采用的仍是古典构思技法，按照从孟德斯鸠著作中得到的灵感，托克维尔依次描述了获得成功的自然条件、法律，以及能够解释美国社会特点的风俗习惯。第二卷仍没有跳出孟德斯鸠的影响，更多地把民主作为"理想型"来进行论述。

尤其应该指明的是,《论美国的民主》抛弃了当时被普遍接受的论点,即平等只应局限于公民权,否则就会有害于自由。美国的民主所证明的恰恰与此相反。美国的民主像以往一样当然包括主人和仆人、老板和工人,但他们相互间的关系则由平等原则来决定。在政治方面,民主表现为立法、行政、司法三权平衡分配,公民积极参与地方政治生活,舆论控制……

托克维尔并没有完全苟同于其在美国看到的日常生活景象。出身贵族的他,毫不隐瞒美国政界人物及"知识分子"的平庸给他带来的失望。民主在许多方面都抗不住与贵族的比较。但是,这些缺陷是平等与自由实际共存及导致地位平等化的自然代价。

权力对个体的控制

美国的民主还有另外一个优点,那就是可以成功地保持下去。这是托克维尔的另一个主导思想,即由于内部作用,民主的演变可以不倒向无政府状态而是倒向专制主义。相互竞争的个体起步时的机遇从不均等。这些个体自己又都宁愿要平等而不要自由。因此,他们满足于有一个强有力的政权,只要它能阻止他们中的一些人爬到另一些人之上。就美国社会而言,习俗和宗教、大众陪审团,再加上法律专家,这些都是为了预防政权对个体控制增强所设想出的办法。如果需要证据的话,民主具有一种自我节制的特殊本事就足以为证。

可是,直接把美国的制度搬到法国是不可能的。1851年发生的路易·波拿巴政变,证实了调和平等与自由的难度。为何如此之难?这就是《旧制度与大革命》一书所竭力要回答的问题。

自由主义事业的旗帜

托克维尔并未把法国大革命当成旧制度的断裂,而是将其看成是在君主专制(尤其是中央集权)的若干世纪中出现的变化达到的终点。王家政权扼杀了中间形式的政权和从中世纪继承下来的地方政治生活,使法国人不再记得政治事务。因此,对政治自由的向往,只能表现为革命行为并把旧世界打个粉碎。《旧制度与大革命》本应使托克维尔被公认为自由主义事业的旗帜,但在19世纪末期,像历史与政治科学等传统学科的科学化、第三共和国的巩固,以及美国楷模的影响力自南北战争以后逐渐丧失……这一切都使托克维尔陷入几乎被完全遗

参考书目

伽利玛出版社自 1952 年以来出版的托克维尔《全集》目前有 18 卷。
以下为袖珍本书目：

- 《论美国的民主》(De la démocratie en Amérique)
- 《旧制度与大革命》(L'Ancien Régime et la Révolution)
- 《回忆录》(Souvenirs)
- 《英国和爱尔兰游记》(Voyage en Angleterre et en Irlande)

生平年表

- 1805 年（7 月 29 日）：托克维尔在巴黎出生，父亲出身于诺曼底老贵族家庭，母亲是路易十六时期的律师马勒泽布 (Malesherbes) 的孙女。
- 1820—1827 年：在梅斯皇家学院、巴黎学习（法律），游历意大利。
- 1827—1830 年：与后来与他结伴赴美的古斯塔夫·德·博蒙相识；托克维尔向七月王朝起誓。
- 1831 年 4 月—1832 年 3 月：赴美考察。
- 1833—1835 年：《论美国的民主》第一卷出版；赴英国、爱尔兰考察，与英国女子玛丽·莫特利 (Mary Mottley) 结婚。
- 1836 年：《1789 年前后的法国政治、社会状况》出版。
- 1838 年：被选为政治和道德科学院院士。
- 1839 年：作为议员的托克维尔编写了三份报告：一份是关于在殖民地废除奴隶制度 (1839)，一份是关于监狱改革 (1843)；最后一份是经过两次实地考察之后写的有关阿尔及利亚问题的报告 (1847)。
- 1840 年：《论美国的民主》第二卷出版。
- 1841 年：被选为法兰西学院院士。
- 1848 年：新宪法编制委员会成员。
- 1849 年：出任外交部长。
- 1851 年：由于憎恨路易·波拿巴政变而退出政治生活。
- 1856 年：《旧制度与大革命》出版。
- 1859 年（4 月 16 日）：在戛纳逝世。

忘的境地。直到 20 世纪五六十年代，他的著作才被重新发现。阿隆在《社会学思想的发展阶段》一书中承认了托克维尔的功绩，"他在认识到阶级斗争重要性的同时，把自由与平等的关系问题作为对民主进行思考的中心"，从而把托克维尔提升到了社会学创始人的地位，与马克思或孔德相提并论。

20 世纪 60 年代的社会与托克维尔描绘的民主社会有着越来越多的相似之处（对享乐主义行为的肯定、对个人主义的肯定、地位平等化……），也是社会科学重新对托克维尔感兴趣的原因。从 1979 年开始，弗朗索瓦·菲雷（François Furet）就法国大革命所做的史料编纂工作，激发人们根据托克维尔的著作重新解读大革命现象。就像要证明任何建立在平等这个唯一原则基础上的制度都不可避免地要失败那样，苏维埃体系的瓦解只是再次增强了人们对平等的兴趣。

第三节 马克思与社会学

马克思

马克思的著作是社会学思想基础的组成部分,在下面四个重大主题上留下了印记:社会及动力学观念,社会阶级理论,意识形态理论和国家理论。

马克思不是社会学家。"社会学"一词甚至没有在他的著作中出现过。然而他却理所当然地可以被列入这门学科的经典大师之列[1]。他的分析的重要性不仅被"马克思主义者"(现在已为数不多)所承认,就连那些与同意他的观点相去甚远的作者(像韦伯或阿隆)也都承认其著述是不可回避的参照,甚至突出强调了他的天才。

要想对马克思的贡献进行客观的总结,是一项既棘手又冒险的任务。之所以说冒险,是因为马克思主义有着沉重的政治遗产,而且不可能把科学分析与政治意识形态彻底分开。之所以说棘手,则是因为马克思的写作与所有"神圣"的重要文献一样总是多义的,可以有多种理解。

关于他对社会学的贡献,至少有四个重大主题可以考虑:关于社会的总体观念,阶级理论,国家理论和意识形态理论。

社会概念

1859 年,马克思在其《政治经济学批判》序言中,用一段著名的话语概括了使他放弃哲学研究而献身经济学研究的学术道路。他写道:"为了解决使我困顿的疑问,我开始了第一步的工作,对黑格尔法哲学的批判性修正(……)。"(参见第 17 页专栏。)

战斗的一生,写作的一生

- 1818 年:马克思出生在特里尔市(莱茵省)。他的父亲是名自由律师。从犹太教改信新教。
- 1835—1841 年:习读法律和哲学,通过了评述德谟克利特的论文。在大学里加入了"左翼黑格尔学派"。
- 1842 年:成为科隆《莱茵报》主编。
- 1843 年:与燕妮结婚,有三个女儿(曾有过一个儿子,10 岁时夭亡)。他发表了《论犹太人问题》和《黑格尔法哲学批判》。
- 1844—1845 年:移居巴黎。他在那里接触到社会主义者团体,遇到蒲鲁东、巴枯宁,与恩格斯结为朋友,他们一起发表了《神圣家族》。
- 1845—1848 年:马克思被逐出巴黎到达布鲁塞尔,加入共产主义者同盟。与恩格斯一道撰写《德意志意识形态》、《雇佣劳动与资本》(1847)和《共产党宣言》(1848)。
- 1848—1863 年:1848 年回科隆居住但次年即遭驱逐,最后定居伦敦,物质条件特别艰难。收入来源只有报上发表文章的稿酬(与《纽约论坛报》合作)和恩格斯的接济。他常常生病。1852 年发表《路易·波拿巴的雾月十八日》。他大部分时间都在大英博物馆图书馆中研究政治经济学。写出大量文章和小册子。
- 1864 年:参与创立第一国际并编写章程。
- 1867 年:《资本论》第一卷出版。
- 1869—1882 年:在第一国际内部与巴枯宁斗争。撰写《法兰西内战》(1871)、《哥达纲领批判》(1875)。在瑞士和法国旅行。
- 1883 年:3 月 14 日逝世。
- 1885 年:恩格斯出版《资本论》第二卷。
- 1894 年:恩格斯出版《资本论》第三卷。

马克思叙述了他那时如何抛弃黑格尔的意识形态而接受了历史唯物主义观念，概述了这种新探讨的大纲。社会的根基存在于物质生活当中。劳动既生产了人类本身又生产了社会产品。因此，"到政治经济学中去寻找世俗社会的自主是适合的"。社会的经济结构是"建立司法、政治以及与之相应的一定的社会意识形式的实实在在的基础"。不是人的意识决定人的存在，"而是相反，是社会存在决定社会意识"。

一个社会的生产方式由"生产力"（人、机器、技术）和"生产关系"（奴隶制、租佃制、手工业制、雇佣制）组成。生产方式构成建立社会政治、司法和意识形态上层建筑的基石。在历史进程中相继出现过几种生产方式：远古的、亚洲的、封建的、资产阶级的。生产力发展到一定程度，就会与生产关系发生冲突。这时就"开始了社会革命时代"。

经济基础的变革伴随着上层建筑中司法、政治、宗教、艺术、哲学等意识形态形式或快或慢的大动荡，人们在意识形态形式中意识到冲突并将之进行到底。

诠释家们大量讨论过怎样确切理解"社会的物质基础"、"生产力"和"生产关系"链接的方法。马克思的文章在这一点上往往是不确切的、多义的和多变的。他忽而主张简单的决定论和历史规律不可抗拒的机械论，忽而又对社会组织提出更加开放和更加复杂的看法。

实际上，我们必须明白，马克思的基本论点显示了两个阶段。首先，他反对历史唯心主义观点，主要是反对"青年黑格尔派"的观点，他在《德意志意识形态》（1845）中严厉地批判了这一观点。这些唯心主义者宣称思想统治着世界，要改变社会就必须使人接受新思想。马克思在反对这些"观念学者"时，以相当专断的表达方式从原则上肯定了唯物主义。他对黑格尔主义的批判，指引他"推翻"唯心主义立场并坚定了社会好似一座金字塔的唯物主义观念。金字塔的底座由物质基础构成，即以经济为基础构筑政治、法律和思想。一种生产方式向另一种生产方式的过渡，起源于经济矛盾和从中产生的阶级斗争。《共产党宣言》一书中的唯物主义是严密的，决定论是绝对的。

但在其他著作中，他的分析就要显得更加审慎，也更加复杂。在谈到从资本主义向社会主义过渡的时候，马克思发展出了一种关于社会变革的"辩证"观念。资本主义规律性地经受导致周期性危机的经济矛盾，危机到来的"规律"就像物理定律那样严格。《资本论》的作者想从走向危机的资本主义制度中分析出其深

> **"我的研究得到的成果是……"**
>
> 在《政治经济学批判》序言 (1859) 中，马克思对他的历史观主线做了如下概括：
>
> "我所得到的、并且一经得到就用于指导我的研究工作的总的结果，可以简要地表述如下：人们在自己生活的社会生产中发生一定的、必然的、不以他们的意志为转移的关系，即同他们的物质生产力的一定发展阶段相适合的生产关系。这些生产关系的总和构成社会的经济结构，即有法律的和政治的上层建筑竖立其上并有一定的社会意识形式与之相适应的现实基础。物质生活的生产方式制约着整个社会生活、政治生活和精神生活的过程。不是人们的意识决定人们的存在，相反，是人们的社会存在决定人们的意识。
>
> "社会的物质生产力发展到一定阶段，便同它们一直在其中运动的现存生产关系（……）发生矛盾。（……）那时社会革命的时代就到来了。随着经济基础的变更，全部庞大的上层建筑也或慢或快地发生变革。（……）一种是人们借以意识到这个冲突并力求把它克服的那些法律的、政治的、宗教的、艺术的或哲学的，简言之，意识形态的形式。（……）大体说来，亚细亚的、古代的、封建的和现代资产阶级的生产方式可以看做是经济的社会形态演进的几个时代。资产阶级的生产关系是社会生产过程的最后一个对抗形式（……）因此，人类社会的史前时期就以这种社会形态而告终。"
>
> 来源：《马克思文集》，《七星诗社》丛书，伽利玛出版社。

刻的矛盾，但又指出这些规律只是具有"倾向性"，经济现象中也存在一些抵抗或加剧这一发展规律的相反倾向。

此外，单是危机还不足以引起经济体系的崩溃，为此还必须使无产阶级组织起来勇敢投身于反抗战斗。光造反还不够，无产阶级应该组织成"政党"，而且这个政党必须意识到给自己确定的历史目标。因此，马克思在他的一生中，并没有只满足于在书房里写作、在伦敦大英博物馆阅览室里研究分析资产阶级社会从诞生到死亡的生命过程。他还积极地参与创建了劳动者第一国际（1864年创立），通过有力的宣传支持了初生工人运动的革命行动。正是因为有这些革命行动，才使他被莱茵省驱逐，接着又被法国和比利时政府驱逐，到了伦敦终于不用担心再被驱逐，但是伦敦的警察却老找他的麻烦。他在《共产党宣言》中写道："思想一旦被群众掌握，就会变成物质力量。"马克思深刻地感受到历史动力中的经济力量、社会力量和意识形态力量的辩证有机结构。资本主义经济规律（倾向性规律）引起的危机，既能酿成暴动，也可能是逆来顺受。无产阶级革命是一种历史的可能性，而不是无情的后果。

上述分析主要突出了当时马克思如何思考倾向性和历史可能性，而不是将其视作一种不能改变的必须手段。他所持有的历史观，使得他在社会范围内的相对自主性方面，以及错综复杂的因果关系方面的贡献里得到了自己的地位。

社会阶级理论

"因对现代社会的命运感到不安而来学社会学的大学生，在讨论阶级理论时没有一个不感到有与马克思对话的欲望。"[2] 从社会阶级这一角度去分析社会，并不是马克思的发明。在马克思之前，像亚当·斯密或托克维尔等许多作者都已提出，社会可以分为利益不同的阶级，阶级由不同的经济地位、社会地位、收入和权力地位决定。在马克思之后，从韦伯到帕雷托，从熊彼得（Joseph Schumpeter）到阿隆，又有许多社会学家运用社会阶级对社会进行分析。要理解马克思主义理论并进而讨论其恰当性，首先确定其特性是很重要的。

下面我们先来回顾一下马克思生活在什么样的社会。资本主义的兴起，搅乱了围绕农民、贵族和僧侣这三大等级建构而成的封建社会。随着商业、工业和城市中心的发展，出现了两个新的阶级：首先是资产阶级，资产阶级动摇了旧秩序并取得统治地位；其次是无产阶级，无产阶级由组成作坊的手工业者和被逐出土地后成为车间和大工厂主要劳动力的农民组成。19世纪中叶无产阶级的劳动和生存条件，在许多调查中都有所报告。马克思的战友恩格斯在他的《英国工人阶级状况》(1844)中描述了英国无产阶级的穷困条件。同一时期，维莱梅在法国进行了《工人的身体和精神状态》的调查[3]。稍后一些时候，工程师勒普莱开始撰写他的关于欧洲工人的专题著作。所有这些报告描述的东西大致都一样：疯狂的劳动节奏、非人的劳动时间（每天工作12—16小时）、剥削童工、贫困化、酗酒和工人阶级道德的衰败。马克思的设想更多的是弄明白阶级斗争的动力，而不是肯定阶级的存在或描述阶级状况。他首先从在生产关系中所处的地位来界定阶级。资产者是资本占有者，"小资产阶级"这一界线相当模糊的类别，指的是手工业者、商贩、公证人、律师和所有的"公务员"。无产者是那些"出卖劳动力"的人。在马克思所生活的那个年代，可以理所当然地从概念上把无产

> **现在还有社会阶级吗?**
>
> 一个世纪以来,关于在阶级范畴中马克思主义理论有效性的辩论,早已成为浩如烟海的专题著作的内容。为了证明马克思主义理论已经落伍[1],研究者轮番提到中产阶级的兴盛、无产阶级资产阶级化、社会流动加剧、工人阶级先是分化继而衰落。
>
> 与此相反,直至20世纪70年代,信奉马克思主义的社会学家则试图在描述阶级结构时把这些变化考虑在内[2]。例如,可以认为存在着一个由占雇佣劳动力人口65%的工人和职员组成的民众阶级。
>
> 另一些作者试图扩展马克思主义的模型。达伦多夫[3]就是其中之一。更近一些还有埃里克·赖特(Eric O. Wright)[4],他是分析马克思主义的理论家之一。他们的论点不再从两者彻底对立出发看待社会分层,而是把社会分层看成内含诸多"社会群体"的复杂构形。界定这些社会群体不仅要看经济地位,也要看权力、威望……它们可以结成利益集团,结成联盟或发生冲突。这些冲突既可以成为社会结构深刻变化的动力或阻力,也可以引起大规模的社会危机,但却很少有可能凝聚成革命过程。
>
> 今天已没有社会学家支持无产阶级绝对贫困化或阶级斗争是历史发展动力这样的论点。今天只有两部分人之分,一部分人在描述社会结构时只停留在CSP(社会职业类别)、生活品味或"社会群体"方面;另一部分人则支持马克思主义分析标准的实用性,并确认现代社会中不同利益社会阶级的长期性[5]。还有一些人虽然接受阶级概念,但同时也看到了其"干扰性"。

1. J. H. 戈德索普(Goldthorpe),《现代大英帝国的社会流动性与阶级结构》(*Social Mobility and Class Structure in Modern Britain*),牛津大学出版社,1987年;S. 马赖(Mallet),《新工人阶级》(*La Nouvelle Classe ouvrière*),瑟依出版社,1963年。
2. N. 普兰查斯(N. Poulantzas),《今日资本主义的社会阶级》(*Les Classes sociales dans le capitalisme d'aujourd'hui*),瑟依出版社,1974年;A. 吉登斯,《发达社会里的阶级结构》(*The Class Structure of the Advanced Societies*),Hutchinson出版社,1973年。
3. 《工业社会中的阶级和阶级冲突》(*Classes et conflits de classes dans la société industrielle*),穆顿出版社,1957年。
4. 《阶级》(*Classes*),韦尔索出版社,1985年。
5. 例如可参见J-P迪朗的《马克思的社会学》(*La Sociologie de Max*),发现出版社,1995年;或《新的阶级关系》(*Les nouveaux rapports de classe*),载于《现时的马克思》,第36期,1999年。

者与工人阶级等同起来：90%的受雇佣者都是工人[4]。但对马克思来说，重要的不是描写社会分层。他要描述他所认为的围绕主要冲突产生的社会动力：资产阶级与无产阶级之间的阶级斗争。受到竞争和追求利润的驱使，资产阶级对无产者的剥削越来越厉害。被迫走向贫困化和经常失业的无产者阶级的唯一出路，也就只剩下零星暴动或革命。要让阶级斗争使得社会结构发生深刻变化，就必须把暴动变成革命。

马克思沿用了黑格尔的词语，把阶级区分为"自在的阶级"和"自为的阶级"。自在的阶级是指总体上具有相同劳动条件、相同地位、相同困难但不一定围绕共同计划组织起来的个体人群。自为的阶级是指意识到共同利益并以工会、政党等形式组成社会运动使自己的特性受到锤炼的阶级。马克思完全意识到社会中存在着各种阶级的作用。他在《法兰西阶级斗争》中细致地描述的阶级或阶级派系至少有七个：金融贵族、工业资产阶级、小资产阶级、无产阶级、小农、大地主等。但他认为，资本主义的活力、生产的集中，以及周期性危机，使得其中两个阶级，即无产阶级与资产阶级之间的对立有激化的趋势。

由此可见，讨论马克思主义阶级理论的有效性，并不是讨论阶级的存在（这一点当时就已被大部分社会思想家所承认），而是要知道在何种程度上阶级斗争是当代社会活力的发动机。

马克思所说的资本主义动力学

马克思是19世纪的人，那个时代的特点是资本主义发展、工人阶级形成及进行最初的重大斗争。他所竭力思考的就是这样一个世界，并把各种理论成果融合到了一起：

- 他从德国哲学、尤其是黑格尔哲学中吸收了对受矛盾支配并逐步走向最终结局的世界历史所持的辩证思想；
- 英国政治经济学，主要人物有亚当·斯密（1723—1790）、大卫·李嘉图（1772—1823）和马尔萨斯（1770—1834）；
- 法国的"空想"社会主义（圣西门、傅立叶、卡贝），以及马克思与之论战的同时代人（蒲鲁东、布朗基、无政府主义者们）。

马克思用全部理论捍卫资本主义活力和其将会引起冲突的观点。

剥削理论

现代世界受到商品积累逻辑的支配。商品的价值来自包含其中的人的劳动（借用李嘉图的劳动价值理论）。劳动是一种具有特殊品质的商品，它产出的价值大于它的成本价。实际上，资本家所支付的不是无产者所完成的全部劳动，而只是其劳动力（活下去所必须的东西）。劳动力与所完成劳动之间的差额成为资本的来源，即剩余价值。资本每天就在这种剥削的社会关系中被创造和被再创造。

资本主义发展规律

竞争导致资本家积累资本，即把一部分利润用于投资以改进生产工具。马克思从这一积累规律中得出以下几种发展趋势：

- 生产机械化程度越来越高；
- 由于每个企业的增长和企业集中在几个资本家手中而造成的资本集中；
- 被马克思看做积累后果的失业增加和工资相对降低。机器代替人的趋势造成"工业后备大军"，后备大军的出现有迫使工资降低的趋势。这种不断增长的贫困化，以"资本主义经济的普遍规律"呈现出来；
- 利润率趋于降低的规律，来自固定资本（机器）与可变资本（雇佣工）相比的不断增加。利润（剩余价值）只来自人的劳动（根据劳动价值理论），雇佣工数量的相对减少（与机器数量相比而言）导致利润率降低。

然而，贫困化会导致群众暴动，在这里经济逻辑让位于社会逻辑：被压迫者为反抗制度而起来造反。

危机机理

在马克思那里，没有完善的危机理论。剥削的存在和固定资本（机器）的不断集中，导致生产能力不断提高而不利于消费（通过发放收入）。生产过剩危机必然由此发生并周期性地给资本主义留下伤痕。马克思认为，这些危机将会随着时间推移愈演愈烈，直至不可克服。

意识形态理论

与在国家问题上一样，马克思也没有一套系统的意识形态理论。但是我们所能找到的马克思所进行的不完整的、尚未结束的分析，却往往是既丰富又精辟。这些分析围绕以下几个基本主题展开。

马克思把意识形态确定为由一种社会或一个社会群体在社会上层建筑范畴中传播的一整套主导思想。意识形态受到经济环境的制约，同时又是经济环境的反映。因此，处于上升时期的资产阶级在向旧秩序开战时，看重理想、自由、人权、权利平等的价值。它的倾向是把本来仅仅是表达阶级利益的东西放到普遍价值的位置上。

在马克思那里还有一个意识形态理论，那就是异化。这一术语出自哲学家、《基督教的本质》(1864)一书的作者费尔巴哈。费尔巴哈认为宗教是人的希望和信仰在"思想天空"的投影。人们对由他们自己创造的上帝的真实存在逐渐相信起来。马克思重述了这一概念，即（宗教）是"人民的鸦片"。后来他又将其用到对商品的分析中。

这些分析要素已被许多马克思主义作者，像葛兰西、卢卡奇、曼海姆、阿尔都塞[5]加以使用和发展。非马克思主义作者突出了某些分析的启发力量。因而，当布东为了使人明白一个人的社会地位是如何使其只看到现实的某些侧面、全然无视其他侧面而谈到"立场效应"时，他实际上只不过是重述了马克思的论点。[6]

国家的作用不明不白

在马克思的一些著述中[7]，国家被简化为一个简单、直接、粗暴的角色——它是统治阶级（资产阶级）手中用来统治无产者阶级的工具。国家派警察和军队将民众起义镇压下去。法庭和法律都为强者和私有权服务。这一分析毫无回旋余地。应该说这些都是他在1848年写的，那时正是对起义者进行严酷镇压之时。在另外一些文章中，马克思的分析则显现出一些细微的区别。为了保证自己的统治，资产阶级将对其总体利益的管理交给国家，国家享有某些自主权。有时国家甚至会上升到"阶级之上"，以便恢复受到威胁的社会秩序。这些与国家的性质（有时受摆布、有时自主）区别相当大有时还会有一些矛盾的论点，使得马克思主义诠释者陷入困惑之中。例如，如何理解西方国家中确立的福利国家机制？马克思主义作者对"国家工具说"越来越多地持批判态度，而接受国家"相对自主"的概念。按照克洛德·勒福尔（Claude Lefort）的说法，马克思既然把国家变成统治机器和服务于经济秩序的上层建筑，他也就禁止了自己对政治自主、特别是对民主制度或专制制度进行思考的权利。

注释：

[1] 完全与他在经济学和哲学经典作者中所占的位置一样。

[2] 雷蒙·阿隆为达伦多夫的《工业社会中的阶级和阶级冲突》写的序言，穆顿出版社，1957 年。

[3] 确切的题目是《棉纺、毛纺和丝纺厂工人的身体和精神状况表》(Tableau de l'état physique et moraldes ouvriers employés dans les manufactures de coton, de laine et de soie, 1840)。

[4] 今天的情况当然不再是这样。法国工人仅占雇佣劳动人口的 25%。因此，马克思主义者对"工人阶级"的界线定义展开了辩论。

[5] G. 卢卡奇，《历史与阶级意识》(Histoire et Conscience de classe)，午夜出版社，1960 年；K. 曼海姆，《意识形态与乌托邦》(Idéologie et utopie)，里维埃与西出版社，1929 年；L. 阿尔都塞，《意识形态与国家的意识形态机器》(Idéologies et appareil idéologique d'Etat)，《思想》杂志第 151 期，1970 年。

[6] R. 布东，《意识形态》(Idéologie)，法亚尔出版社，1986 年。

[7] 例如《共产党宣言》或《法兰西内战》。

第四节 韦 伯
——现代性的社会学家

韦 伯

被看成德国社会学之父的韦伯,无论从他对方法学的贡献来看,还是从他对现代社会的分析来看,都与我们是同一时代的人。

1864年韦伯出生在埃尔福特。在法学、经济学、历史学、哲学和神学诸学科获得优异成绩之后,韦伯在德国多所大学相关学科任教。作为德国社会科学界的灵魂人物,他在欧洲各地和美国旅行讲学,为年轻的社会学的建构不断开展活动。

尽管对政治有很高的热情,但韦伯从未真正参与政治行动。他在《科学家与政治家》中表述的社会科学观念,把价值判断和事实判断彻底分开。科学不会把为政治导向的价值作为自己的基础。

韦伯1920年逝世时,留下了大量未出版的著作,既有关于社会科学方法论的,也有关于经济学史的,还有关于宗教社会学等内容的。他那部未完成的大作《经济与社会》,在他去世两年后出版,但译成法文则是最近的事情。

社会行动的科学

在韦伯看来,社会学首先是一门社会行动的科学。他拒绝马克思和迪尔凯姆所宣扬的决定论——他们把人禁锢在意识不到的社会约束组织之中。韦伯认为,这些约束和决定论都只是相对的,并不是绝对规律,而是具有偶然性和个人决定性的趋向。他认为,社会是依据价值、动机和理性计算取向的个人行动的产物。解释社会,就是报告人们关于自己行动的取向方式。这一探讨过程就是用"理解"社会学来进行研究。韦伯说:"我们把用理解来解释社会行为的科学称作社会学。"

现代社会,理性的社会?

有了理解过程和"理想型"这些方法论工具,韦伯对法律形式、宗教类型、经济和政治组织模式进行了许多比较研究。有一个重大疑问贯穿所有这些研究之中:"什么是现代社会的独特之处?"

韦伯认为,现代社会最显著的特点就是"社会生活的理性化"。应该怎样理解这里所说的"理性化"呢?韦伯把人类行为分为三种类型:

- 传统行动,与习俗相联系。用叉子吃饭或向朋友打招呼致意一类的日常行为属于传统行动。
- 情感行动,受激情控制。收藏家和赌徒的行动属于这一类型。
- 理性行动,倾心于价值或功利目的的工具,前提是目的与手段相一致。战略(军事或经济战略)属于这一类。战略家是理性的,因为他要把其行动效益调整到最佳,无论其行动目的取向是物质的(夺取领土),还是价值观的(荣耀)。

在韦伯看来,理性行动是现代社会的特点:资本主义企业家、科学家、消费者或官员都是依据这一逻辑行事。

但是,韦伯又具体地阐述道:"行为的取向,尤其是社会行为的取向,很少只朝向这些行为类型的某一种(……)。它们只是为进行社会学研究而建立的纯粹的类型。实际行为或多或少与之接近,而且常常会把它们综合在一起。按照我们的观点,建立这些类型的必要性,完全是由它们的丰富多彩决定的。"

实际上,我们可以以消费者行为为例,来说明把三种行动类型组合到同一行为中。消费者通常会选择与其收入相适应的物品（理性行动）。但他的选择也可以受其消费习惯的指引（传统行动），或受其不可抗拒的欲望的指引（情感行动）。韦伯在其名著《新教伦理与资本主义精神》中指出，新教创始父辈所主张的日常生活行为理性化，对资本主义的突飞猛进起到了推波助澜的作用。

统治类型

在《经济与社会》中，韦伯谈到了各种类型的社会关系，尤其是政治统治的形式。他把统治的理想型划分为三种：

- 传统统治，其合法性基础在于传统的神圣性。族群内部的族长权与封建社会中的领主权都属于这一类型。
- 感召（克里斯玛）统治，即具有特别影响力的特殊人物的统治。克里斯玛首领的权力基础是他的说服力，以及集合和动员群众的能力。让人听从这样的首领，依靠的是首领所能激发、保持和控制的情感因素。
- "法理"统治，其所依靠的是正式的非人格化法令的权威。这种统治与职能相关而与个人无关。现代组织中能够证明权力的是专业知识、选择理性，而不是神奇的美德。理性或曰"合法的—科层的"统治，依赖于对功能法典（像交通规则、民事法典等）的服从。

科层组织

官僚行政是法制统治的"纯类型"。建立在能力而不是社会出身基础上的权力，被纳入非人格规章框架中。执行任务有分工：按照专门职责系统地划定范围。任期长短取决于技能和资历等方面的客观标准，而非个人标准。

韦伯所说的这种组织模式并非政府行政机构所特有，资本主义大企业、甚至宗教圣职等级也都是这样。科层制的特点有管理模式（分析会计），还有建立在任务理性化基础上的组织模式。通过科学技术的兴盛，理性化同样也触及到思想形式。思想的世俗化和"技术化"，结束了神秘世界和宗教信仰时代。这就是韦伯的漂亮说法"世界祛魅"的含义。

第五节 1900—1910
——法国社会学组织起来之时

1900年,年轻的法国社会学已经蓬勃发展了一段时间。孔德为社会科学奠下了基石,并在1839年发明了"社会学"一词。但是,直到19世纪末社会学才真正开始成为一门学科。

在法国,有三位争夺这一新生学科学术霸主的觊觎者:塔尔德(Gabriel Tarde, 1843—1904)、沃姆斯(René Worms, 1867—1926)和迪尔凯姆。

塔尔德和沃姆斯

塔尔德当时是三个人中名气最大的一位,那时他的阅听人已遍布许多国家,包括《模仿律》(*Les Lois de l'imitation*, 1890)和《舆论与大众》(*L'Opinion et la Foule*, 1901)在内的他的许多著作的出版获得巨大成功。可是当他在1904年去世时,却没有一个人出来维护和继承他的事业。

今天已被完全遗忘的沃姆斯,在20世纪初正是社会学界一颗冉冉升起的新星。他是巴黎高师的优秀学生,《机制与社会》(*Organisme et Société*, 1896)的作者,有着非同凡响的组织才能。1893年他创刊了《国际社会学杂志》,次年又建立了召开年会的社会学国际研究所。他还创编了一部丛书并提交了巴黎社会学协会章程。这些全方位的活动虽然把来自几个领域和几个学科的知识分子联系到了一起,但在学术上却并没有什么连贯性。虽然沃姆斯处在一个网络的中心,但却没有从学术上谋求统一。他的弱点正在于此。现在三个人中只剩下了迪尔凯姆……

迪尔凯姆学派

只有迪尔凯姆知道从学术和制度这两个方面双管齐下。在学术方面,他希望社会学制定一份完整的、协调一致的研究大纲。对社会的科学分析,首先建立在对具体对象的定义上:"社会事实",即一切人类现象(烹饪、工作、爱情、音乐、宗教)都可以从心理学、历史学、经济学等角度去看待。社会学本身的对象,与上述每种现象所经受的社会影响有关。因此,自杀的原因可以是感情方面的、遗传方面的、疾病方面的……但能引起社会学家兴趣的现象,只是那些经受与社会相关的社会影响的现象。例如,假如能够证明自杀的人中新教徒比天主教徒多,乡下人比城里人多……那是因为在其他条件相同的情况下,存在一种社会特有的自杀因素。社会学的目的就在于找出这些因素和影响。社会学为达此目的运用了比较法,"它在社会学中就像自然科学中的实验一样"。在《社会学方法论准则》(1895)一书中,迪尔凯姆为这个新学科确定了研究方法,并将其正确地应用于对自杀问题的研究中(《自杀论》,1897)。从此以后,社会学的计划、对象和研究方法便全部具备。剩下的问题就是确定该学科与其他学科的关系,尤其是应该在制度上把这门年轻的科学组织起来。

迪尔凯姆这位杰出的组织者,努力围绕他的计划组织一支团队。1898年,他创立了《社会学年鉴》,一些有才华的青年知识分子在这本杂志周围聚集起来,其中有他的外甥马塞尔·莫斯(Marcel Mauss)、莫里斯·哈尔布瓦克斯(Maurice Halbwachs)、塞莱斯坦·布格莱(Célestin Bouglé)、弗朗索瓦·西米安(François Simiand)、保罗·福科内(Paul Fauconnet)。社会学是在一种特别的社会环境和学术氛围中被肯定的,那种氛围使其阅听者人数的增加水平也得到了提高。19世纪末,"社会问题"和社会肌体分裂的感觉,困扰和折磨着那个时代的观念。这种对社会危机和政治危机(布朗基主义、德雷福斯案件)的感觉,同时也促使青年知识分子聚集在迪尔凯姆周围。反犹太主义、保守主义和教权主义一方,与社会主义、理性主义、共和伦理一方针锋相对,那些关心社会问题的知识分子都站在后一方。勒普莱虽然是经验社会学的先驱者之一,但却很快就被从社会学领域排挤出去,因为他代表的是天主教保守主义。社会学似乎成为一种为社会问题服务的学术"时尚"。迪尔凯姆希望把社会学搞成一门对社会进步有用的实用科学:"从我们提出首先研究现实这件事中,并不能得出我们放弃改造现实的结论,我们认为,假如我们的研究只应具有思辨价值,那就连一小时的辛苦都不值得花。我们之所以仔细地把理论问题从实际问题中分离出来,并不是要忽视实际问题,而是相反,要使我们能够更好地解决这些问题。"(《社会分工论》)这项计划不能脱离社会观和社会关系构成观。

第六节 迪尔凯姆
——现代社会学之父

迪尔凯姆

"尽管社会现象分类如此之不同,也只不过是同类中的不同品种而已。有必要建立一门综合科学,尽力把各种具体科学的一般结论集合起来。"

1858年迪尔凯姆出生在埃皮纳勒市一个历史悠久的原籍阿尔萨斯的犹太家庭,他注定该和他的父亲及祖父那样成为犹太教教士,所以被送进犹太教学校学习希伯来语。可是他很快就放弃了他的宗教前途,并在非教会学校中取得优异的学习成绩。1879年,他进入了当时极富知识分子活力的巴黎高师。他的同班同学有饶勒斯(Jean Jaurès)、柏格森(Henri Bergson),他受到埃米尔·布特鲁(Emile Boutroux)和德·库朗热(Numa Denis Fustel de Coulanges)的教诲。具有哲学家秉性(1882年获大中学教师学衔)的迪尔凯姆,很快就将自己的研究方向定位在伦理问题上,想要给伦理问题找到一个科学的基础。他先是在心理学中寻找，接着又到社会学中寻找。1887年，他在波尔多当教授并撰写了1893年发表的论文《社会分工论》。1906年他被任命到巴黎大学索邦学院任教，直至1917年逝世。

人文科学史上具有划时代意义的大事

1880年，新生的人文科学完全处在生物学模式的控制之下。布罗卡（Broca）学派阐述的物理人类学，被其中搞社会学的人看成是带有明显进化论色彩的社会生物学。同样，龙勃罗索（Cesare Lombroso）则以他的天生罪犯理论、以他的从蜕变和生物学上的低等观点看待妇女的理论，控制着犯罪学。此时科学的心理学还没有真正与生理学区分开来，它只倾向于研究大脑功能。

迪尔凯姆大量阅读孟德斯鸠、圣西门和孔德的著作，重新树立雄心壮志要把对人类社会的研究建立成一门独立科学，即社会学。为了达到这一目的，一方面他要与生物学和心理学明确划清界线，另一方面他则创建了一个真正的思想学派，在知识界和学术界占据地盘。这就是社会学年鉴学派，这一名字来自他于1896年创刊的同名杂志，这份杂志在后来20年间一直都是法国社会学的先锋。其中的重要人物有在两次大战之间领导法国人种学的莫斯和列维-布留尔（Lucien Levy-Bruhl），有为年鉴学派历史的新阶段开辟道路作出贡献的西米安，他在与只记述事件的政治历史学进行论战的过程中，把社会学方法应用于经济历史学。另外还有哈尔布瓦克斯，他发展了工人阶级社会学。

人类社会的科学

在迪尔凯姆看来，人种学、经济学、地理学、历史学或人口学都仅仅是应该统一为一体的一门社会科学的各个侧面。他为总体的社会学草拟出分为三个层次的计划：

- 社会形态学：一方面研究人口的地理基础与社会组织的关系，另一方面研究人口本身、其数量、密度及在陆地上的分布；
- 社会生理学：主要研究社会生活的种种表现，其中包括宗教社会学、伦理社会学（家庭与教育）、司法社会学、经济社会学、艺术社会学等。其关注点包括整个社会领域；

- 普通社会学：它是这门科学的哲学目的，是对全部人类社会历史的宏观综合。

不过，迪尔凯姆清醒地意识到，这种概括综合还需要等待："分析研究是社会学最紧要的任务"。因此，在确定了社会学的方法准则后（参见下面专栏），他就以《自杀论》(1897) 作出榜样。

社会学方法准则

在迪尔凯姆的方法中，我们至少应牢记以下五条基本准则：

1. 客观地确定研究对象

它应该是个人意识之外可观察的社会事实。研究对象的定义不应包含任何将会诱发研究结果的预先假设。例如在研究教育的时候，迪尔凯姆给出了下面这样一个客观定义：

> 教育是成年辈对在社会生活中尚未成熟辈进行的行动。其目的在于使孩子在体力、智力和伦理方面受到一定的激励和发展，以达到政治社会在总体上对他的要求和他将从事事业的具体社会环境对他的要求。

2. 选择一个或几个客观标准

在其第一部著作（《社会分工论》）中，迪尔凯姆透过权利对各种形式的社会团结展开研究。他巧妙地运用自杀率来研究自杀的原因。我们应对他所运用的分析标准给予最大的关注。

3. 辨认正常和病态

存在着一些曲解事实规律性的偶然情境和暂时情况。必须能够辨认出正常情境，理论性结论只能建立在正常情境之上。可以指责韦伯的理想型方法。事实的特点就是表面上具有的复杂性，但却完全可以透过特殊性找出结构。

4. 用社会性来解释社会性

社会事实不能靠个人意志和意识来解释，而要用先前的其他社会事实来解释。每个集体事实都在互动系统中和事件中具有意义。这就是功能主义方法。

5. 习惯使用比较方法

这一条是上面各条的条件，只有进行空间、时间上的比较研究，才能达到社会学论证的目的。

在人文科学史上一直存在一个误会,由于迪尔凯姆宣布"社会现象应被当做事物看待",人们便认为他否定了感情、表象和其他心理事实的价值。在这一点上迪尔凯姆受到的嘲笑难道还少吗!为了彻底了结这种不公正,我们必须重新认真阅读迪尔凯姆的著作,并了解当时使迪尔凯姆与塔尔德对立的背景,后者要把社会学搞成"个人关系心理学/相互心理学"。迪尔凯姆说要理解社会,仅仅研究规范的传播方法(塔尔德所钟爱的模仿)是不够的,必须研究这些规范的根源,因为是这些根源构成了每种社会的特性。因此,我们不应该去注视个人的感情,而应该注视强加于这些感情的东西是什么,也就是说构成体制的、可以客观地观察到的事实。然而,体制的延续要靠个体,个体又是体制的表象。这一点正是心理学所无法解释的,也是最根本的,即表象是集体的表象。迪尔凯姆在和莫斯共同撰写《分类的原始形式——集体表象研究初探》(1903)时就指明了这一点,并在建构一门真正的知识社会学的过程中,在《宗教生活的基本形式》中继续进行探究。但最能说明心理学与社会学之间关系的,则是他所做的有关自杀这一表面看来私人性极强、非理性的个人行为的研究。迪尔凯姆的全部分析都建立在拒绝一切经验主义的主观判断和运用统计数字的基础之上。在掌握了验证假设的非常有效的手段之后,他首先检验最常见的对自杀的解释:精神病、种族和遗传性、宇宙和气候因素,以及模仿。他指出,虽然有些个人因素容易引发自杀,但没有一种解释能从统计数字的规律性中得到证明。因而,迪尔凯姆设想自杀的决定因素是个人所处的社会环境。他查看了宗教背景、家庭背景、政治背景和经济背景,对比了城市和乡村环境,并对不同地区、不同国家和不同时代进行了比较。

他在分析中发现了什么?迪尔凯姆注意到,自杀的发生城市多过乡村,单身者多过已婚者,已婚无子女者多过已婚有子女者,无宗教信仰者多过加入宗教团体者。此外,在国家处于战争或剧烈的经济危机时自杀也会少一些,这是因为社会关系在不幸中会得到加强。可是从这些纷繁复杂的情况中又能得出什么结论呢?

自杀,心理学还是社会学?

迪尔凯姆用社会学观念来为那些看似毫不相干的局部结论寻找规律和共同点。他明白,家庭、宗教和政治社会都是确定个人特性的政治群体,一旦这个群体被过分削弱,个体就会失去判断标准。他终于能够有力地得出这个可怕的普遍规律:"自杀率与个体所在群体的整合程度成反比。"

因此,个人感情决定着个体的自杀,但只有用社会学方法把自杀看成"事物"(即可以客观化的事实),才能懂得自杀的真正性质——因缺乏社会整合而导致情感空虚和精神孤独(参见下面专栏)。所以社会学"最后"会回到心理学的解释上,但务必懂得个体行为的深层原因总是应到个体生存的客观社会条件中去寻找。

自杀

"社会现象是事物并应被当做事物对待。"阐发于《社会学方法准则》中的这句话被迪尔凯姆应用到他对自杀的研究中(1897)。

他论证了社会整合对个人结束自己生命倾向的影响。

既然社会学家不能在实验室中进行实验,那他就要利用各种各样的社会情境并对它们进行比较。迪尔凯姆采用了共变法(相关现象),用严格筛选出的事实建立起比较系列。他把某些变量像年龄、性别、户籍、宗教信仰、受教育程度等单独抽出来进行自杀率的比较。

统计比较法

虽然在迪尔凯姆那个时代他所掌握的只是初级的甚至是乡巴佬式的统计工具和简单运算,但他却实现了范围非常丰富的比较,不得不使人赞叹。建立起两个类别之间的自杀率关系之后,只要计算出"防护系数"或"加剧系数"就可知道差别所在。例如:在外省,20—25岁夫妇的自杀率是百万人口中有95人,相同年龄段中鳏寡夫妇的自杀率高达153,153/95这个比数得出1.61这个防护系数,这个系数在同类别中的女性为1.46。对不同的系数加以对比,就会发现一个规律:不管是什么年龄段,也不管居所何在(巴黎或外省),失去配偶的鳏夫的自杀率都要大于寡妇。

社会化进程

在抨击了把自杀归咎于精神病、种族和遗传的理论之后,迪尔凯姆建构了一个类型论,从而发展了自己的社会化理论。

·利己主义自杀

在欧洲各国(德国、英国、丹麦、法国、意大利……)根据宗教忏悔进行的一项细致的比较研究,最终得出如下结论:新教徒的自杀率高于天主教徒,犹太教徒的自杀率最低。"新教徒的自杀率之所以高,是因为新教教会比天主教会的整合程度低。"在对教育程度进行考察之后,迪尔凯姆得出的结论是:"如果说在受过教育的阶层中自杀倾向有所加剧,那是因为(……)传统信仰的削弱和个人主义精神状态所致。"

至于家庭:"家庭社会与宗教社会一样对自杀是一个强有力的防护。家庭关系越是浓密,这种防护就越是全面。"政治社会如同上面说的宗教社会和家庭社会一样,组织机能越强,对自杀的防护就越好。宗教、家庭和政治社会都是决定个体身份的社会群体。群体削弱或瓦解时,个体就会失去方位标并被抛回自我。与通常用法不太贴切的"利己主义自杀"一词就是从这儿来的。

· 利他主义自杀

反之,如果社会整合程度过强且个性化未成熟,就可以产生也能引向自杀的"强烈的利他主义"。

虽然现代社会给个体主义留出的空间更大,但是社会联系的古旧形式并未完全消失,这种原始精神在有些群体中还占据着重要地位。因而作者能够表述这样的事实,即在年龄相当的情况下,职业军人的自杀率明显高于非军人。

· 失范性自杀

如果说在社会化进程中社会整合过分或欠缺都可以导致机能衰退,那么社会管理也是一样:群体控制减弱,个体就会处于面对自己的欲望和爱好的位置。平衡关系的这种破裂会导致失范,即去社会化。当每个人都向往拥有根据自己在社会中的地位而适度地希望得到的社会财富时,经济规律性就会存在。然而,在19世纪期间,"经济进步主要是使工业关系摆脱了一切条条框框"。国家不再是经济生活的调节者,"经济实利主义信条(变成)个体和社会的最高目的。"

因此,物欲横流、危机和失范状态持续不断。受害最大的就是工业职业。失范性自杀也可由"婚姻规章的废除而引起"——婚姻由爱情关系来调整,离婚增多成为观察夫妻关系失范的指标。

虽然每个人的自杀都是由其自己的个人感情决定的,但是只有社会学方法将其变成可以观察的客观事实,才能使人明白缺乏整合度和社会调节所造成的感情空虚、精神孤独的真正性质。

社会精神贫穷

迪尔凯姆把他所得出的结果与他的社会道德观联系到一起。如果说"宗教、家庭、祖国预防了'利己主义'自杀",那么在这一时期观察到的自杀率的上升,不正是从反面说明把个体与社会联系起来的传统纽带正在崩解这一社会事实吗?

"自杀率现状是精神贫穷的征兆。"我们又看到了困扰社会学先驱们思想的这个主题——在导致人与人之间旧有的关系框架消逝、价值观危机,以及与之相伴的宗教衰落的工业化时代,如何重建社会交往?

迪尔凯姆的遗产

《自杀论》在其出版的那个年代无疑是一次学术革新。其所运用的统计研究法至今仍是一个楷模,即使从该书问世以来曾多次有人提出过在作者处理数据的过程中存在数据来源的有效性、不全面及遗漏等问题。

尤其是迪尔凯姆社会学的的诽谤者们指责他下面这一观点:社会通过决定论使个体在不知不觉中受到影响。迪尔凯姆多次提到社会上流传的"自杀产生的原因"或"自杀潮产生的原因"。这一看法是否与看重精神原因的"心理学"对自杀解释的概念相容呢?事实上,把迪尔凯姆借助于社会决定论的解释见解,与只考虑个体者有意识的动机的理解性解释(接近于韦伯的论点)加以对比,在今天极为常见。

社会深刻变化及其精神后果

迪尔凯姆的著作并非只局限于把社会学建立成一门科学,而是还对以旧社会框架消失为特点的工业社会的到来,以及伴随而来的价值和集体信仰危机进行了焦虑、深刻的历史性思考。在《社会分工论》中,迪尔凯姆分析了从一种社会类型向另一种类型的总体过渡。旧的社会形态的特点是机械团结:个体可以互换,他们的意识全部被道德和集体信仰占据。新的社会形态的特点是有机团结:由社会分工明显不同的个体组成,个体意识大大摆脱了道德和群体价值观的束缚。

可是,这样一来就有一个巨大的风险冒了出来:"在很短的时间里,社会的结构就发生了深刻的变化。而后,与旧的社会形态相适应的道德已经消逝,而新的道德在我们的意识中还尚未发育。我们的信仰被搅乱了,传统失去了它的权威,个人判断摆脱了集体判断的束缚。但是挣脱束缚而来的新生活,还没有组织得足以令在我们心中萌生的公正需求得到满足。"促使社会分工走得越来越远的新社会形态,似乎把个人简化成他所从事的工作:"道德意识正在以下面的形态形成:让你自己有能力有效地承担一定的工作。"然而,任何社会的延续都不可以没有道德,没有共同信仰,也不能没有灵魂。

人和社会的宗教本质

在《宗教生活的基本形式》中，迪尔凯姆力图抓住宗教现象的本质。他发现，"宗教完全是社会的产物"。他甚至认为："宗教在所有的社会现象中是最原始的。所有其他的集体活动形式，像法律、道德、艺术、政治形式等，都是经过不断变革从宗教中走出来的。"甚至亲族关系也可能"主要"还是"宗教关系"。

在分析澳大利亚原始部落的图腾体系时，迪尔凯姆发现，图腾既是部落的象征，又是神圣的象征。这难道不就是上帝和社会成为一体了吗？受到他的建构理想的驱使，人们感到迪尔凯姆在这里给予宗教的创造力可能有些过头。他想从根本上证明神圣事物是群体的产物，因为群体认为自己是一个不可分割的整体，有着根深蒂固的过去、团结一体的现在和未来。他以1789年自然出现的对"最高存在"（Etre suprême）[1794年，罗伯斯庇尔为维护他的"美德专制"，让法国国民公会通过了一项确认"最高存在"（l'Être Suprême）（即上帝）存在的法令，并举行了赞扬最高存在的盛大仪式。——译者注]的崇拜为例："社会的这种以神自居或造神的态度，在任何时候都没有在法国大革命之初那些年明显。一个有教理、有象征、有祭坛、有节日的宗教自发地建立起来。"因此，上帝的形式并不重要，本质的东西在别处："宗教表象是表达集体现实的集体表象；宗教仪式是只能诞生在集合群体之内的行动方式，目的在于激励、保持或重造这些群体的某些精神状态。"

道德教育

在其称为道德科学的内部，迪尔凯姆始终给予教育社会学一个宏大的地位。迪尔凯姆根本没有按照欧洲哲学家的传统方式对普遍价值和文明高谈阔论，而是一开始就采取了以教育科学可能性为基础的相对主义立场：每种社会形态都有自己独特的教育体系，该教育体系负责确定其教育的特点。教育担负着一项基本社会功能，即赋予指导我们在世界上生存的思想。教育的首要目的是把孩子与社会联系起来。因此，迪尔凯姆的写作一方面是理论性的——相对于道德，给出教育的定义；另一方面则是实践性的——给现代教育学指明方向。

说到道德的定义，他着重强调了道德不仅仅是一整套强制性的行为规则这一事实。道德也是对行为意义的意识和做被认为是善事的欲望，二者不可分离。在康德的责任概念[康德为说明善良意志，引申出责任概念：出于责任的行为才有道德价值；出于责任的行为的道德价值，在于决定这一行为的准则；责任是尊重道德规律并按规律行事的行为。(据张海仁,《西方伦理学家辞典》,中国广播电视出版社,1992年,第273—274页。)——译者注]之外,迪尔凯姆强调要关心孩子在道德意识形成过程中的独立自主性。讲授道德,既不是说教,也不是反复灌输,而是讲解。至于现代教育学的内容,迪尔凯姆在叙述了其历史和方法之后,确定了教育学内容的原则:公正概念和民主理想、团结概念和和平人类理想、真理概念和科学理想。

社会改革:战胜失范

要达到新的道德境界,光说是不够的,首要的一条就是使以建立个体之间的新型团结为目的的改革时刻快点到来。

今天,"整个集体生活领域都在逃避规则的调节作用。应该把经济界让我们看到的反复出现的冲突和形形色色的混乱的凄惨景象归咎于这种失范状态(……)。为了说明这种不合规则状态的原因,有人强调指出这种状态有利于个体自由的发展。没有什么比规则的权威与个体自由之间的这种对抗更为虚假。实际正好相反,自由本身就是规则的产物。"

为了拯救道德危机,迪尔凯姆从他所站的角度出发,认为有必要构成新型职业群体、形成在经济生活中在同一产业中联络各种合作职业的新型行会:"如果说失范是件坏事,那首先是因为社会深受其害:为了生存,社会必须协调一致,必须稳定。要遏止失范状态,就必须存在或形成一个能够在其中建立目前尚缺的规则体系的群体。整个政治社会和国家显然都不能履行这个职责,因为经济生活实在是太专业了,而且专业化程度与日俱增,逃脱了政治社会与国家的权限和作用。一个行业的活动只能由与之相当接近的群体进行有效管理,即便只是为了了解其运作情况、感觉各种需求并跟踪其各种变化。"我们当然可以怀疑这个方案,可是仍然存在的问题是:正像没有了国际生活规则导致了世界大战那样,没有了经济规则已经导致了社会战争。迪尔凯姆的一切希望都毁于1914—1918年间那场野蛮透顶的大战中。在他的朋友饶勒斯被暗杀(1914),尤其是在他的独生子牺牲在萨洛尼克前线(1915)后,迪尔凯姆于1917年在绝望中死去。除了他对社会学作出的决定性贡献,我们还可以记住他这句话:"人会朝着两个截然不同的方向发展,就看我们是纵容自己的感情冲动还是对其进行抵制了。"用道德克服谬误,这是迪尔凯姆遗产的一部分。

第七节 塔尔德
——社会心理学的来源

塔尔德

加布里埃尔·塔尔德（Gabriel Tarde, 1843—1904）是社会心理学和犯罪学的创始人之一。他的模仿论虽然已经过时，但是由于他指明了社会与心理决定论对人类行为的重要性，从而为把人文科学从生物学解释中解放出来作出了贡献。

塔尔德是一位外省法学家的儿子，曾接受过耶稣会教士的教育。他先是攻读数学，后又改习法律以继承父业。1876年，他成为预审法官。由于他的著述在他那个时代大受好评，使他不久之后就被任命为司法部司法统计主任（1894），1900年更是被选为法兰西学院现代哲学教授。

塔尔德之所以出名，尤其是因为他提出了社会人的总体理论——模仿律——将其作为社会心理学或社会学（他使用这两个词语时不加区别）的基础。但因时至今日这一理论早已过时，所以塔尔德更能引起人们兴趣的贡献实际上是在犯罪学、群众心理学和经济心理学上。

模仿论

这一理论既是塔尔德在他那个时代取得成功的理由所在，也是它在今天没有价值的理由所在。这一理论的主要思想是：个体会不由自主地受到模仿律的控制，其行动就像物理上的带电粒子感应电流。这一比喻非同小可，塔尔德这种完全是形而上学的观念，指引他看到从"模仿发源地"向外"辐射"的"社会力量"，与物理力量一样强大。

这一理论把个体都假设成不由自主地接受移动力量作用而运动的自动木偶。事实上，传染的比喻在塔尔德的著作中也很常见。就像从细胞到细胞的生命冲动一样，模仿从一些人的意识传到另一些人的意识。最终应该"把人看做真正的梦游者（……），社会状态就像梦游状态那样只是一种梦的形式，一种受控制的梦，一种行动的梦。只有提示的意念并本能地信以为真，这就是梦游者所特有的幻觉，也是社会人的幻觉。"虽然这种观念的简单化在今天让我们惊讶不已，但在当年却是非常受赏识的。实际上，它只是把19世纪八九十年代在法国达到鼎盛的催眠理论扩展到初生的社会学中而已，而且它与伊波利特·贝尔南的提示论非常接近。话虽如此，塔尔德理论的最大优点是突出了意识和人与人之间的相互心理关系。在这方面，塔尔德的理论是对当时的心理还原倾向的明确批评。在塔尔德看来（在这一点上他完全同意迪尔凯姆的意见），人总是首先受到自己在社会中建立的欲望和信仰的支配，而不是受生物遗传的支配。正是在这一点上塔尔德坚定地表现出了他的现代性，好几个领域的分析都能验证这一点。

犯罪——社会现象

19世纪80年代初期，犯罪学完全被犯罪生物学解释所统治。在法国人种学家眼里，特别是在意大利医生龙勃罗索眼里，罪犯根本就是生物学上的低等人，像疯子和野蛮人那样有毛病或退化了，因此也是完全不可恢复的，社会可以心安理得地摆脱之。在《比较犯罪学》(1886)、《刑事哲学》(1890)、《社会研究与刑事研究》(1892)等书中，塔尔德是首先起来反对这类解释的社会学家之一。即使有些罪犯是真正的精神病人（龙勃罗索所说的"生就的罪犯"），也不允许把这一理论延伸到精神健全的罪犯群身上。塔尔德指出，犯罪的心理原因和社会原因都是统计学可以说明的。犯罪远非像野蛮时代的残存那样逐渐消退，而是随着工业文明而变化发展。此外，罪犯出身于有着不同规范的社会阶层和特别群体。

因此，从历史和社会的角度来说，犯法和错误都是一些相对分类。犯罪及对犯罪的惩治，首先提出了社会和道德问题。塔尔德一生都在探讨这些问题。他加入了国际犯罪科学学会和1896年由拉卡萨涅（Lacassagne）创立的犯罪人类学档案馆（Archives d'anthropologie criminelle）并在里面发挥了重要作用。

群集／群众／群体心理学

与人们普遍认为的那样相反，群集心理学并不是勒朋（Gustave Le Bon）的发现。这一功绩应归于意大利人西格尔（Scipio Sighele）和法国人塔尔德，他们发表的著述比勒朋早了好几年，而且后者从中受益匪浅。实际上，这一科学对象在19世纪末还处于"议论纷争之中"，所以也可认为它不属于他们之中任何一个人。那个时代见证了对革命群众和著名的"危险劳苦大众阶级"上升的惧怕。有关巴黎公社的血腥记忆，使得资产阶级世界颤抖不已。在《当代法国的由来》（1875—1893）这本书中，伊波利特·泰纳（Hyppolyte Taine）对革命群众的描绘，影响到所有这些群集心理学论文。早在1890年塔尔德就解释说："群集是个奇怪的现象：是一帮成分不同、互不相识的人，然而只要他们之中由一个人燃起狂热的火星，就会立即像触电一样激发这帮乌合之众，突然间产生一种自发生成的组织。支离破碎变成团结一致，嘈杂的传闻变成舆论的声音，成千上万急匆的个体不久就形成唯一一头野兽，向着不可抗拒的最终目的前进。"可是在塔尔德看来，群集并不是一个单一的现象，而只是社会类似化和公民逐渐转变成观众和公众的形式之一。那个时代也是一个新闻、丑闻和公共生活中风流韵事层出不穷的时代。塔尔德不无怀疑地说："为公众发现或编造一个新的仇恨对象，仍然是成为报业之王最可靠的手段之一……"

心理学与经济科学

塔尔德偏爱的另一个主题是社会中的个体经济行为（《经济心理学》，1902）。在这方面他反对功利主义和"经济学人"理论——这种理论认为人类的需求都是"自然"需求，消费选择取决于简单的价格／利益比。塔尔德试图从反面证明，需求是某种社会或某个社会集团共同欲望和信仰的结果。因而，他就消费兴趣和习惯描绘出了一幅心理－社会学图画。但遗憾的是，不久以后塔尔德就又开始用他那非常抽象的模仿律来重新解释发明和适应。一条研究的新线索才刚刚显露，他就想给出最终结果。他最后的失败与他这种单枪匹马的高超理论家态度不无关系。事实上，在塔尔德活着的时候，他比迪尔凯姆更受欢迎，可是在他去世后他的对手很快就胜他一筹，因为对手制定了研究大纲并为实现大纲的研究在自己周围团结起了一批年轻的大学教师。

如今，著名的模仿律几乎没有什么东西保留下来。虽然那些过分简单的概念并不比其作者和时代长命，但是塔尔德在历史上并未因此就不是一位在几个方面推动人文科学发展的重要作者，他使人文科学独立于生物学，指明了意识（即便是催眠状态下的意识！）及情感对人类行为的重要性。

第八节 齐美尔
——被埋没的互动主义社会学之父

齐美尔

由于很晚才被译成法文,法国社会科学界从齐美尔(Georg Simmel, 1858—1918)那里发现了一部长期被埋没的重要著作。人文科学关注重心的变化,使得这位德国思想家的《形式社会学》在今天有了特殊的现实性。

齐美尔1858年生于柏林。在完成哲学学业(有关康德的论文答辩)后,他在大学里所做的学术讲座得到很高评价。尽管他讲课时才华横溢,充满智慧和活力,但却就是得不到正式讲席,因为他的著述过分背离大学规范。他以非学院式的兼收并蓄态度对上到哲学史、宏观社会事实(货币、宗教、文化、个体主义……),下到最微不足道的社会事实(面孔美学、废墟遗迹、冒险奇遇、女性心理……)都感兴趣。1914年齐美尔最终在斯特拉斯堡大学得到一个讲席,但四年后他就去世了。他的朋友包括韦伯、苏珊·乔治(Susan George)和奥古斯特·罗丹(Auguste Rodin)、柏格森等。柏格森的生活哲学对他的"形式社会学"产生了很大影响,柏格森是他最喜欢的交谈对象之一。

相互行动与社会关系

齐美尔首先是位思想家，身上带有他所处那个时代的印记——那是一个现代个体主义革命与工具理性逐步扩散并盘根错节在同一运动中的时代。因此，社会分化成为他研究的中心问题之一也就不足为怪了。

在他1909年发表的那篇著名短文《桥与门》中，他对社会事实进行了活力论分析。在他看来，社会生活就是一场个体与个体之间关系不断改变的运动，这些关系带着凝聚和分离这样的矛盾倾向，或者像桥那样连接，或者像门那样分隔。为了把这些关系分析得更加清楚明白，齐美尔提出了一个主导观念——互动。他把互动简单地理解为每个个体对他人的影响。行动受到像性本能、实际利益、宗教信仰、活命或侵犯的需要、游戏乐趣、工作等各种动机的整体引导，正是这一不断运动着的行动整体，促成了各个个体联合成一个社会整体。

但是齐美尔的分析对象既不是个体也不是社会，他的全部兴趣都在这两个终极之间的创造性互动上。社会生产在这一意义上是社会关系的基础母体。与迪尔凯姆正好相反，齐美尔看重的不是约束，而是社会的变异。因此，他更愿谈论社会化而不是社会。

齐美尔也并非无视推动社会再生产的沉重结构的存在。只不过他给予它们的地位仅相当于日常生活中的微观社会事件和各种短暂的互动，互动同时也是人与人之间关系的本质。

形式社会学

相对于行动内容（指引人行动的动机），齐美尔把互动的结果称作"社会形式"。这种提炼既可以是短暂的形式化，也可以反过来具有客观化特点。我们也可按照朱利安·弗洛伊德[1]的方法把齐美尔的社会形式分为四种类型：

- 具有持久稳定性的形式（家庭、国家、教会、企业、政党……）：这些都是机构、团体、组织；
- 按照预定方案进行组织的形式（等级体系、竞争、冲突、冒险、联合、分工、交换、开除、继承、模仿……）：这些都是构想的训练的形式；
- 构成社会化发生其中的总体框架形式（政治、经济、法律、教育、宗教……）：这些都是构象；

- 最后是转瞬即逝的形式，它们组成了日常礼节（习俗、共同进餐、共同出游、有分寸、有礼貌）。

在齐美尔的分析中，社会形式类型本身就是时尚。时尚是不断表露阶级区隔的现代个体主义的表达方式，它比其他形式更能显示社会动态的本质。时尚确实能使人既个性化（求异需求）又不与自己所属的群体断绝关系（凝聚需求），时尚是"各种生活方式中的一种，它能把社会平等化倾向与突出个性化和多样性倾向在同一行动中结合起来"[2]。

时尚依靠我们现代社会所特有的这种矛盾性而存在：它是一种持久的形式，但其存在理由却是永无终止的变化。假如没有思想和审美趣味上的持续革命，时尚只可能是一种短暂的社会形式。

货币哲学

在齐美尔看来，货币在历史上用于衡量的不仅是物，而且还有人。

货币是个体自由的一部分，但是货币本身变成目的后也参与现代文化悲剧，在那里，物的价值超过人的价值。

价值问题

齐美尔超越了对价值的传统研究（在实用性和劳动方面），建立起一种新的理论。这一理论主张，物品的价值基础是人们为获取该物品而牺牲掉的东西。因而，物品在一个人眼里，只有处在近到足以激起欲望、远到足以证明牺牲有理的距离才会获得价值。

可是，个体在交换过程中面对的是对他人眼里的价值的评估。这里又出现了齐美尔的主要观念"客观化"过程。在交换过程中，一个价格在市场机制中建立形成而后以客观数据面目出现，即强加给个体意识的价格。作为客观化因素，交换和货币与生产同样都是价值的创造者。

为了解决货币的价值问题，齐美尔给予的回答分为三步。首先，货币保证其经济功能不需要具有内在价值（或曰"物质价值"）。它需要的只是作为一般等值物（功能价值）被大家接受。

但是，最初的货币必须具有自己的价值或"物质价值"。齐美尔假设最早的货币大概是本身具有价值的首饰。这种内在价值应该得到保持才能从地理上扩大市场，并使除了商务关系之外没有任何其他关系的陌生人相互面对。除非其他制度（规范、权利……）硬性规定或允许"功能价值"独自发展。

最后，货币除了功能价值和物质价值外还具有"超经济"的构成要素。货币作为有魅力的物品、炫耀财富的标志，能够让人因它本身而想要它。

货币与个体突生

齐美尔指明了货币发行在哪些方面参与了个体自由。由于货币具有一般等值物的身份，因而它成为能够四处使用的唯一物件，一笔钱使我可以购买适合我的首饰或书籍，同样是这些物品，在使用方面则只能提供有限的选择。此外，经济货币化使得劳动能够从有个性特色的监督中解放出来（例如农奴劳动）并过渡到非人格化约束（如雇佣劳动）。因此，货币具有解放者效应……尽管雇佣劳动者要想从个性化监督中解放出来，还得看其在劳动市场上的运气。

接下来，齐美尔努力指明的是货币对人类关系所产生的矛盾效果。在他看来，社会关系的货币化促进了个性的发展，因此"被杀赔偿金"，也就是发生命案后向受害者家属支付的罚金，以及买卖婚姻，最初都成为把质量变成数量的手段。这样就可以在个体间进行比较。后来，个性和货币经济的共同发展，使人意识到个体的"价值"，并最终导致接受人是无价的。

但这并不能阻止货币在其发展的某些阶段会引起个体感的衰退，像腐化和卖淫的结果就属于这种情况。但最令人不安的结果则是求数量而毁质量，这样就会出现把价值压平到最低水平的趋势。因此，货币既参与民主思想的突生，同时也使世界变得更加非人格化和更加残酷。

货币犹如制度

货币比简单的经济工具更有甚之，它也是一种制度。它不仅仅关系到进入交换的两个个体。由于它的一般等值物性质，它使得个体面对的是整个社区。要使交换成功进行，全社会承认的货币价值必须相同。但是只有在体制和社会关系网存在的情况下才能做到这一点，因而货币也就成为社会结构的产物。反过来，货币也会作用于社会结构以便有利于商人、银行家、官员等这样一些新社会群体的突生。

按照齐美尔的看法，陌生人在货币关系中占有特殊位置。陌生人（还有被开除者以及少数派）就是那个既属于又不属于群体的人，其中包括投机者、商贩、犹太人（在历史上，他们曾被开除，因为中世纪禁止高利盘剥）。事实上，社区的人们认为，移民像货币一样，都具有流动性和陌生性（或者说非人格性）的特点。可以回想一下20世纪初犹太人在资本主义迅猛发展中所起的作用，以及当时开展的排犹运动；人们对"大房子"的反对，透过对陌生人的仇恨，反映出对世界知识分子化、非人格化和客观化的惧怕。

这一点对齐美尔尤为重要，因为在他看来，陌生人形象会随着交换的扩展性和非人格性的增加而不断扩大。

货币、社会演变和社会生活格调

由于货币的"一般等值物"性质，它就像一个具有所有各种用途的"万能工具"。它开辟新的行动可能性，使每个人都能达到自己的特殊目的（这被齐美尔称作"目的论系列"）。这就给予社会更大的创造性，但同时也给予社会更大的不可靠性。而且货币的使用还搅乱了我们赋予生活的意义。这首先是因为它加强了计算性和感知能力的发育，其次是因为它从手段变为目的进而把家庭和宗教等其他目的放在次要位置。货币的使用还促进了特别心理倾向的突生：占有欲（金钱欲占据主导地位）、吝啬、挥霍浪费（快乐享受不在于物而在于花钱本身）；贫穷或穷极潦倒（以拒绝金钱来拯救灵魂）。然而，最符合现代都市环境的倾向是厚颜无耻（自愿把各种价值观的重要性置于同一水平）和麻木不仁（不再能意识到价值区别）。货币使得所有东西都成为可以比较的，从而也就促进了价值观的平均化。

最后一点是，货币参与构成社会"生活格调"，齐美尔用三个概念来说明其特点：距离、节奏和对称。货币由于具有流动性和非人格性特点，所以有促使在一定利益范围基础上的远距离联合趋势（最典型的例子就是股份有限公司），而且在社会交换中必须不以全部人格担保，货币才使大都市圈有可能共处并存。

但是，如果情况相反，人们一头只顾及家庭和友情，另一头只顾及大社区（祖国或人类），货币就会摧毁人们全身心投入的关系。此外，它还会加速调节一种社会本身的节奏，首先是在经济领域，因为发行货币会加速交换并助长冒险。以相对降低奢侈品价格的方式来统一市场的做法，会使货币参与拉近社会阶级距离，增加模仿和求异现象，突出城市化社会特有的时尚效应。

文化悲剧

现代社会特有的这个矛盾处于齐美尔论点的中心：与传统社会的约束相比，劳动分工、大众消费和货币经济的发展，使人得到解放，这本身就有利于个体最大的自由。

但是，"文化悲剧"也由此而生，即每个人的主观性与社会的客观形式发生冲突：劳动者与其劳动成果相分离，科学家远离其做诚实人的理想，消费者不再能在自己所使用的大部分物品上表现其个性。到最后，生活客观化因货币的使用而得到强化，从而一方面使我们在每个人面前、特别是在物面前变得越来越自由，另一方面从总体上说则使我们变得越来越从属于物和人。

　　这本著作已大大超出一篇论证严谨的论文，它更是一部具有大量预感的著述。虽然写于对资本主义和个人主义迅猛发展深感忧虑的痛苦时代，《货币哲学》至今仍然具有现实性。货币经济现已扩展到新的领域，它仍然既是个体解放的要素，又威胁着文化、身体和人的尊严这些齐美尔希望不受伤害的领域。

现代文化悲剧

　　虽然形式是人及把人联系在一起的互动的产物，但是它们也有变成物的趋势，而物又有其自身的发展规律。这个一直延续到创造它们的主体对它们冷漠以待的抽象过程，使得社会形式具有了自主功能逻辑的性质。因此齐美尔认为，司法、艺术、习惯等领域的对象一旦被创造出来（包括那些有赖于我们最强烈的个人感受性的创造），它们不被我们觉察的程度就会达到我们绝对不再能够控制它们所能产生的结果。不过，社会形式只要有助于处理人与人之间的关系，就仍然是我们日常生活的内在因素。货币就是这样。作为商品交换的必要工具，货币促进了经济发展，同时又把个体禁锢在贫乏的社会关系中。事实上，随着这种类型的经济互动的增加，社会交往越来越简化为屈从计算策略的主体／货币主体这样的简单关系。正是这种社会交往不断物化的趋势，处在现代性文化战略的中心。

　　之所以会有策略，首先是因为人不能把社会形式省去。所以不管考虑的是艺术、研究、科学还是伦理道德，所有这些形式都是生产一定文化的必要因素。它们给了社会交往一个框框，增加个人和集体财富……虽然我们本身对它们渐渐冷漠，它们却不仅是我们个人生活的根基（请想想家庭的作用），而且也是整个社会生活的根基。形式因而一方面是提高主观性地位的必需工具，另一方面，这种艰难的学习又抑制了我们个人社会里的一切真正本能。这就是我们现代社会的最主要矛盾。

　　齐美尔在用这样的方式阐明社会关系不断表面客观化的趋势的同时，还充分进行了分析，力图揭示从18、19世纪大革命以来构成人类变异的内容结构。作为一位现代性的思想家，齐美尔赞同马克思把人的隔离和异化归咎于劳动分工的观点，但在关于以个体艺术劳动取代一切加工劳动的问题上，他又远离马克思而加入了富有诗意的乌托邦。

同样，与所有形式的只宣扬期待和静修的原教旨主义针锋相对，齐美尔力图开辟真正独特的政治批判道路。例如，他用艺术（艺术工作摆脱了分工）或冒险（尤其是爱情冒险），来代表解放力今天一点也没丧失的几处自由岛。

注释：

[1] J. 弗洛伊德，《哲学与社会学》(*Philosophie et Sociologie*)，Cabay 出版社，1984 年。

[2] G. 齐美尔，《时尚》(1895 年) 载于《文化悲剧》中，Rivages 出版社，1988 年。

第九节 现代性
——社会学的一个传统

社会学的经典思想家,从托克维尔、马克思到韦伯、迪尔凯姆、齐美尔,他们每个人都以自己的方式描写出现代性的特点:个人主义、理性化、生产专业化、非人性化、去社会化、不稳定等。时至今日,人们觉得他们提出的问题仍然非常之新。

西欧社会在 17 和 18 世纪期间经历了一系列的经济和政治变迁,英国的工业革命和 1789 年的法国革命把变迁推向了高潮,显现出一个以工业化、劳动分工、城市化、民族国家兴起及大众民主出现为特征的崭新世界;与此同时还展现出新的价值观:理性成为每个人都愿意服从的唯一主宰,自由与平等被当做普遍权利写入《人权与公民权宣言》。这些变革从总体上开辟了习惯上被称做现代性的新纪元。变迁规模之大,使得当时的社会平衡从深处经受了巨大震荡——当时的人们对这些变迁就是这样看的。在像德国的迈斯特(Joseph de Maistre)、法国的博纳尔德子爵(Bonald)、英国的伯克(Edmund Burke)等这样一些保守主义者看来,这简直就是一场真正的灾难和动乱,因此他们坚决反对这些变迁并将其全盘否定。这两场革命使得先人们世世代代逐步建立起来的社会组织毁于一旦。此外,革命带来的社会平等化被看成是平庸的根源。在德国浪漫主义思想家那里找到的论述主题也都基本如此。与上面所说的那些人相反,在自由派眼里,现代性的来临是人类的黄金时代。此前一直处在宗教信仰重压下糊里糊涂的每个人,就此被科学和理性的光芒照亮了他们的精神。自由和平等的价值观,把个人从旧制度的体制(像教会、君主制、秩序等)中解放出来。从霍布斯到卢梭这些社会契约哲学家,强调的都是个体相对社会的优势。新生的经济科学因为受到自由市场这只神秘而幸运的"看不见的手"的指引,而从它的角度把社会秩序坐落在个人利益的自发和谐上。

人们一般都同意美国社会学家罗伯特·奈斯比特[1]的看法,认为"社会学传统"是在 19 世纪建立起来的,主要人物有托克维尔、马克思、迪尔凯姆、韦伯和齐美尔。从时间上来说，社会学是现代性的孩子。其任务在于揭示失去全部外在基础（上帝、自然状态、神……）的社会的运转秘密。有了这样的意识之后，社会学将会帮助人们更好地掌握自己的命运。

按照韦伯的说法，这门新科学首先谋求的是成为一门建立在对社会现象进行仔细观察并与理论进行对比这一基础上的"实际科学"。因而，社会学家的位置与同时代哲学家或经济学家的位置正好相反，因为后两者往往以脱离实际的概念游戏为乐。社会学同时还是一门总体性科学。在承认经济领域占有越来越大的重要性的同时，社会学反对离开社会现实的其他方面而孤立地研究经济现象。马克思把经济范畴与其代表的阶级关系联系到一起，迪尔凯姆把恢复职业道德的地位看成是解决经济不平衡问题的办法，韦伯则把加尔文教派的道德看成是诸多引起现代资本主义发展的事实之一。

社会学谋求的最后一点是成为一门历史科学。哲学家关注问题的普遍存在性，经济学家关注看穿表象或找到历史规律，社会学家只观察人类社会历史中偶然发生的事情。比如，他们根本不把个体行动当做社会源头看，而是把个体主义当成社会生活发展的姗姗来迟的产物来对待。

因此，社会学方法一定是比较研究法。与传统社会进行对比，可以了解现代社会的特征。

传统/现代性的对立

社会学运用的是把传统社会与现代社会相对的类型论。在托克维尔那里是贵族与民主相对，在滕尼斯那里是社区与社会相对。迪尔凯姆把社会区分为机械团结和有机团结，马克思则把封建社会与资本主义社会相对。虽然这些类型论远未达到相互完全吻合的程度，但是它们中的大多数都描绘出相对传统社会而言构成现代性的理想型。与传统社会中的等级制相对立的是现代平均主义，传统与理性对立，宗教与科学对立，强制与自由对立，与传统社会的"整体主义"相对立的是现代性个体主义。

从这些对立出发，每个著述者看重的是所产生的现象，借助于该现象，著述者力图解释所观察到的总体社会结构中发生的深刻变化。在托克维尔看来，地位平等的要求最能反映大部分变革。虽然它可以指引个体去追求安逸和幸福，但它同样有可能把个体引向无政府状态和专制主义。因此，民主的问题就在于调和平等与自由。

迪尔凯姆把个体主义的发展看做现代性的主要现象。劳动分工随着人口的增加越来越细，促成了社会急剧分化，一直发展到个体条件最终成为全体社会成员唯一的共同要素。标志着尊重人权的"尊爱个体"，成为现代性唯一的社会黏合剂。

按照齐美尔的看法，还有两种现象支撑着个体主义的发展过程。其一，货币的普遍使用虽然使得相距遥远的个体之间的联系大大增加，但每个人也都受到非人格化参与的限制。其二，大城市的发展把社会成员从村庄范围内实行的严密社会控制中解放出来。这两个过程聚合到一起，就加大了每个人的自主空间。社会角色不再是人一出生就被规定好的，而是在生命过程中自由选择。

马克思把生产力的辩证作用和阶级斗争看做社会结构深刻变化的动力：生产力的巨大发展使得旧有的生产关系不再能容纳它，就会发生革命。韦伯反对对历史所进行的这种辩证主义解读，认为它过分片面。他重新审视宗教价值观对现代文明产生的作用，说明加尔文教派的苦行主义生活行为如何有助于造就"资本主义生活风格"[2]。从广义上说，他从整个社会活动的理性化过程中，特别是从形式理性表现之一的科层化过程中，看到了现代性的主导特点。科层制较之过去的行政形式更加快速、更加准确、更加客观，它肯定能使现代社会具有无可比拟的效率，但它也有抑制个体自由的可能性。

现代性的双重性

社会学家是否信奉现代性仍然非常关键，大家都阐明了若干双重性和内在的矛盾性。以下是现代性面对的第一个难题：如何把组成社会的自主个体维系在一起？托克维尔第一个发现了与失去原先等级制关系相关的原子化危险："原先的贵族制把从农民到国王的所有国民组成一条长链，民主打碎链条后把每个链环单独分开。"地位平等导致每个人都认定自身的圆满性。结果就是把自己孤立于同胞之外：每个人都对他人漠不关心，看不到个人利益与总体繁荣之间的关系。社会变为相互完全分离的一群个体。迪尔凯姆在自杀倾向和社会群体的整合程度之间建立起关系。"利己主义自杀"率的变化，与家庭、宗教和政治的整合程度成反比。与中间社会群体（家庭、行会、教会……）萎缩相关的利己主义发展，导致社会交往脆弱化。在《社会分工论》中，迪尔凯姆甚至提出只进行形式改革而恢复旧制度的行会地位。托克维尔认为，惟有他在美国所见的社区或团体活动才能把个体黏合在一起，因为在这个层面上才更容易鉴别个别利益和共同利益。对这两位作者来说，只有保护中间群体的作用，才能避免社会交往解体。

韦伯突出强调了社会分化进程的另一个后果。每个活动领域（经济、宗教、法律、科学）的发展都有自身特有的逻辑，因而，其所产生的价值体系和规范标准之间就有可能发生冲突。韦伯用"价值观多神主义"来指价值观和目的性的增多。在世俗世界里，连最后一个能够强加于所有人的价值都不复存在。价值观的选择成为主观决定的对象，而主观决定又不能以理性来解释。现代社会就这样恢复了价值观冲突——古代社会中的"上帝的战争"。文化相对主义——"一切等值"——的溶解效应蔓延到现代社会。

19世纪的所有社会学家都把阶级和阶级冲突放在他们所关注问题的中心。难道自由派学者托克维尔不曾这样宣布："人们可能会用个体来反对我，但我说的是阶级，该占据历史的只有阶级。"同样是托克维尔，他把"阶级战争"看做法国革命的主要力量[3]。但在现代社会中如何对待阶级斗争这一问题上，这些作者的立场就各不相同了。托克维尔和齐美尔认为阶级界线在变小，社会地位日趋平等化，阶级界线被削弱，社会流动上升。他们的研究预示了今天被亨利·芒德拉发展的法国社会中产阶级化的理论[4]。正如齐美尔所指出的，中产阶级的特点，"正是它与其他两个阶级不断进行交换，这种持续不断的浮动使界线消除并代之以持续不断的过渡。"[5] 对于这两位经典大师来说，现代社会中的冲突与其说是阶级冲突，不如更确切地说是使全社会各阶层相互抗衡的立场斗争。

与此相反，无论是迪尔凯姆还是马克思则都认为，现代社会的特点是"阶级斗争"上升。按照迪尔凯姆的说法，原因有二：其一，工人与老板之间的关系不再像旧制度下那样由行会来调节控制。其二，强制性的劳动分工激起那些职业与其能力不再相符的工人对社会的不满。在谈到这场"阶级战争"的破坏性时，他变成了一位预言家："我们的社会组织一旦被破坏，就要经历几百年时间来建立新的社会组织。"[6] 马克思认为，阶级冲突是社会变革的动力：摧毁既有的社会秩序，正是为了使历史走向无阶级社会共产主义。韦伯的立场界于二者之间，虽然他承认冲突与现代社会共存，但他并不因此而特别看重社会阶级之间的冲突作用。

失范与社会

19世纪社会学家之间对立的关键之处实际上就是：冲突的可能性会在阶级差距加大的情况下增强，还是相反会在阶级差距开始缩小时增强？托克维尔和齐美尔认为，个人景况客观上的改善可能会引起相对受挫感：一切发生得就像是他们的欲望随着他们获得的满足在膨胀、变得更加强烈，以至于加强了他们的不满程度。对抑制欲望和规定欲望限度的无能为力，从更加广泛的意义上说，与迪尔凯姆《自杀论》[7]中称作失范的东西相符。

这就是现代社会不稳定性加剧的代表性现象。在社会地位的流动性和脆弱性加大的同时，表现狂热的是能动者的整个决定系统自身。正如托克维尔所言："这种习以为常的流动性使他们的灵魂持久地躁动不安，他们只是心慌意乱地享受着他们的财富，急急忙忙地抓住流动性带给他们的钱财。"齐美尔也强调指出，时尚变得越来越像昙花一现，风格越来越混杂，旅行上升幅度越来越大，人们改变主意就像更换服装。现代性就是以同时产生着、分解着、消逝着的事件川流不息永无休止为特点。每个个体都在四处操劳，忙于各式各样的活动，但却一样也没有忙到底。

异化与劳动分工

所有的经典作者都对大型工业企业中劳动分工的非人性后果感到震惊。托克维尔注意到"随着劳动分工原则的全面实行，工人变得越来越弱，越来越狭隘迟钝，依附性也越来越大。技艺进步了，手艺人却在倒退。"[8]迪尔凯姆则说明工人"只不过是只有靠外力才可启动的无自动力的齿轮"[9]。然而，对现代工业中工人的异化分析得最好的是马克思，因为工人在现代工业中失去对生产过程的一切控制，因而既感觉不到自己所做工作的意义，也觉察不到其效用。他远没有像应该的那样在劳动中表现自我，"他在劳动中折磨自己的躯体，伤害自己的精神"。劳动对象对他变得陌生。物的世界的存在与其创造者无关。人与人之间的关系被物与物之间的关系取而代之，物的世界最终统治人的世界。在韦伯笔下可以读到与马克思论说的共鸣之处："这个世界上的财富从人的身上得到越来越大的不可抗拒的力量，这样的力量在过去从未有过。"[10]齐美尔延伸了这个主题，指出马克思给经济物赋予的"物神价值"，只不过是一般过程中的个别情况。正是文化产物总体——齐美尔称其为客观文化——的过分发展，与每个个体"主观"文化的有限潜力之间发生矛盾。齐美尔从中看到了现代性纪元的"文化悲剧"[11]。为了表述知识领域活动的超专业化,韦伯拓宽了视野,指出现代人从此被关在以工具理性为唯一基础的组织系统的冷酷逻辑所强加的"铁笼"中。另外,科学的发展和世界的理性化导致巫魅的祛除,因为"虽然我们总是知道得更多,我们认知得却总是更少"[12]。

现代性意识形态

上述社会学大家并没有忘记指出现代社会对自己说的一套与社会运行现实之间存在的矛盾。像马克思那样的"怀疑大师"就曾在《犹太人问题》中这样揭露人权的意识形态:人权所认可的主要是所有权;人权对人们也不适用,"自私自利者除外"。在宣称的平等背后,隐藏着实际的不平等;在自由个体之间的劳动契约背后,隐藏着剥削关系的现实;在国家中立的背后,隐藏着把国家变成为统治阶级利益服务机器的统治关系。韦伯则从宣称民主重大原则的背后发现了少数人对大多数人的统治。他的学生米歇尔斯(Roberto Michels,1876—1936)揭示了"寡头统治铁律",阐明了各大政党及工会的领导权是怎样逐步落入少数自称以基层战斗成员名义讲话的职业领导人手中。这样一来,他也就把群众组织的矛盾——群众组织的民主价值与效率要求的精英主义之间的矛盾——放在了显要位置。

现代社会在其要求的自由和平等这一价值问题上也有内部压力。托克维尔认为平等地位可能把现代人引向奴役。与其相反,马克思认为资本主义的野蛮自由通过对劳动的剥削不可避免地会产生个体之间的内在不平等。最后,还是齐美尔最准确地概括了现代社会要调和这两种价值所遇到的困难。选择绝对自由必然走向强者剥削弱者,选择社会主义所追求的绝对平等,又只能在损害企业主自由的条件下增加工人的自由。而且对于作为跳板可能会通向新统治的其他形式的不平等是否会重新构成,人们并无把握,这样也就有可能出现无自由的不平等。

经典大师的现实性

人们往往会惊讶地感到"社会学传统"观点的现实性。托克维尔和迪尔凯姆阐明了现代社会中社会关系的脆弱性。马克思和韦伯突出了有实效的法律所遮

社区对社会——简单的对立？

社会学的先驱们认为，从传统社会向工业社会的过渡，意味着传统社会组织模式的解体。宗教、行会、乡村社区、手工业和名人显贵都将随着工业化和城市化的实现而销声匿迹。现代化城市、大工业和市场规定了社会交往准则的新形式：个体成为匿名的和背井离乡的人。社会关系非人格化，其特点是距离、形式主义和冷酷的计算……这些都是商务和行政关系的特征。现代性的同义词可能会是社会生活的遥控机械化和非人性化。

与城市化和资本主义大发展效应相联系的社会交往的崩溃，仍会成为社会学分析中一个经常出现的主题。二战后，社会学家里斯曼就用"孤独的人群"来形容城里人。瓦解社会交往的幽灵，在有关摒斥于社会之外问题的论战中重又出现。

新社会关系准则的重新建立

根据一个世纪以来取得的历史经验，应该可以判断出社会学先驱们的分析是否得当、忧虑是否有理。经验证明，城市并没有变成社区荒漠。社区内部浮现出了新形式的人与人之间的关系准则。家庭、年轻人团伙、俱乐部、联谊会、工会、同乡会等社团构成了建立在选择亲和力基础上的"初级群体"。组织社会学也证明了，在大型企业、机关、政党等内部都有初级群体形成。19世纪末产生于德国的福利国家，想要以它的方式重新缝合被打碎的社会交往。共和政府学校同样期望传授拥护共和政体的道德，即共同生活的新技艺。

社会保障的作用是在社会成员中建立新型团结，这种团结肯定不再是直接的、个性的，而是要经由法律和行政制度形式来确立。

社会化/去社会化的辩证

实际上，社区/社会之分并不是指由个人关系黏合在一起的传统社会与成为去社会化场所的现代城市之间的简单分离。社区和社会这两种聚合方式在现代社会中同时存在。现代性以辩证的双重性为特点。一些社区形式消失了，另一些又重新出现。对于简单的传统/现代性这一二元对立，必须用对社会融合各领域（国家、家庭、企业、学校、社团、俱乐部……）内部的社会化程度及形式进行细致的分析来取而代之。例如，社会学家彼得·瓦格纳（Peter Wagner）在他写的《自由与纪律》[1]一书中就努力这样去做。

把社会学先驱们的观念与一个世纪以来我们的社会所经历的实际进程加以对照，这就是继续先驱们所创立事业的最好方式。

1. P. 瓦格纳（P. Wagner），《自由与纪律，现代性的两次危机》（*Liberté et Discipline, les deux crisesdela modernité*），梅泰耶出版社，1997年。

掩的统治关系。齐美尔在他们之中肯定是最现代的一个,他揭示了互动链条的延伸和自由选择归属的团体数量的增加,揭示了马费佐利[13]所衷爱的"新部落主义(新都市社会小集团现象)"的再现。托克维尔则预感到民主社会遭受独裁统治的危险。"独断专横、细微、深谋远虑且温和的受托国,把手伸向全社会并用一张以复杂、细致、一视同仁的琐碎规章制度编制起来的网络覆盖住社会的全部",他对受托国家的这些描写,不能不让人想起奥威尔笔下的世界。到头来还是韦伯第一个指出,在现代社会中,并不存在能够统一所有观点的至高无上的观点。这些都是当代社会学家思考的中心问题,更不用说后现代社会理论家,他们同样会从中汲取很多理念。

注释:

[1] R. 奈斯比特,《社会学传统》(*La Tradition sociologique*),法国大学出版社,1984 年。

[2] M. 韦伯,《新教伦理与资本主义精神》(*L'Ethique protestante et l'esprit du capitalisme*),波凯特出版社,1985 年。

[3] A. 德·托克维尔,《旧制度与大革命》(*L'Ancien Régime et la Révolution*),拉丰出版社,《书本》丛书,1986 年。

[4] H. 芒德拉,《第二次法国大革命》(*La Seconde Révolution française*),伽利玛出版社,1988 年。

[5] G. 齐美尔,《社会形式如何保持》(*Comment les formes sociales se maintiennent*),1896 年,载于《社会学与认识论》,法国大学出版社,1981 年。

[6] E. 迪尔凯姆,《国际主义与阶级斗争》(*Internationalisme et lutte des classes*),1906年,载于《社会科学与行动》,法国大学出版社,1970 年。

[7] 可以把托克维尔的表达方式与迪尔凯姆《自杀论》中的表达方式进行对比:"因此,拥有得越多,拥有的欲望就越强,因为已经得到的满足只能刺激需求而不是缓和需求";"人们越是少受限制,一切模仿就显得越发难以忍受。"

[8] A. 德·托克维尔,《论美国的民主》,拉丰出版社,《书本》丛书,1986 年。

[9] E. 迪尔凯姆,《社会分工论》,法国大学出版社,1991 年。

[10] 同注 [2]。

[11] G. 齐美尔,《文化悲剧》,Rivages 出版社,1986 年。

[12] P. 米永(主编),《马克斯·韦伯与现代社会命运》(*Max Weber et le destin des sociétés*),P. 孟戴斯-弗朗斯大学出版社,格勒诺布尔,1995 年。

[13] M. 马费佐利(Maffesolli),《部落时代》(*Le Temps des tribus*),子午线-克林克西克出版社,1988 年。参见本书中的"马费佐利访谈录"。

第二章

美国社会学

第一节　威廉·托马斯和弗洛里安·兹纳涅茨基
　　——波兰农民，一个移民的人生旅程

兹纳涅茨基　　　　　　　　　托马斯

　　芝加哥学派的部分起因，与1918—1920年发表的一部五卷本著作《欧洲和美国的波兰农民》有关。在这部书中，两位作者托马斯(1863—1947)和兹纳涅茨基(1881—1956)为芝加哥市的社会学及其社区奠定了基础。

　　"我把自己对涉及私人资料的关注起点，定位在一封长长的信上，那是一个雨天在我家后面一条林荫道上捡到的：一位年轻姑娘写的信，她在医院接受培训，信写给她的父亲，信里谈到家人的关系和争执。"

　　时间是20世纪头十年之初，地点在芝加哥。信在一个包里，包是从住户的窗子里扔出来的；刚刚发现这封信的男子，托马斯，是芝加哥大学一名社会学教师。当时托马斯对芝加哥移民社区的生活方式产生了兴趣。他获得了一个私营基金会的经费，着手调查波兰移民的境遇。

　　20世纪初的芝加哥是一座典型的美国年轻大都市。在半个世纪的时间内，它便如同雨后春笋般发展起来，居民飞速增加：1870—1890年，从30万人增至

100万人；1910年又增至200万人；1930年将会达到340万人！由于到处都是现代风格，这座城市显得光彩夺目：摩天大楼，多种工业，大商店，商业区，博物馆，医院，大学等随处可见。

当然了，这座城市还吸引着移民浪潮来找工作；这里是贫困群体集中的地方，罪犯猖獗，乞丐成堆，醉汉成群，妓女遍布。与其他美国大城市一样，芝加哥也是座多种族城市，组织机构以街区划分。最先到来的是爱尔兰人、德国人、斯堪的纳维亚人，随后是意大利人、希腊人、欧洲犹太人、南非人。波兰人社圈是新近形成的最主要社区之一。

当地的大学社会学家们认为，芝加哥已经构成了一个标准的社会实验室。探究该城市会给新来乍到者留下什么印象及产生什么影响，是城市环境保护的科研计划；托马斯是该计划的倡议者之一，还有罗伯特·帕克 (Robert E. Park)。这也是托马斯给社会学确定的职能：该学科应摆脱纯理性思维方法的束缚，应深入社会现实。大凡高明的理论总能与经验观测相结合。依照这位社会学家之见，社会科学也应为社会改革服务。可是，怎样做，才能分析阐明这座现代城市中人们的躁动不安呢？如何理解其居民生活？

偶然发现的那一大叠信，对托马斯来说是个意外巧获。这些信出自一位女青年移民之手，信写给她的双亲，信中讲述了她的生活环境、她的工作、日常琐事、令她困惑的事情、她的希望等，对一个社会学家来说，这可是一份弥足珍贵的材料。

为了做好调查，托马斯跟另一位波兰男士兹纳涅茨基合作；后者原本是位哲学家，后来改行搞社会学，同时还领导着一个保护华沙移民的团体。他们两人决定，在一家波兰报纸 (*le Dziennik Chicagoski*) 上刊登一则广告，以便收集移民的书札。他俩很快就收集到大批书信与资料，从而编成了一部五卷本巨著《欧洲和美国的波兰农民》，头几卷于1918年出版。

这部著作的整体结构极为明晰。书中描述了一个社会群体的变迁过程。头几卷描写初期的情状：农民家庭，社会系统，波兰的经济生活；随后描写了"初级群体的解体"（家庭、劳动社区）导致一些人离开他们的国家（第四卷）。最后是在美国定居阶段，这一阶段的特点是重组社区及社区的瓦解——沮丧，家庭不稳定，有人犯罪。这是1920年出版的最后一卷的内容。

弗拉德克的经历

整体动力学构筑起人物活动的总背景,以此为背景,编织着一个个奇特的命运,因为每个移民的经历都不尽相同。是哪些确定的因素恰好主宰了每个人的人生旅程呢?社会学家认为,只有对情况进行相当全面详密的调研,才有望弄清社会动力学怎样与个人经历相衔接。

在这种情况下,弗拉德克·维兹涅夫斯基(Wladeck Wiszniewski)参与了进来,他是书中那些波兰人之一,为了几美分就把他的信卖了。弗拉德克正在失业中,需要帮助。兹纳涅茨基注意到了他,建议他亲自写出自己的经历,并提议按张数付款。弗拉德克开始狂热地干起来。几周之内他就写好了 300 页!"我夜里很少睡觉,我不停地写,除非我得去喂猪喂牲畜。"弗拉德克尚不知道,他正在被载入社会学史。他的记叙将会构成《欧洲和美国的波兰农民》第三卷的主要内容。

"我出生的村庄名叫吕博坦(Lubotyn),在卡利兹(Kalisz)省。毋庸置疑,当地可被人们誉为美丽之乡。"

弗拉德克的自传就这样开始了。他出生的家庭有十个孩子。他父亲当过农民、宪兵,后来成为一家客栈老板。随着其父亲社会地位的提高,家庭状况上升到中等水平,他们不像大多数农民那么穷,但也算不上地方资产者。弗拉德克 14 岁就离开学校去学手艺,后来成为一名面包师。但他一开始的从业并不顺利。他的第一个老板是个酒鬼,对待工人极为粗暴。弗拉德克离开他,找到另一个雇主。可这位学徒跟新师傅合不来,又离去了。弗拉德克那时多次更换差事……屡屡失败。他到过一座又一座城市,去过一个又一个面包房,却总是站不住脚。有时这也并非他的过错:老板归西,面包店关张;有时则是老板不给他工钱……当然,中断工作往往是他自身的原因所致:他与另一个工人不和;人家发现他干活时睡着或喝醉了等。四年时间就这样过去了。他出师了,当留用学徒,没有固定工作,这一身份似乎无法改变。

弗拉德克四处奔波,伴有多次艳遇,因为他很会诱惑异性。他跟那些女人的来往——时而略带浪漫色彩,时而纯粹是性关系——也都像他的工作一样不稳定。仅有一次他真正爱了——爱上了多拉,这位出身名门望族的妙龄女郎受到他的勾引,成了他的情人。不过,这份私情并不长久。弗拉德克刚 20 岁,他害怕这份关系一旦持续下去自己会被拴住。他与多拉吹了，离开他的老板，逃离了那座城市……

他重又上路。随着时间推移，他的景遇每况愈下。他成为流浪汉，在谷仓过夜，偷吃农作物，有时则沦落到乞讨的地步。这名年轻人决定去普鲁士，期盼能在那里找份像样的工作。没想到那里的生活比波兰还要苦。弗拉德克又是孤零零一个人，贫困不堪。他回到家乡。入伍，经过数次晋升，肩章上多了几个杠。

复员后，他回到家里，决定安居。他跟父母开了个店，但又一次失败。买卖不好。弗拉德克感觉自己受到父母的剥削，同他们闹翻了。

1914年，弗拉德克27岁，可他尚未有一份固定职位。就在此时，他接到在美国生活的姐姐的一封来信。他突然决定去找她。来到芝加哥，弗拉德克暂住她家，在一家波兰面包店找到工作。过了一段时间，他遇见吕德温卡（Ludwinka），一个年轻女子，像他一样也是移民，就娶了她。可他又失去了工作。夫妻俩开始了另一个阶段，失业、贫困。就在这时，他偶然看到芝加哥大学刊登的购买波兰移民书信的广告。他的故事就讲到这里。

托马斯和兹纳涅茨基在长篇序言里，通过讲述弗拉德克的故事，阐明了各种基本要素，以便读者了解他的经历乃是其他任何一个移民的经历。因为社会学家表示，要"以自然主义者的姿态"行事，即研究一种更普遍的典型，从具体的、有代表性的实例入手。他们探究的对象要超出个体，圈定一个"社会类型"。

粗俗愚笨者、放荡不羁者、有创造力者

"社会类型"与"生活格调"这一概念有些相近，换言之，与德国社会学家通过"理想型"的形象所研究的对象相近，比如像有产者（桑巴特），预言者（韦伯），穷人（齐美尔）。

按照托马斯和兹纳涅茨基的观点，给"社会类型"下定义，可从指导"社会类型""筹划其生活"的态度及价值观着手。学者们从中区分出三种主要社会类型：粗俗愚笨型，放荡不羁型及有创造力型。

- 粗俗愚笨者是保守者。其行为囿于传统，囿于既定规则惯例。有产者也罢，农民也罢，其对待人生的态度都是因循守旧随大溜。
- 放荡不羁者易于接受社会结构的深刻变化，但不是社会结构深刻变化的倡导者。他只会尽力去适应周围环境，易受他人影响。

● 有创造力者的定义是革新者，取其当今语意。他能把握自己的人生，因为他掌握着自己的价值观和规划。

这些字眼现在看来已有些陈旧，因为著述者借用的是他们那个时代的文学语言。上述类型论，用于勾画离乡背井的复数个体的轨迹：他们农民出身，闯荡新大陆，陷入最底层。有的力求保住传统生活方式；有的希图重建新生活，并想往上爬；还有的即将沉沦，陷入贫困与犯罪的泥淖中。

当然，个体也可能会在好几种倾向之间摇摆不定。从某些方面看，弗拉德克是粗俗愚笨者，当他极度向往被认可时就会表现出这一点（通常，他希望他的小学老师、老板及上司喜欢他）。从别的方面看，他也是个放荡不羁者，始终定居不下来。

社会结构与个人的习性交织到一起，令其人生旅程改道：时而朝着一个方向（社会整合），时而朝着另一方向（漂泊流浪）。就这样，当他在自己的乡土上，从一个城市漂到另一个城市，他总能找到救命板——他的家人，或面包店的一个出师学徒。可等到了柏林，他就变得贫困交集，因为他的身份变了：他不再是面包店老板们理当欢迎、要雇佣的出师学徒。他只是个可怜的波兰移民，如失群孤雁，无依无靠。倘若弗拉德克果真总能避免沦为无业游民，他准会将此归于他内在的精神力量，即由于受过教育，他有融入社会的愿望。

托马斯和兹纳涅茨基强调各种因素的互动。"个体与其周围环境在这持续的互动中，不可以说个体是其所在阶层的制品，也不可以说个体制造其阶层；想要更确切地表达，就应把这两句话加起来同时说，才行。"个体是自己命运的制品和制造者。在这里，托马斯提出了他认为很重要的一个见解：情境虽然相同，但每个个体的反应却不同，这与情境在个体脑海里的表象有关。这就是托马斯命名的"情境定义"的内涵，后来默顿将此定义确立为"托马斯定理"：如果人们把某种情境定义为真实的，这种情境就会产生真实的影响。

因此，弗拉德克的经历，其一般特征和特殊性都是典型的，是任何移民的经历。对他的人生旅程进行分析，就可清楚地看到一切脉络：社区研究、所隶属的群体的组织、群体劳资组织及劳资组织解体的程度、个体互动、人生旅程改道，以及边际人格的特性……

这里有社会学方法的各种要素，是芝加哥学派的社会学方法，这本书很快就将成为一本伟大的经典著作。

芝加哥学派的诞生

20世纪初,美国社会学尚未有真正的自主性,与社会哲学之间的区别微乎其微。但有几位著者在日后产生了巨大的影响,像首创"初级群体"概念的库利(Charles Cooley),互动主义学派之父米德(Charles H. Mead, 1863—1931)等。在两次大战期间社会学登堂入室,芝加哥成为其中枢。威廉·托马斯和罗伯特·帕克是芝加哥学派的中坚。

- 威廉·托马斯在芝加哥接受教育——就读于最早创立的社会学系——并曾留学欧洲,返回美国后回到原先就读的大学任教。作为革新者,他密切关注城市人口产业集中化造成的社会症结、种族社区之间的共处,以及犯罪问题。在他的倡导下,针对移民社区推进了经验研究。由于一桩风化事件,托马斯被逐出校门(那个时代,大学不容忍通奸之类的问题),他去纽约继续其生涯,继而进入哈佛。1931年,他成为美国社会学协会主席。
- 兹纳涅茨基在欧洲认识了托马斯。此前他跟社会学没有任何关联:在巴黎、日内瓦、苏黎士攻读哲学之后,他没能在高校任教,原因是他反对俄国当局(占领波兰)。一场爱情风波令他失意,他遂加入法国外籍军团,不久又离开军团。他曾写过几部哲学书,不过之后他的目标就改为致力于进行社会学研究。后来他在波兹南成为社会学教授,1931年他返回美国,并在美国结束其学术生涯。

托马斯和兹纳涅茨基的著作

《欧洲和美国的波兰农民(1918—1920)》(*Le Paysan polonais en Europe et en Amérique*),五卷本,纳坦出版社,1998年。

托马斯的著作

《种族心理学》(*Race Psychology*, 1912)

《不适应环境的姑娘》(*The Unadjusted Girl*, 1923)

《在美国的孩子》(*The Child in America*, 1928)

《原始行为》(*Primitive Behavior*, 1937)

兹纳涅茨基的著作

《文化现实》(*Cultural Reality*, 1919)

《社会心理学规律》(*The Laws of Social Psychology*, 1925)

《社会行为》(*Socials Actions*, 1936)

《人与知识的社会角色》(*The Social Role of Man and Knowledge*, 1940)

《人文科学》(*Cultural Sciences*, 1952)

第二节 拉扎斯菲尔德
——调查社会影响

拉扎斯菲尔德

面对自己所处的社会环境，个体者会有何反应？这便是拉扎斯菲尔德著作的核心问题，他运用大规模的经验调查手段来进行论述。

保罗·拉扎斯菲尔德（1901—1976）最初是名维也纳青年，出生在一个犹太知识分子家庭。很年轻时他就接受了社会主义思想，并在左派组织"红鹰"里积极活动。与此同时，他的法律、经济、数学学习齐头并进。持有应用数学博士学位的他讲授数学和物理，继而结识了著名心理学家比勒夫妇（Karl & Charlotte Bülher）。拉扎斯菲尔德说服他们创建了一所经济心理研究中心。就在该中心，拉扎斯菲尔德大力推广经验调查，对象是玛林塔尔（Marienthal）的失业者。德国革命（1923年）及奥地利社会主义政府相继惨败，拉扎斯菲尔德认为，关键是要弄清楚社会主义运动在奥地利失败的原因，弄清楚工人运动懈怠的原因。

玛林塔尔的失业者们

《玛林塔尔的失业者们》（*Les Chômeurs de Marienthal*, 1932）是在欧洲进行的最早的同类调查之一。玛林塔尔是维也纳附近一个村庄。这个小村镇挨着一家纺纱厂,村里大多数人家都有人在厂里干活。但到1929年,该厂突然关闭,大部分村民都失业了。在两位同事的协助下,拉扎斯菲尔德对这里进行调查,力求制作一个全面的表格,反映这些失业者的生活。为此,研究人员最大限度地搜集资料,既有数量方面的(家庭预算,膳食结构,结社或组合情况等),也有质量方面的(叙述生活状况,亲自观察,访谈)。研究人员甚至考虑把村里的孩子们组织起来参加一次作文竞赛,叫他们写自己希望得到什么圣诞礼物、他们怎样看待自己的未来……

由此人们看出,不幸降临到了小镇上,1500名居民中,大都遭受损失。几乎普遍失业,"有四分之三的家庭,靠失业津贴为生"。为了果腹,许多人种起了菜园——对其菜谱的研究表明,他们收入微薄。一日三餐,调配如下:"早上:咖啡加面包;中午:马铃薯汤;晚上:咖啡加面包",而且一周有六天都是这样。由于失业、贫困,村里其他一切活动都备受限制。蒙特梭利(Montessori)小学被迫关闭,因为工人交不起孩子的学费;工厂组织的节庆活动也停止了。全部社会生活渐趋衰歇。去图书馆的人次减少。过去十分活跃的团体全都减少了活动。这些团体有着很强的政治性,其观点比较接近社会党或激进党。

许多失业者白天上街闲逛,或是闲待在家。失业致使人们放弃一切社会活动,失去战斗活力,失业者根本组织不起集体运动,也不去重新安排生活。总之,交叉收集的资料得出了如下结论:失业者陷入麻木不仁的状态,逆来顺受,有的甚至感到绝望。想要改变命运的人们移居别的地区或另一个国家。因此,玛林塔尔村镇居民的抗争能力长久地被削弱了。

面对这样的形势,他们还能忍受多久?在全书最后,拉扎斯菲尔德提出了这一问题。此时,这位斗士流露出了焦虑不安。两年后,事情有了含混不清的结果:玛林塔尔的一些活动得到了恢复,还设立了一些团结互助网系统。遗憾的是,也有一些家庭则"垮台"了。归根结底,著者们自认,无力预见长久以后的反应。这本书结论里的总结颇带有一些失望的情调:"调查我们的问题系列,采用我们的方法进行研究,我们已竭尽全力(……)。当初是科学推理的路径,把我们带领到玛林塔尔。我们离开那里时惟一的希望是:调查结果这么惨,但愿调查的情状不再出现。"

后来,拉扎斯菲尔德把对玛林塔尔的调查搁置起来(理由是,他"由果溯因"发现方法论有缺失);不过,他未来全部研究课题的主线,仍将是上面所说的问题——面对自己所处的环境，个体会作出怎样的反应？

社会影响的模型

  1934年9月，拉扎斯菲尔德移居美国。对犹太人的迫害始于奥地利，他的家庭有好几个成员被捕。他对玛林塔尔的研究以及他1933年在美国的考察旅行，引起哥伦比亚大学教授罗伯特·林德（Robert Lynd）的注意。后者帮他在纽瓦克市创立了经济心理学研究中心。这样一来，拉扎斯菲尔德就可以投身于大型统计调查，了解大众沟通和媒体影响。洛克菲勒基金会委托他调查研究电台广播节目对美国社会起什么作用，他将研究结果写成《调查电台广播》（*Radio Research*）(1942—1943)（参见下面专栏）一书。

  首次这样大规模研究得出的结果，与对媒体的公认看法大相径庭。与媒体播放的宣传材料相比，所属群体的影响更大。在选民选举中，家庭、朋友间的议论，比看报或听候选人演说更重要。在四年后（1944年）进行的一次调查中，当下届总统选举时，《人民的选择》（*The People's Choice*）、拉扎斯菲尔德及其小组

媒体接收情况调查

  1940年美国总统大选时，共和党候选人威尔基（Willkie）和民主党候选人罗斯福对决；拉扎斯菲尔德及其调研小组决定针对选民观点的变化，探究一下无线电广播对选举运动究竟起到了什么样的作用。为此，在整个竞选期间，他们一直跟踪俄亥俄州的一个选民群体，就这些选民的观点变化向他们提问七次。最后得出的结果让调研者们瞠目结舌：整个竞选自始至终，选民的观点和选择相当稳定，总是最初的选择，没有变化。仿佛电台、报刊关于竞选的大量宣传，对这些选民观点的影响微乎其微！

  与此同时，拉扎斯菲尔德将人们的观点与他们的社会地位进行比照，发现身份与政治观点之间存在对应关系。新教地区及较富裕地区的乡下选民，大都选共和党。城市及比较贫穷的天主教选民，75%选民主党。他由此得出一个结论："一个人有什么样的社会身份，就有什么样的政治观点。社会特点支配政治特点。"限定政治观点的主要因素之一是个体所属的群体。调研者尤其注意到，随着选举日期日益临近，犹豫不决的选民最后作出的决定，往往是附和自己家庭中占据优势地位的观点。

都指出，竞选期间观点变化最大的个体，在媒体上曝光最少！

拉扎斯菲尔德据此推断，在涉及社会影响的情况下，"皮下组织"模型并不符合实际。这一模型认为，选民的观点直接受到媒体曝光的影响，正如行为主义者的条件反射逻辑所断言的那样，当时行为主义风靡美国心理学界。拉扎斯菲尔德换之以另一个模型："两个阶段"（《沟通的两个阶段》）(Two step flow of communication)。初级群体（家庭、社区、朋友）及该群体里有影响的人士，对人们所作出的政治选择的影响更大，人们把这些人士称为"舆论首领"。

拉扎斯菲尔德当上哥伦比亚大学社会学教授后，在那里创立了"应用社会调查研究办公室"，开始对选举（《投票选举》，1954）、随后还对消费进行调查。1955年出版的《个人影响》(Personal Influence) 一书，讲述了他从多次连续的调查中所得出的具有普遍性的教训。在消费、选举、文化习性方面，个体表现当然会受到媒体的影响。但这一影响是间接的——在改变个体态度、观点方面，是周围的人们在起着决定性作用。在工业社会，那些有影响的人并非绝无仅有。也许是一位老师，一位朋友，一位亲戚。社会上的新事物、各种思想观点，大都是通过大量的群体及中介人，而不一定是直接由媒体传达给个人。后来，沟通专家们和革新专家们都广泛称许这些研究结论。

拉扎斯菲尔德在从事经验研究的同时，还写有关于方法论本质的论著。这些论著阐释了社会学研究领域使用的应用数学。关键是要调制并发展出一些程序，即关于资料搜集、规范化及资料处理的程序，对有代表性的调查对象所采用的方式，多变量解析，内容分析等。

拉扎斯菲尔德从事以上方法论研究，给人的印象是个经验论者，一门心思地用数量历史学观点来探究社会问题。但实际上，与通常的数量学观点相反，拉扎斯菲尔德并未把社会学简化为经验调研。这有他最后的著述《什么是社会学？》（1971）及《社会科学的哲学》（1970）为证，书中论述了社会科学的认识论。在这两本书中，拉扎斯菲尔德与源自欧洲传统的理论思考重修旧好。

第三节　帕森斯与"宏大理论"

帕森斯

　　二战刚结束时，帕森斯逆潮流而动，与在美国占据优势地位的经验社会学对着干，建立起社会总体理论。这一理论被视为宏大的理论体系，其各类因素具备四种基本功能：适应，目标达成，整合，模式维持。

　　二战结束时，美国的社会学似乎坚定地走上了大型经验调查之路：芝加哥的社会学家对芝加哥城进行研究；林德夫妇以中镇（Middletown）为题写出专著；劳埃德·沃纳（Lloyd Warner）就扬基城（Yankee City）写有专著；拉扎斯菲尔德对大众沟通进行调查；等等。

　　然而，在哈佛（剑桥），一位名叫帕森斯的青年教师，却采取了与上述思维方法相反的战术。他即将向世人展现出一个与上述方向有着很大差别的社会学学派——一个概念化的、综合性的学派；事实上，他打算建立"社会总体理论"。有几年时间，帕森斯一直与经验论学派对着干，而很快他就将成为美国社会学界的"教皇"。

　　帕森斯出生在科罗拉多斯普林斯一个新教改革派家庭，父亲是名公理会教堂牧师。帕森斯青年时代赴欧洲留学，攻读生物学和哲学，并在那里发现了社会科学。1924 年，他在伦敦对马林诺夫斯基（Bronislaw Malinowski）及其功能主义理论产生了兴趣，还发现了经济学家马歇尔（Alfred Marshall）；他在海德堡住了两年，研究韦伯的论著，阅读迪尔凯姆、帕雷托等人的书。

返回美国后，因为受到社会学读物的熏陶，帕森斯的脑子里充满了概念和理论。他在哈佛找到工作。1937 年他出版了《社会行动的结构》一书，率先集理论之大成，从而显示出他在智能方面的雄心。他的提问关系到社会学的基本问题。一个社会需要具备什么条件才可能存在？什么是社会行动的准则？怎样才能使个体行动与社会秩序融为一体？帕森斯想解决所有这些问题，同时把欧洲所有这些方面的知识成果都包容进来。

规范与价值观

一开始，帕森斯与"社会纪实的经验主义"保持着一定的距离。他认为科学不能被概括为只是积累资料。科学应从问题入手，应以理论框架为依据，因为是理论使得只叙事的资料具有意义。

社会学的基本问题之一是社会秩序的准则。帕森斯将其命名为"霍布斯式的问题"——原始状态下的人类，人与人之间是"狼与狼"的相互残害关系；该怎样做，才会使他们同意共同生活呢？对这个问题，社会哲学有两个答案。霍布斯的答案是《利维坦》式的答案：必须有一个强大的政权——国家政权——建立在社会之上，并制定共同生活的法律。另一个答案是洛克（或斯密）式的：社会是社会契约、相互交换、共同利益会合的产物。

但帕森斯认为，上列答案中的任何条件都不足以确保社会秩序。各种社会行为并不单纯取决于利己主义的利益，或是对法律的遵守。社会行动还取决于价值观和规范。这是社会学传统给出的解答。

迪尔凯姆、韦伯和帕雷托证实，社会问题的自主性是存在的，而且超出纯粹的利益互换范围（经济领域），超出伦理范围（宗教领域），超出法律范围（政治领域）。社会存在着，也像价值观系统、文化系统、规范系统存在着一样。个体行动之间可以相互协调，因为在"社会能动者"行动的同时，也把社会上的价值观与规范给整合了。这样一来，社会学就有可能按照自己的方式，来解决社会秩序问题。

社会作为系统

从上述"社会行动"概念及"超社会化"观点出发,帕森斯即将展示一个总的模式,目的是从总体上阐明社会系统。在《社会系统》(1951)一书,以及随后陆续出版的著作中,他将努力捍卫社会"系统的"及"功能主义的"观点。

一个稳定的社会要想存在,必须承担好几项功能:适应周围环境,以确保社会存在下去;追求目标,因为一个系统只有朝着一个目的奔走才能运行起来;群体成员的整合;最后是模式与规范的维持(潜在的模式)。帕森斯提议,为了便于记忆社会系统的功能,可以使用缩略词 AGIL——A 意为适应 (adaptation),G 意为目标 (goal),I 意为整合 (integration),L 意为潜在的模式 (latent pattern)。

上述每项功能都与一个子系统相对应:经济子系统谋求适应,政治子系统负责确定目的,文化子系统(宗教,学校)负责确定并维持模式及价值观,最后,社会子系统负责社会整合。

反过来,每个子系统为了确保自身存在下去,也应该确保 AGIL 这四项功能。因此,在《经济与社会》一书中,帕森斯证明,经济子系统不应仅满足于保障生产功能;经济子系统还应使劳动者社会化,确定该子系统的最终目的,维持其规范。

基于这一模式,帕森斯力求阐明美国社会中各种不同社会组织机构,像家庭、公安、司法、教育、宗教等的功能及其内在的必然联系。这些系统是开放型的,不断演变的。只要经济或社会调节机制存在,这些系统就可以让个体自由选择(配偶,职业);由个体进行的规范整合,是其中一种调整机制。

从某种意义上说,帕森斯的理论建设力求解决下面这一难题——在自由的国度,人们可以自由地选择各自的活动,在这种情况下,如何理解那里存在有组织的社会秩序?

美国生活方式的社会学

帕森斯的著作有其特定的社会与学术背景。尽管二战前的社会学被打上危机和"社会解体"问题的印记,其特征是研究边际族群、犯罪问题(芝加哥学派),但在战后,美国进入了一个社会发展及社会大整合的时代。帕森斯表达了美国社会"一体化"的观点。个体追求稳定的职位,梦想安家定居,建造自己的房屋,职业生涯获得成功。同一时期，在哈佛大学，霍兰德（Holland）与默里（Murray）把实现自我当成人类动机的主旨。从这一视角来看，帕森斯的理论似乎是美国生活方式的社会学。

在理论方面，帕森斯的模式取自"系统理论"和控制论，当时这两种理论构成一种范式，是美国人文科学领域占据主导地位的范式之一。具备了这一模式，帕森斯打算在其著作的第二部分提出一种新观念——社会进化主义观念。他认为，由于美国社会复杂、内部存在巨大的分化，而且宽容个人自由，所以美国社会处于进化阶梯的最高层次。实际上，这种进化主义观念既有利于人生轨道多样化，也有利于经济、政治、文化等各种因素相互依存。

第四节 默 顿

默 顿

默顿试图重新把社会学的两个方面——理论方法与经验观测——统一起来。他也是科学社会学的先驱。

罗伯特·默顿（Robert Merton）开始其社会学生涯时，有两个人主宰着美国社会学：一位是经验社会学的代表拉扎斯菲尔德，另一位是理论社会学的信奉者帕森斯。默顿潜心整合并超越了这两个方面。他的《社会学理论与方法基本原理》早已成为经典；在这本书中，他幽默地将这两个派别做了一番对比。他说：一方是经验论者，为资料的有效性及事实的准确性操心；另一方是理论家"大胆创新"，提出宏大总体理论。一方说："我们知道这是真实的，但不知这有无意义。"另一方则说："我们知道这有意义，但不知这是否真实。"默顿竭力想要证明，理论与经验研究其实是相互影响。

中层理论

理论诚然有益，但仍须明确其贡献及局限。默顿与那些论述人性或社会的过于雄心勃勃的理论始终保持着一定的距离。"我认为，我们今天的主要任务，是在资料的有限幅度内，发展应用理论——例如，社会各阶级的动力学理论，相互冲突的社会压力理论，权威理论，权力与运用人际影响的理论——而不是立即寻求'一体化的'概念框架，企图使之派生出所有这些理论。"原则上默顿并不反对总体理论，但他首先捍卫的是"中层理论"（middle range）。

《社会学理论与方法基本原理》是本很令人振奋的论文集，书中还涉及其他一些主题：研究与理论的联系，失范，社会影响，分层，知识社会学等。默顿就社会学功能主义的贡献与局限做了确切的解释。对功能的分析，是由马林诺夫斯基或拉德克利夫-布朗（Alfred Radcliffe-Brown）等人从生物学中引入人类学的。就像人体器官有"生物功能"一样，对功能作分析，就是让每个组织机构担当某种特定的社会角色。因此可以说，家庭有繁衍与社会化的功能，国家则承担着维持秩序等功能。

默顿提醒人们，对于词义太含糊的概念，使用时一定要警惕。他强调指出，一个社会的组织机构可能有多项（无意识的）潜在功能，潜在功能跟明确的动机是两码事。比如，在印第安霍皮族人那里，求雨仪式的有意识动机是求雨。人类学家认为，这一魔术般的仪式还有另一项（隐蔽的）功能，那就是维持群体的凝聚力。

不过，默顿赶紧补充道，使用"功能"这一概念时必须十分谨慎。在我们的社会中，监狱具有多项功能：惩办罪犯，保护社会。但是，监狱本身也是个犯罪孤岛，犯罪文化会在那里重现。默顿借助上千个例证着重说明下面这一点：从某种角度看，社会实践可以是功能性的；但从另一角度来看，却是负功能的。应该把实践的"有意识动机"与"客观后果"区分开。

默顿是在这一范畴内思考行动理论的先驱者之一，他把动机与行动效果区分开来。行动与效果之间存在一种颇为独特的联系方式，就是自我实现者预言；在《社会学理论与方法基本原理》一书中，默顿用一章篇幅阐述了这类预言。

《社会学理论与方法基本原理》的另一个中心问题涉及类型学建构。默顿举了一个实例——社会整合方法。把源于调查的经验资料与符合逻辑的概念化相交汇，可以构成五种个体适应社会的类型：遵循惯例型（个体顺应群体的期望）；革新型（个体接受群体的价值观，但不按社会规范与习惯性程序行事）；注重礼仪型（个体死抱住特定的行为方式不放）；规避型（个体生活在社会边缘）；反叛型（个体对社会规范提出异议，并进行斗争）。这些适应类别形成了某些社会群体各式各样有特征的生活风格。

> **自我实现者预言**
>
> 社会学家托马斯在 1928 年宣称,如果人们头脑里有情景表象,就会有助于创造该情景;默顿借用这一观点,阐明了自我实现者预言机制:"当初,自我实现者预言是给情景下的虚假定义,但这一错误的定义激发他们有了新的表现,从而使得情景成为真实的。"
>
> 默顿举了许多事例对其进行说明。如交易所股市暴跌:倘若股票持有者错误地想象市场即将猛跌,并决定卖出自己的证券,他们就会加速市场下跌。他们的预断就会引起猛跌。另一个例子是预想失败的神经官能症:假使一名大学生确信他考试通不过,于是他心理紧张、松劲,就会导致他的确考不及格。默顿还详细描述了另一个实例:在美国工会里,白种工人设法排斥黑人,理由是黑人破坏罢工,是工贼,因而不允许他们参加工会斗争,从而使他们成为孤立的、失去社会地位的劳动力,常常处于罢工运动之外。结果预言也就实现了……
>
> 默顿还特别强调反向现象:对事情的预言会阻扰事情的实现。因此,当汽车驾驶者害怕堵车时,他们会决定大量乘坐公交车,或改动出发时间。这样一来,他们就使道路变得更加畅通……

默顿与科学社会学

默顿的见解催生了知识社会学,他为之作出了重大贡献,这也是他的研究主题之一。1936 年,青年默顿获取哲学博士学位,其论题是 17 世纪英国的科学革命。他研究伦敦皇家学会会员里一个科学家群体,发现这些科学家都是新教清教徒。与韦伯阐明新教与新兴资本主义之间的联系时所采用的观点相同,默顿所写的论文确信,英国科学突飞猛进,至少有部分原因可以归于新教清教主义传播的价值观。

1942 年,默顿又回到他偏爱的主题上,明确指出哪些"价值观"有利于发扬科学精神。在他看来,主要有四项原则:(1) 普遍主义:承认科学知识与复数个体的观点、修养、国籍或宗教不相关;(2) 共同体主义:捍卫共同体内知识共享的观念;(3) 无私奉献:意味着科学家研究纯知识,面对自己的研究成果,科学家是廉直之士;(4) 怀疑主义:采取批判与怀疑态度,有利于知识发展。

按照默顿的看法,尊重这些价值观,客观的、理性的、精确的知识拓宽就会得到保证。不能用思想的单一自然活动来解释科学精神。仅只在有益的社会与文化背景下,科学精神才得以突生。"科学伦理"并不限于新教。"科学伦理"已成为每个"科学共同体"的规范;所有的"科学共同体"构成社会子系统,独立于社会的其余部分。默顿注意到,事实上,在科学自主规则不受尊重的国家、在科学服从宗教(神权政治)、科学服从政治(集权制)的国家,科学不可能有真正的发展。就这样,默顿开创了社会学中的一个新领域——科学社会学。

第五节　互动主义社会学迅猛发展

> 互动主义学派革新芝加哥学派传统，认为人们通过交换动力学来建构社会现象。

50 年代末期，美国社会学为两种方法所支配。一方面是帕森斯的建构功能主义理论，另一方面是拉扎斯菲尔德具体化的数量历史学理论与统计社会学。芝加哥学派即将获得新生，部分原因就是与这两位霸主进行抗衡所致。1937 年赫伯特·布鲁默（Herbert Blumer）提出"符号互动主义"一词，后被称为"第二芝加哥学派"的开始，该学派使用这一名称，以全新的方式去思考和分析社会。

理解交换动力学

50 年代末，由于霍华德·贝克尔和安塞姆·斯特劳斯的研究成果，符号互动主义蓬勃发展，即将产生多方面影响。

针对功能主义，符号互动主义者设定，社会现象并非感知，而是在具体情景框架里建构的进程。20 世纪初，社会心理学家米德对这一见解做了详述。依据人们相互交换的动力学（互动），通过个体赋予自己行动的价值意义（因此有"符号"做修饰语），人们便可掌握社会游戏的本质。所以贝克尔断言：吸大麻行为不是社会学决定论或统计决定论的结果，而是复杂互动过程（尝试，模式应用，他人指控等）的结果；通过经验观察，人们可以重构这一过程。

如实地掌握现实是这种方法的另一特征，为了做到这一点，互动主义者主张采用民族志手段。他们通过直接观测来再现他们的分析，从而与当时的主流方法相决裂，后者建立在数量与形式上的方法学（统计，问卷调查……）基础之上。学派大师之一戈夫曼，为写《精神病院》（1961），有一年多时间毫无顾忌地与华盛顿圣伊丽莎白精神病院的病人们待在一起，这本书是他最有名的著作之一。

戈夫曼和日常拟剧论

戈夫曼 1922 年生于加拿大，其著作具有独创性，产生了巨大的影响。对他

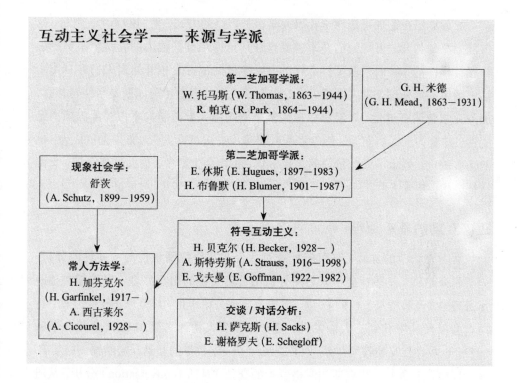

来说，面对面互动，形成社会事物网络。不过，两个个体之间的互动进程是脆弱的。所以需要"互动仪式"来进行调整（礼节惯例，发言……），以促使个体相互"和蔼亲切"。戈夫曼坚持认为，社会生活类似戏剧舞台，人人扮演不同的角色，并要装出认真对待别人所扮演角色的样子，否则就会让别人丢面子。当个体下了舞台（他的办公室或社交晚会），回到"后台"（自己家或朋友那里），他就可以放松对自己行为表现的控制（可以说粗话，或是说出对同事的真实看法）。

加芬克尔和常人方法学

加芬克尔使得互动主义者的手段变得更为激进，他的文集《常人方法学研究》(Studies in Ethnomethodology, 1967)，为常人方法学这一新学派打下了基础。加芬克尔受到舒茨思想的影响，舒茨是互动理论的奠基人。舒茨认为，社会学家应该弄明白，个体赋予自己的行动什么意义。为此，社会学家应该获得复数个体直接的及日常的经验。

加芬克尔在芝加哥法律学校研究陪审员审议的方式,他们的思考、判断、论辩能力令他惊异,可是他们并不曾受过任何法律培训。他力图弄清陪审员是怎样履行程序的,他们采取了什么样的办法?就此加芬克尔开始对人们在日常生活中运用实际推理(常人推理方法论)有了兴趣。男青年阿涅斯是名性转移者,加芬克尔曾调查过他,并经常以他为例来阐明常人方法学的手段。阿涅斯决定变性,并变为女人。可是,她难以表现得像个"正常女人"。加芬克尔认为:她的诸多困难,揭示了女性特征的常规标识;在社会生活中,借助这些标识,女性特征亮相,并被认可。

迈向互动的基本原理

常人方法学的立场,有可能导致对社会游戏作纯情景性与描述性的分析。为了避开暗礁,一些社会学家力图分析出日常交换的组织原理。戈夫曼在他晚年所写的《经验框架》(1974)里,将规范原理公诸于世:规范原理支配互动,行动者会尽量从中获利。人们发现,另一位重要人物西古莱尔(《认知社会学》,1972)也在寻找交换符号体系:他普查统计了一定数量的互动深层结构,并以"解释性程序"来命名。萨克斯和谢格罗夫的交谈/对话(conversation)分析,从毗邻的视角研究20世纪60年代中期以后语言交谈的基层操作者:怎样开始或结束一次讨论,讲话方式如何环环相扣……

互动学派及其派生分支曾经产生过重大影响。只是过了许久,直到70年代以后,欧洲社会学才开始获取其成果。今天,戈夫曼的主要论著都已被译成法语;在欧洲社会学圈里,常人方法学和社会问题认知学派,已经成为多样性研究和辩论的对象。

第六节 戈夫曼

戈夫曼

在分析社会行动者微妙的互动过程中,戈夫曼彻底革新了对社会沟通的研究。

1922年,戈夫曼出生在加拿大英语区一个俄籍犹太人家庭里。他在芝加哥学习社会学,主要钻研米德、弗洛伊德、韦伯、拉德克利夫-布朗、迪尔凯姆和齐美尔的著作(他将研究其中的微观社会学方法)。

1953年他进行了论文答辩:《岛民社区内部的沟通方式》,这是他到英国设得兰群岛,对群居岛民之间的社交形式亲自观察一年的成果。随后,他在美国伯克利和费城教一点书(据说没多少热情)。实际上,他更喜欢进行研究,直至1982年谢世,他的思想都在不断发展。

世界像个戏剧舞台

沟通是戈夫曼恒久不变的研究主题。他分析社会互动、礼节、交谈,以及与日常关系网络相关的一切现象。在他看来,互动类似一种体系,文化就建立在该体系上。这种体系有规范，有调整机制。例如，"践约责任"就属于这种情况；这项社会规则规定，任何人在与他人进行交谈时，都须表现出足够的践约能力："作为主要注意力的焦点，交谈具备一种独有的特性，因为交谈为参与者创建了一个外部世界与一个现实世界，乃是他人也参与的世界。"

"互动规矩"为确认道德秩序和社会秩序提供了足够的机会。每次会面交谈，每个行动者／表演者都力图使自己的形象得到高度评价，力图给人"面子"，换言之，就是把"对方切实要求获得的正面社会价值赠予他，因为在特定的接触过程中，对方采纳了其他人设定的行为准则"。互动的利害关系之一是"表现得热情亲切"（"别丢面子"）。为此，最好是大家相互合作，"表现得协调一致"，并遵从心照不宣的行为方式（"礼仪规则"）。

《自我呈现》（1956）是戈夫曼的第一部著述。他把世界看做一个戏剧舞台，个体者都是"表演者"，在舞台上扮演不同的"角色"，"参加表演"的各种社会关系必须服从明确的规则。向表演者提出的其中一个重要问题（在生活中如同在舞台上），就是在他人那里创造"真实的印象"，好叫人相信，自己想给人留下的这个形象是真的。为此，表演者应使自我展示（他的"个人门面"）与他的角色般配，并使角色"戏剧化"，也就是说，使他的积极性显得有特征，从而使他的某些行为表现得更光彩，更突出（正如裁判为了表现自己准确无误，总是很快作出判决）。戈夫曼接连使用戏剧隐喻，把社会领域划为几个区域。"前台区域"（"舞台"）是进行表演的区域：表演者面对"观众／公众"，还应在台上扮演各自的社会角色（例如，教师在课堂上；例如，逗趣的人退场）。"后台区域"（或"内幕"）不对公众开放，因而，表演者就可放松对自己的控制，也可为自己今后的表演做准备（教师审阅课程时，承认自己的无知；逗趣的人让人看出他的悲伤……）。正如划分"区域"那样，戈夫曼将人们可能扮演的"角色"列出一份清单：名副其实的角色（如"表演者"或"观众"的角色）；但也有别的更为微妙的角色（他称之为"矛盾的"角色）：例如，"次要"角色虽属表演者队伍，但却假装以观众姿态出现（妻子放声大笑，其实她丈夫讲述的那段奇特经历她早已听过无数次了）；又如，"无－人"虽在场，但却被视为缺席，互动时表演不朝向他（出租车司机在场，但这既不妨碍这名妇女化装，亦不妨碍那对夫妻争吵）。

参与观察

"参与观察"是学者潜心研究某种文化采用的技法,旨在弄明白内中的实际经验及其内部规则;由于"参与观察",戈夫曼出版了他的名著之一《精神病院》。他在华盛顿圣伊丽莎白医院生活了一年,和病人们打成一片,过着"隐居"生活。他谈论精神病医院,就像谈论一个专业性社会机构在"照管"人们,并不特别涉及精神病。他翔实地描述了"隐居者们"(医护人员与被照料的病人们)的日常生活;力求弄清楚,在施行组织强制手段的情况下,行为表现是怎样得到协调的。为此,他采纳被收容的精神病患者的观点,从而证明,行为表现可以有好几种解读法:一种是"外部的"、医疗的及"心理分析"的解读法,把患者的态度解释为对社会、对正常生活的不适应症状;另一种是"内里的"解读法,把这些同样的态度,看做是对医院环境及对其强制性完全理性地适应的结果。实际上,戈夫曼与精神病人面对面,是从人类学家的角度,像观察一个遥远的部落一样,与习俗的判断保持距离,同时企图深化该部落的价值观、道德观及其逻辑性。"人类学家"的这种视线,贯穿戈夫曼的所有著述。

在《耻辱》(1963)一书中,戈夫曼着手研究心理障碍、身体障碍,并分析"正常人"与"带耻辱标记的人"之间"走板的"互动。在《经验框架》(1974)里,他对沟通结构进行某种"句法"分析。他把"我们社会里的几个基本框架"分离出来,它们"是允许我们理解一切事情的基本框架"。

在他最后的著作《表达方式》(1981)里,戈夫曼用"互动主义"观点对交谈做了分析(与单纯用语言研究方法相比照)。他强调,对于心照不宣的沟通来说,社会背景很重要。例如,"你来!"与"你来?"有着本质上的区别。像分析任何形式的互动一样,戈夫曼在分析交谈时也是尽力体会其中的全部征象。此乃他的独创性,亦是他的兴趣所在。正因如此,他超脱了那些倨傲固守学科的社会学家们与语言学家们。

在法国,直到1968年出版《精神病院》法译本,戈夫曼才赢得了些许声望。当时读过这本书的人们受到一种冲击,该书的威力与新颖令人叹服。近年来,戈夫曼的全部著述日益引人关注。

戈夫曼的著作：

- 《精神病院：探究精神病患者的社会环境》(*Asile: études sur la condition sociale des malades mentaux*)，午夜出版社，1968 年。
- 《日常生活中的自我呈现》(*La Mise en scène de la vie quotidienne*)，2 卷本，午夜出版社，1973 年。
- 《互动礼仪》(*Les Rites d'interaction*)，午夜出版社，1974 年。
- 《耻辱：有缺陷者的社会习俗》(*Stigmate: les usages sociaux des handicaps*)，午夜出版社，1976 年。
- 《表达方式》(*Façon de parler*)，午夜出版社，1987 年。
- 《瞬间和瞬间里的人们》(*Les Moments et leurs hommes*)，瑟依/午夜出版社，1988 年。
- 《经验框架》(*Les Cadres de l'expérience*)（即《框架分析》），午夜出版社，1991 年。

尚未有法译本的主要著述：

- 《相遇：互动社会学的两份调研报告》(*Encounters: two studies in the Sociology of interaction*)，Bobbs-Merill 出版社，1961 年。
- 《策略互动》(*Strategic interaction*)，宾西法尼亚大学出版社，1969 年。
- 《性别广告》(*Gender Advertisements*)，Harper/Row 出版社，1979 年。

评介戈夫曼的著作：

- 《戈夫曼的清新话语》(*Le Parler frais d'Erving Goffman*)，午夜出版社，1989 年出版，1987 年在 Cerisy 大厅 (Cerisy-la-Salle) 举行的"在法兰西阅读戈夫曼的著述"(Lecture de Goffman en France) 学术讨论会论文集。
- I. 约瑟夫 (I. Joseph)，《戈夫曼与微观社会学》(*E. Goffman et la microsociologie*)，法国大学出版社，1998 年。

第七节　互动——社会生活网络
——霍华德·贝克尔访谈录

贝克尔

　　从研究越轨者的行为表现，到分析艺术的星空，美国社会学家贝克尔（Howard Becker）选定同样的方法，将卷入一个行动中的全体参与者的互动揭示出来。

《人文科学》记者：在法国，你的姓名与《界外人》（*Outsiders*）联系在一起，在这本书里，你采纳符号互动主义原理，从而革新了越轨社会学方法。你是怎样想起研究越轨问题的？

贝克尔：1963年《界外人》出版，大约在这之前十年，我已开始写一些章节。那时我刚结束对芝加哥一所小学女教师的研究，是在埃弗雷特·休斯（Everett Hughes）领导下进行的。研究爵士音乐家或吸大麻者所使用的方法与概念，都是直接从职业研究与劳动情境研究里借鉴来的。这里明显可以看出休斯认为重要的观点，即特定的情境是各种各样能动者互动的结果。所以，必须或多或少地考虑整体所包含的各个部分，才能了解某一特定情境。

> ## 从芝加哥学派到符号互动主义
>
> 贝克尔生于 1928 年，1946—1951 年就读于芝加哥大学社会学系，同时出任爵士乐队的钢琴手。在社会学系，他的老师们是所谓芝加哥学派的主要代表：欧内斯特·伯吉斯（Ernest Burgess）, 埃弗雷特·休斯，赫伯特·布鲁默……他最初的研究属于劳动与职业社会学范畴，涉及爵士音乐家的行为表现，涉及芝加哥小学女教师们的工作及生涯……
>
> 他从 50 年代开始接触犯罪社会学领域，并通过研究吸大麻者（当时许多爵士音乐家都吸大麻），使研究方法面貌一新。1963 年他出版《界外人》，声誉鹊起，成为符号互动主义的主要代表之一。70 年代，他重新步入职业社会学领域，从探索"艺术的星空"入手，越来越关注摄影，将其视为艺术，也将其视为社会学观测的依托。目前，他在华盛顿大学讲授社会学。
>
> **已译为法语的著作**
> - 《界外人》(*Outsiders*)，Métailié 出版社 (1963)，1985 年。
> - 《艺术的星空》(*Les Mondes de l'art*) (1982)，弗拉马里翁出版社，1988 年。
>
> 贝克尔为美国社会学家道格拉斯·哈珀（Douglas Harper）的《美国西北部的流浪汉》(*Les Vagabonds duNord-Ouest américain*) 作序，此书最近被译为法语（L'Harmattan 出版社，1998 年）；贝克尔还收集并介绍巴西社会学家安东尼奥·康迪多（Antonio Candido）的随笔：《正面与反面：文学与社会学随笔》(*L'Envers et l'Endroit: essays de littérature et de sociologie*)，Métailié 出版社，1995 年。
>
> **英语著述**
> - 《替社会学家代笔：如何撰写论文》(*Writing for Social Scientists: How to Start and Finish your Thesis*)，芝加哥大学出版社，1986 年，贝克尔传授写论文的"秘径"。
> - 《经商经》(*Tricks of the Trade*)，芝加哥大学出版社，1998 年。

因此，为了探究越轨的行为表现，不应仅限于官方统计与资料。还必须考虑强行设定规范的那些人的见解，考虑进行告发的那些人的见解，因为他们能够说清，某一个体或某复数个体的群体竟然违抗规范，或被贴上越轨标签，是怎么回事。谁告发谁？告发什么？这是必须提出的问题。

站在我的角度来看，越轨并非某些阶层的人所固有的特点。一个行为是否具有越轨性质,有赖于其他人对其作出反应的方式。所以,警察并不是抓所有的犯罪者。针对所有的超速司机,他们只做几个人的笔录。越轨反映出,不同的社会群体制定的规范是有差别的;然而,还得成为被控对象,才会被视为越轨者。

记者:为了分析成为越轨者的过程,你借用了职业社会学中的"生涯"这一概念。你对"生涯"作何解释?

贝克尔:"生涯"这一概念含有分阶段变化的意思,其结局永远是不确定的。按照这一观点,一个人的身份永远不会完全被限定,身份是在连续不断的岔道前作抉择的结果。表面看最显见的道路,不见得是实际上要走的路。原则上,一个医学院的毕业生会成为医生,但这只是原则上而已。有些医学院毕业生并未去当医生。同样,成为越轨者既不是不可逆转的,也不是不可避免的。

布鲁默常说,从事不合法活动并非理所当然。例如,非并无论什么人都能当入室盗贼,因为那是一个很难弄清楚的复杂活动!你得晓得,你要盗来的是什么东西,你还得查明男女物主是何许人,有什么东西值得盗窃。我会偷你手里拿着的这个照相机吗?不会,因为真的,这不值得。再说,如果我偷了,我能把它卖给谁?总之,这是一个很复杂的行为。这不是一个简单的秉性问题。溜门撬锁乃是一门需要学的行当!

记者:就其本质而言,越轨行为不容易让人发现。参与观察能有什么效用呢?

贝克尔:我研究吸大麻者,只是部分地使用了参与观察。我特别采访了一些人,向他们提出问题,涉及更多的是使他们逐渐走上这条路的过程,而不是他们现在的行为活动。

那些从事非法活动的人乐意让社会学家参与观察,其实是出于一个正当且单纯的理由:这些人知道,警察用不着社会学家来添麻烦!因此,这些人对社会学家不会特别不信任。上述情况多见于吸大麻者。他们还挺庆幸,能向一个社会学家说说知心话。因为平时人们总是用一些不切合实际的言语去描述他们,把他们说成颓废堕落者。他们有些人听说我是社会学家时惊呼道:"起码你,你说实话!"

记者:为了叫他们接纳你,你本人是否要吸大麻呢?

贝克尔:搁那时候,这不可能。那太不明智了——

记者：公开说出去不明智吗？

贝克尔：对。不过——无论如何，对于自己希望研究的行为活动，没必要完全卷进去，否则就不可能研究出个名堂来。倘若论及妇女的行为活动，那就没辙了，什么都无从知晓。实际上，参与观察仅只要求人在那里，并能看到、听到正在发生的事情。想做观测，这才是首要之点。正如我的一位老师人类学家劳埃德·沃纳所言，当澳大利亚一个土著群体正要开始一场宗教仪式时，而你就在那里，在他们当中，可以看着他们到场，可以见到他们一直到最后都做些什么，这就是参与观察。

不过，参与观察还包含别的内容。E. 休斯常说，严格地讲，社会学家不是去发现有可能被隐瞒的情况。一个社会学家最后获悉的事，别人其实早就已经知道。社会学家的知识的特异性其实在于，他有能力将混杂矛盾的知识联系起来看。假如我研究一所医科大学，我将会遇到大学生们告诉我某某情况，教员们告诉我另一些情况，后一类情况与女护士们告诉我的情况又有区别，等等。这样，到最后，我所知道的就会比任何别的人都要多。

总之，参与观察要了解的，既不是人们感受到的东西，也不是人们喜欢做的事情。埃利亚斯概括得好，我们每个人内心都希望做这事或那事，但若没有别人帮助，就做不成，而别的人同样有相同的愿望。所以，复数个体参加集体行动，时时要以妥协为前提。

记者：刚才对越轨的分析，是否适用于个体行动，譬如自杀？

贝克尔：对自杀进行研究提出了特有的难题。必须留意一点，当这一企图如愿以偿时，人们就无从掌握主要当事人的证词了。导致某人结束自己的生命，其内在主要因素将永远是一个不解的疑惑。除了这些重要的考虑，还有对自杀的正式定义：这是否属于法定当局确认的一例死亡。不过，断定死亡是否自杀所致，并非总是轻而易举。魁北克省的情况就是见证，该省曾有几个时期没有出现过自杀情况。可是魁北克人也不见得就比别的地方的人更幸福。实际上，魁北克省是一个有着大量天主教徒的地区。如果某人自杀，就不能按宗教仪式下葬。所以，法医会避免说这是自杀。这类惯例导致人们不相信迪尔凯姆提出的论断，那些论断以统计资料为依据。而收集资料的方式每个国家都不尽相同。这就是为什么我总认为，1897 年迪尔凯姆出版研究自杀问题的《自杀论》，首先是本为当时刚诞生的社会学作宣传的著述。

在美国国内,一个地方就实行一种办法。在一些地区,有资格给自杀死亡定性的人,是一个官员,在县级选举产生,他不一定很了解情况。在另一些地区,是一个多少带点专业性的法医。在纽约,是一个专家;在纽约郊区,可能是随便一个什么人。至于普林斯顿(新泽西州),好几年来该职务都由一个社会学家负责。

记者:有些行为,像凶杀或强奸,难道不是绝对越轨的吗?

贝克尔:凶杀或强奸当然是恶劣的事。不过我们最好把事实与起诉书区分开,同时也要承认,指控并非总是如实。你若是研究不同国家的现行法定体制,你就会发现,提出强奸起诉有多难。在这方面,各种可能性或许会有所变化。例如,近20年来,控告某人强奸罪决不那么容易。从前,一个妇女因被强奸来报案,就被警察劝阻,甚至遭到辱骂。人家不相信她。

上述情况并未使道德方面的评判变得相对化。只不过是伦理评判与社会学家的分析不相干。人们问我,凶杀在客观上难道不是越轨吗?他们是希望可以说,这种行为的缺德性质是经科学验证的。可惜的是,科学给出的结果本身显示不出一种行为到底是好还是坏。

记者:《界外人》写于20世纪60年代,今天在美国面临什么处境?

贝克尔:这些年我已不再研究越轨问题。我只知道教授们继续向大学生们推荐这本书。科学疑难问题的存在有一定期限。与我们那代学者不同,今天年轻的学者们有时会突然从完全相反的角度去理解一项研究的命题。不知为什么,他们会对无关重要的细节进行深思,换句话说就是有点"钻牛角尖"。

记者:在《艺术的星空》里,你使用的分析方法不同于《界外人》里的,你引证了你的音乐经验或摄影经验。与见证、与现场研究相比,语录占优势——

贝克尔:这是另一类别的书。与研究爵士音乐家时相比,后来我从事的研究也没有遵循不同的观念。比如,我对摄影界进行了同样的系统研究,真的特别投入。我最初生活在摄影界,为的是学摄影,而不是想研究摄影界。正是在这片天地里,我和我的妻子相遇了。至于戏剧界,我同样采访过旧金山的戏剧演员、剧场经理和舞台监督。我曾和另一些人一起工作,他们对别的大城市的戏剧界是有研究的。

记者:说到艺术界,你有什么体会?

贝克尔：一般说来，"艺术界"这一概念指的是，在这个或那个艺术领域醒目位子上的那些知名人士。至于我，我用这个词指的是，共同努力创作艺术作品或是教人认可艺术作品的全体专业人员，既包括艺术家，也包括为艺术家制作、供应设备的手艺人和职工，还有评论家，等等，而且别忘了还有观众，或者纯粹属于艺术爱好者的人。从这个意义出发谈论艺术界，等于使观点相对化；而绝对化的观点则认为，一个艺术作品是单独一个个体的创作。创作艺术作品，不论是一张照片还是一幅画，都是要花时间的，因为得经过好几个程序，而且每每要调动各行各业。首先是构思，继而是演出阶段，可别忘了制作干活的种种器具。一旦作品创作完毕，随之就要得到评论家们与美学家们承认这确实是件艺术品。艺术世界的界限很模糊，更何况辨别手工艺品与商业品并非总是轻而易举。

上述方法最后可能会被广泛应用于任何行为活动，不管是否属于艺术界，像吸大麻、卖淫等。事实上，每种行为活动都与一个阶层相联系，是众人组成的阶层，众人的劳动促使该行为活动以这种方式开展，而不是另一种方式。

记者：对社会学界做分析，这样的方法也同样适用吗？

贝克尔：当然！向我提的问题，就跟向小说作者提的一样：要想出色地完成社会学家的工作，我需要什么样不可或缺的人员？举一个事例就足以说明我的看法：我的老朋友戈夫曼在他的职业生涯刚开始时，习惯撰写几十页的著述。要在杂志上发表太长，要出版一本书又太少。那些杂志的主编对他说："我很想在我的杂志上刊登你的文章，可是这样一来我就非得撤下别的文章。"反过来，那些出版商则会说："60页？（戈夫曼的文章通常都是这个篇幅）这哪儿够一本书！"为什么？因为固定成本与印刷有关，出版商不得不提高价格，跟几百页的书一个卖价。所以他们提醒戈夫曼，至少要再多写一倍的页数。这一切向我们说明，出版一篇论文，固然以作者为前提，但多少也意味着要与出版商合作。

记者：你的姓名经常被引用为芝加哥学派的后继人。你觉得这一学派在什么范围内为你确定了研究方向？

贝克尔：我向休斯或布鲁默学到许多东西。以此为由，我以某种方式加入约定俗成的芝加哥学派。不过，我的很多东西都受恩于劳埃德·沃纳，这位人类学家在哈佛攻读之后，曾在芝加哥教书。在理解事物的方式上，所有这些人大概对我都有决定性影响，但你知道，在那些年里，我也曾和许多别的人一起从事研究！

记者：目前你在研究什么课题？

贝克尔：在我的下一本书中，我会竭尽全力向社会学界证明，对社会作分析，除了正统杂志上发表的文章，还有别的途径，像电影、照片、小说、图画、戏剧、数学模型等。这本书的名字叫 Telling about Society，也就是《谈谈社会》。现在分词——telling——是重要的，它提示有过程观念。实际上，我在书里侧重分析的并不是最终的文件（照片、数学模型……）本身，而是其制作过程中必要的劳动（制作的各个阶段，每个阶段涉及的人员等）。太多的社会学家都倾向于只研究文件，而将支配其制作的整个程序抛到一边。我依然采用《艺术的星空》所采用的手段。这不是针对什么论著写的评论，而是一本用社会学进行分析的书：对从事社会科学创作的个体们进行分析。归根结底，这与布鲁诺·拉图尔以《科学对象》为题进行论述的方法有几分相像之处。

《界外人》——越轨社会学的探索

从论爵士音乐家的一部专著入手，贝克尔指出，越轨不仅是印有耻辱标记的人的行为，而且是颁布规范模式的当局的行为。该书以新方式将社会现象当做过程进行描述，所有的行动者都参与其中。

《界外人》是"第二芝加哥学派"最成功的著作之一。该书带有知识分子传统的印记——米德拉开知识分子传统的序幕，起先由布鲁默于 1937 年提出，后来又被命名为"符号互动主义"。这不仅是一门理论，这是近距离探究社会现象的一种方式，社会现象则被看做是由众行动者详细陈述的行为表现所造成的。《界外人》的主题（处于社会边缘，犯罪），其直接调查的方法，都带有该派别的特点。贝克尔晓示了互动学派的兴趣，并提出论据强调，仔细陈述社会中一个有限领域（爵士音乐家们），具有广泛的理论意义。

越轨的新定义

"越轨"是美国社会科学界使用的一个词语，指偏离规范的行为，其界限有些含糊。不过，按照正统看法，越轨者是违背法律规范或道德规范的人；一般情况下，越轨社会学的资料都取自警察局、监狱及社会救济局的统计。贝克尔认为，这种方法不恰当。越轨总是互动的结果——被社会贴上标签的行为，一方面由行动者的行为性质所引起，另一方面则由"其他人给他贴上越轨标签而引起"。人们不能单单指责违法者的某种心理特性。

贝克尔以吸大麻者为例，他直接对他们进行调查。他证实，只有先"当学徒"之后，抽大麻粉才会上瘾。由此可见，我们不应该认为试抽大麻的行为与素质异常相关，而那时的精神病医生就是这么看的。人人都有可能对吸大麻发生兴趣。再者说，吸大麻者没有别的选择，只能躲躲藏藏，甚至避开亲朋，致使其仅仅跟那些有同样习气的人来往。他们为自己搞了越轨文化，该文化有规定，例如，不许喝白酒，并要求他们更坚定自己的习惯行为。之所以会在这里出现典型的越轨文化，是因为禁止吸大麻的条例已经确定。这就证明了，在分析越轨时，应该关心制定规范的外部环境。

时间维度

贝克尔详述的互动方法，还得出另一个结论：人们应将越轨视为一个不断转化的"过程"，在这一过程中，个体可能卷进去（或不卷进去）。他们越是卷进去，就会越受牵连，越难自拔。贝克尔研究过劳动社会学，建议把这称为"生涯"。每种越轨行为均构成一种特有的"生涯"，卷进去的概况与其相类似——初始行为（初始行为能保住秘密，甚至不是故意的），获得越轨"身份"，最终加入越轨群体。

贝克尔注意到，在给越轨者生涯下定义时，社会担当着一个重要角色。标准的例证是吸毒者的例子：为设法给自己搞到违禁品（由于违禁所以昂贵），他竟然落到有别的不法行为的地步。不过，互动也许没有这么明显。从1948年起，贝克尔长期与爵士音乐家周旋，他举了这些人中的一个事例说明，很少出现违法情况。

贝克尔描述的音乐家仅只是一些"边际人"，他们自认为是边际人，与世无争。他们自视为艺术家，梦想演出有独创精神的爵士乐。但"糊涂虫们"（指观众，音乐家们的行话）只有一个要求：让他们听着"商家广告"曲子跳舞。所以，音乐家们的生涯被由此造成的紧张和窘境困扰着——是变得更有商业意识招徕观众，博得好评？还是保持自己的圣洁，安贫乐道？当边际人，时间久了就会难以忍受，而且音乐家的亲友也会对其施加压力，要求他"获得成功"。要点之一是，对于决定要获得成功的那些人来说，演出方式成为次要的，更重要的是有能力建立工作关系，以便谋取好职位。这意味着人格发生转变，与犯轻罪者"进入行列"而转变人格的情况相似。

第八节 希尔施曼
——一位非正统的社会经济学家

希尔施曼

从他对发展所做的分析,到分析指导经济行为的各种"欲望与利益",希尔施曼的每一篇论文都已成为"经典"。这位理论家认为,脱离了机制、价值观、暗含的理性,以及社会各领域形成的冲突,就无从考虑经济问题。

阿尔贝特·希尔施曼(Albert O. Hirschman)的一生,反映了第一次世界大战期间出生在德国的那一代人的不幸和苦恼。1915 年他刚出生,就面临纳粹主义势力抬头,必须逃离柏林。18 岁时,他在法国,是索邦大学和高等商业学校的学生。随后他前往伦敦经济学院就读,后来获得意大利里雅斯特大学博士学位。1941 年重返美国之前,他在法国军队服役。

后来希尔施曼作为经济参事,在联邦储备委员会负责马歇尔计划,旋即又到哥伦比亚当顾问。他把这两次体察写进书里,这些著作使他自 50 年代起享有很高的声望。因而他又成了美国几所一流名牌大学(耶鲁、哥伦比亚及哈佛)的经济学和社会科学教授。他还是普林斯顿大学高级研究所的终身名誉教授。

希尔施曼是发展经济学的先驱之一，他为二战后的经济发展作出了贡献。希尔施曼反对自发组织的市场所推动的直线地、平衡地发展的观点，他认为紧张、失调、不平衡对经济有益。他在其《不平衡增长的策略》一书中指出，发展政策的前提是，不平稳地、按不同序列进行投资，重点放在基础设施和工业方面。谈及巴西东北部半荒芜地带的发展，他阐明了各领域的症结如何发生连锁反应，首先是基础设施（陆路运输，水坝……），其次是政治方面（大业主的抵制），然后是技术方面，等等。

不平衡发展策略有利于开创各种活动，从而逐步应对生产不足造成的障碍（在能源、工业产品、工艺技能……方面）。因此，发展是一个冲突的、不稳定的过程，通过亏损和盈余表现出来。从长远来看，连锁驱动效应与互动循环是动态分析的关键所在。

行动者们的重要性

与纯粹的经济关系相比，希尔施曼对行动者的行为表现、行动者的策略、社会各种力量之间的冲突抱有更大的兴趣。比如，为了修筑自己所需的公路，一个企业家可能会对公共部门决策机构施加强大的压力；而一个官僚要想修筑公路，促使工业家投资，则会难上加难。

按照希尔施曼的观点，有能力作出决定，是发展中国家稀有的最重要资源。某些活动迫使行动者作出被认为是必要的决定，可他们却认识不到什么是真正必要的决定，而且他们感到创新的压力会刺激投资能力。不平衡发展为诱导投资的决定留有很大的余地，并因此而节约了稀有资源，即作出决定的天赋。

发展的全部问题，与其说是分配稀有资源的问题，不如说是发挥能源作用、发挥创新能力的问题。增长离不开体制与价值体系；在很大程度上，增长是无意行动的结果，无法预测。"人类经济活动唯一可确定及可预测的属性，就是其不可预测性。"

这位发展经济学先驱，也是一位"社会经济学家"，他重新评价亚当·斯密创建的推测；斯密的论点是，理性与个人利益"统治世界"。希尔施曼的"经济学人"，是一个掌握权力并具有欲念的能动者（参见下页专栏）。

在《个人幸福，公共行动》这本书里，希尔施曼阐明了，理性微观社会学的

欲念与利益

在《欲念与利益》里,希尔施曼指出,17和18世纪,在众多的社会思想家那里,从孟德斯鸠到亚当·斯密,"资本主义精神"如何作为正面价值被人接受。

17世纪,在社会精英中,骑士可歌可泣的理想仍是主流。追求荣华、威望与炫耀性的开销,是贵族的基本德行。市民寻求个人发家致富、喜爱钱财、进行高利贷盘剥,都受到人们的鄙视。

然而,论述社会秩序的新哲理逐渐使人接受;政治与道德的理念体系,使得价值观的转变理论化。直至那时一向被理解为"高尚和伟大"的"欲念",成为苦恼、争端和战争的根源。反过来,个人利益似乎更符合道德。人与人之间的交往难道不能取代战争吗?这正是孟德斯鸠的主张。冷静的盘算难道不能征服欲念吗?这正是马基雅维利的断言。在追求个人利益的后面,市场那只"看不见的手",不是在为所有的人发财致富作出贡献吗?这是亚当·斯密的观点。总之,在哲学家们的心目中,利益成为集体美德的同义词。

希尔施曼认为,这种积极的看法,即认为社会由个体利益治理,后来受到了浪漫主义者们、反现代主义者们及资本主义评论家们的批判。

按照希尔施曼的见解,这个历史阶段的思想史的惟一宗旨,是向资本主义的捍卫者们,也向其评论家们证明,论及资本主义本质的那些单一理论有多么经不起推敲。

基础是宏观社会进程中隐藏的理性。他深化了人类行动的旁支效应。他在《欲念与利益》一书中重新论述了私人/公众的对立。他从不满足于单从失望方面去解释私人消费,而是也从满足方面对其进行解释。至于参与公众生活,在过多或过少之间作出选择,均会令人感到沮丧。

忠诚或不满

希尔施曼在其《退出、争议与忠诚》一书里,将社会行动者(无论是消费者、领工薪者,还是公民)的行为表现分成三种类型:退出、争议或忠诚。例如,消费者满意了,就没任何理由改换商品,就会对该商品表现出"忠诚";但若他不满意,他可以通过退出表示谴责,除非他选用"发言"表达不满,采取行动,诉说苦衷。面对企业单位,领工薪者的情况与此相同。面对那些当选者,公民也一样。

在这种情况下，倘若争议压倒退出，那么，封闭型结构（例如垄断）就有可能比开放型结构（例如有竞争的市场）更为灵验。尽管如此，希尔施曼的实用主义并未导致他把某种组织制度（市场、垄断或国家）看得比另一种更为重要。

这一分析说明了他的经济政策观点。在《两个世纪的反动辩术》里，希尔施曼指出，那些反动思想家和政治家反对源于法国大革命的自由主义思想与进步思想，从他们的演说开始，到新自由主义经济学家批判经济政策或"福利国家"不得力，一直都有连续性。事实上，人们重又发现这些思想家提出的三个论据："反常效应"的论据，按此论据，由于造成一系列违背心愿的后果，改革会导致与其所追求目标相反的结果；"无用"的论据，该论据硬要说明，革新政策注定要失败；"处于险境"的论据，持此论据者认为，改革有可能损害原有的成果。

经济与世界意义

对保守主义的这般揭发，充满智慧和幽默，也导致对进步主义辩术的批判。这种辩术使用一些论据，像没有改革行动则"危难迫在眉睫"，或者用"历史感"进行论证，对证实改革大有裨益。

希尔施曼十分有创新精神，他特别提到复数行动者，并强调他们暗含的理性，因为他对协调一致的图示有所戒备。作为不平衡理论家，他仍是发展经济学家们思想上的领军人物之一，这些领军人物用长远目光去分析各种变革。

经济在两种观点之间摇摆不定，这两种观点应该进行对话。一种观点主张协调一致、形式化、提出的主张可驳倒、实行自我封闭的经济，但却奢望有科学性。另一种观点（政治经济学观点）则力图理解各种错综复杂的体系，理解暗含的理性与历史的诡诈。捉摸不定的未来一经列入规划，各种机构与体制就会起到最重要的作用。希尔施曼指引我们走上这条新道路。遵循经济与伦理观念不分离、社会科学各学科界限不固定的意愿，考虑到经济变革的历史性，希尔施曼的政治经济学赋予世界以意义。

希尔施曼著作法译本

- 《经济发展策略》(*Stratégie du développement économique*, 1958),工人出版社,1964 年。
- 《退出、争议与忠诚》(*Exit, Voice and Loyalty*, 1970),工人出版社,1972 年。
- 《欲念与利益》(*Les Passions et les Intérêts*),法国大学出版社,1980 年。
- 《个人幸福,公共行动》(*Bonheur prié, action publique*),法亚尔出版社,1983 年。
- 《经济学犹如伦理学与政治学》(*L'Economie comme science morale et politique*),高等社会科学研究学校/伽里玛/瑟依出版社联合出版,1984 年。
- 《迈向广义的政治经济学》(*Vers une économie politique élargie*)(讲座稿),午夜出版社,1986 年。
- 《两个世纪的反动辩术》(*Deux siècles de rhétorique réactionnaire*),法亚尔出版社,1991 年。

第九节　社会动力学
——贝尔访谈录

贝　尔

丹尼尔·贝尔（Daniel Bell）认为，依据组成社会各领域（经济、政治、文化）的关联构想一个总体社会及其动力学是可能的。

《人文科学》记者：1974年，你宣称后工业社会的到来。在你看来，确切地说，这个概念指的是什么？

贝尔：我那本书（《迈向后工业社会》）的目标，并非展望未来社会。我认为，十拿九稳地预言将来是不可能的。对后工业社会的见解，既不是预测，也不是预言；恰当地说，这是对劳动所提出的一个假说，这是描述一个可能实现的社会。

我的方法学意图如下：虽然我们不能预见未来，但却仍可勾勒一个假想的方案，然后将此方案与确实发生的事情进行比较。我探究的关键问题是：这一假想方案是否允许我寻到一种东西，即被我称为"核心原理"或"指导原理"的东西，来解释社会性质。大师们，比如托克维尔、马克思或韦伯，当他们想掌握近代社会的整体逻辑时，就是这样进行研究的。他们每个人都强调人类社会的解释性要素。在《论美国的民主》的开篇，托克维尔写道，一个新原理正在近代世界露头——"平等"。这个命题是他思考美国社会的主线。在《资本论》的开头，马克思把商品当做指导原理，从该原理入手分析资本主义社会。韦伯则打算从他所称的"理性化"原理入手，去分析近代社会。他们的考虑彼此并不矛盾，亦不是不相容的。每个人都可从一个视角观察社会，但却不必将自己的视角当成唯一的、中心的观点。

这些伟大的经典著作家尝试着从一个模具，从一个指导思想出发构想社会。我希望我这本书能够再现他们构想的情况。因此我的起点问题是：有无一个指导原理，依据该原理我们能够理解社会的技术－经济结构？

记者：存在有规模宏大的第三产业，集中了三分之二的可就业人口，这就是工业社会的第一特征吗？

贝尔：这仅仅是隐蔽的逻辑性的引人注目效应，应该进一步寻找其解释性原理。力图构想工业社会的学者们认为，最早的重要研究成果是澳大利亚经济学家科林·克拉克1942年出版的《经济发展的条件》。克拉克在书中写道，生产力提高，导致一个又一个经济领域的活动似乎变化不定。农业领域生产率增加，致使部分人类活动转移到工业领域。工业领域生产力大发展，导致该领域的活动转移到服务行业。这是我们通过职业转变能够观察到的；随着经济发展，大量就业岗位从农业转移到工业，然后再从工业领域转移到第三产业。就这样，人们从农业社会过渡到工业社会，然后再过渡到福利事业社会。在克拉克的分析里，难题在于：服务部门成为类似剩余阶层的范畴，将大量各色各样的人类活动掺和在一起。对于存在有若干种服务行业，克拉克从未予以解释。不过，在经济理论上，服务行业向来是个难题。在亚当·斯密那里与在马克思那里一样，服务行业均被视为非生产性的，而不被当做价值的源头。

依我看，必须将各类服务行业区分开来：麦当劳连锁店的布局与金融业不同；金融业又有别于卫生保健，也有别于科学研究。

不过我觉得，在后工业社会，教育、卫生保健和研究部门的服务是最根本的。假使有人以为后工业社会不是什么别的，无非是服务性社会罢了，那就错了。实际上，其原动力寓于新生产力，新生产力则建立在教育、卫生保健和人类福利事业的基础之上。

记者：你从什么方面考虑，认为卫生保健、研究领域、教育是生产力的源头？

贝尔：如今很显然，身体更健康而且受过更好的教育，劳动力的质量就会提高（尽管个体寿命更长，而且对社会而言"价格"更贵）。我认为，后工业社会的指导原理，是知（savoir）的进步、知识飞跃发展，以及知与知识的规范化。知是革新的源泉。这是当今社会结构深刻变化的"原材料"。例如，科技工艺革新是生产力的要害，要求高水平的全面培养和高水平的研究能力。因此，当今社会里研究人员、工程师、技术人员、教师的数量突飞猛进。我说"理论知识规范化"，相当于说，把科学与技术之间的关系颠倒过来。我们的大部分工业，像电力、钢铁、电话或汽车，都诞生于 19 世纪，但其发展主要是靠一些业余爱好者，他们涉险深入科学领域。贝尔（Alexander Graham Bell），爱迪生，马可尼（Guglielmo Marconi），既不是科学家，也不是工程师。他们其实是天才的爱修修弄弄的人。

今天，关系颠倒了。高科技领域的大部分发明创造——信息学、新材料、生物技术——都来自理论科学。这有许多例证。1904 年爱因斯坦写了一篇基础理论文章，宣布存在光电效应。他在文章里写道：光不止是一种波动，还是一种脉冲。1938 年哥伦比亚大学的查尔斯·汤斯（Charles Townes）发明的激光束，就是直接从爱因斯坦这篇文章中获得的灵感。同样，生物技术直接受益于对脱氧核糖核酸的研究。继图灵（Alan M. Turing）建立数学模型之后，发明了信息学等。关于核能、新材料也都一样，我们可以举出同样的例证。在每个领域你都可以留心这个原理，即理论的知的规范化先于科技工艺学的革新……因此，科学知识及其培训，居于后工业社会的核心地位。

针对当今社会中存在的这一主要现象，即科技工艺学的革新仍有待全盘考虑这一现象，我正在写一本书。科技工艺学的革新——连同掌握知识，掌握知识必须以科技工艺学的革新为前提——在今天是每个国家发展与富裕的主要源头。

举一个事例就可以说明这个实际存在的主要现象。1972 年，罗马俱乐部闻名遐迩的报告宣称，自然资源将会耗尽。当时有人预言，最早枯竭的资源将是铜。于是，美国好几家石油大公司，像大西洋里奇菲尔德公司和俄亥俄美孚石油公司，花费巨额资金购置了若干制铜企业，以防不测。然而，在现今的世界市场上，铜生产却出现过剩。你知道今天最大的铜储存地在哪里吗？就在纽约地下层。那里有一个硕大的铜电缆储存库，但要不了多久它就会被光学纤维取代。

新材料革命——光学纤维革命仅是其中一个因素——是一个引人注目的现

象：科技工艺替代原先的资源。新材料革命表明，与自然资源或劳动力相比，知识和科技工艺革新更重要。上述现象的结果之一涉及生产布局。此前，工业中心几乎都是位于蕴藏自然资源的地带。现在，你可以在离市场更近的地方集中材料、制造材料。这一实际情况使得我们能够部分地预见某些经济区域的发展。

记者：你的意思是不是说：要使社会结构与经济发生深刻变化，掌握科技工艺革新是关键？

贝尔：注意，问题不在于把一切都归结到科技工艺上，也不在于将其当做变革我们世界的首要原理！我构想社会，绝不使用唯一的因果性语言。知性规范化原理是分析原理，使人能以某种方式"阅读"社会。该原理使人能够依据革新的推理方法去理解某些变革，但这并不意味着它就是唯一的决定性因素。

从《迈向后工业社会》开始，我一直在写，并一再重复说，我们确定一个社会的演变，不能只看其技术－经济结构。科技工艺并不能支配文化与政治。这仅仅是社会的一个环节。我不相信整体社会中的各个不同领域能够整合。要了解社会整体演变，必须把每个领域区分开，并研究其特有的逻辑，更须研究每个领域与其他领域的联系。

以各大宗教的旷世绵延为例：像佛教、儒教、犹太教、基督教等，在不同的社会中维持下来，那些社会的经济基础经受了各种根本变革。我从未相信过整体观点，整体观点认为社会各领域以有机方式相联系。各个不同领域相互影响，但也各有其逻辑及其各自特有的决定性因素。

记者：尽管如此，人们能否认为，政治、经济或文化系统的变革彼此相互连接呢？

贝尔：在历史上每个时期，都可能有某一个范畴（经济、政治、宗教）占据优势。在中世纪，教士最有权势。在实行统治经济的社会，政治秩序占有优势。如今则是经济系统起首要作用，并带动其他领域。由于行动者高度相互依存，所以在一定程度上，经济是一个系统。变数整体里的社会结构深刻变化，会影响到市场内部的其他所有变数。尽管如此，我在思考政治范畴时并未使用"系统"这个词。政治不是一个系统，因为系统内部各种因素可以说是彼此相连，如同在经济市场里一样。政治更是一种"秩序"，可以创建凝聚力与共识。与经济事件和社会事件相比，政治运动更为变化不定。马克思主义者们曾长期把法国大革命看做资产阶级革命。对此，今天已没有任何人再会去相信。资产阶级的社会发展过程与其政治演变过程是两码事。

同理，文化也不是一个系统，而是一种"风格"。一个国家的文化永远是某种融合的产物。在文化范畴和经济范畴，社会结构深刻变化的方式有所不同。在技术工艺领域，如果一个新器械比旧的价格更低，效率更高，你肯定会扔掉旧的去买新的——这是替换的必然结果。但在音乐方面，布莱（Boulez，法国作曲家）代替不了巴赫，他只不过是丰富了艺术保留节目。由此可见，现实生活中存在不同类型的社会结构深刻变化，其所发生的时间也是各不相同。

记者：那么，按照你的看法，我们不可能从整体上去思考社会演变，对吗？

贝尔：要提出一个社会总体的总结，谈何容易，因为在政治、经济、社会和文化之间，有种种安排与结构要进行协调。当然，这些领域相互关联，但不存在单向决定性因素。我思考社会的方法，首先是判别经济结构的深刻变化，然后是关注政治与社会结构的深刻变化。

在经济方面，造成目前状况的根本条件之一在于国内市场的整合力度日益加大。国内调整能力的重要性降低了，但与此同时，国际调整却并未真正存在。罗斯福实行新政时，人们谈及国家统制经济论。这只说对了一半。1900—1930年，我们拥有国民经济和国家企业，但我们并没有相应的政治体制。

现在的情况是，我们拥有世界经济，但却缺乏这个层面的调整机制。国家主义的国家已经变得微不足道，解决不了世界症结。以上是当代经济转型的主要因素之一。为了调整经济，必须建立世界政治秩序，而建立世界政治秩序的能力又受制于经济变迁，虽说并非单单有赖于经济变迁。

第三章

欧洲社会学

第一节　意大利社会学

意大利社会学思想受到马基雅维利著作的影响。留心行动造成的政治影响、重视对权力的均衡,是"精英主义"思潮的特点。二战之后,意大利社会学多方位地发展。

意大利早期的思想家可以被人们称作社会学家,他们主要是探讨政治。他们形成一个圈子,其思潮被定义为"精英主义",因为他们的共同目标是:深入分析协同管理政权集团的原动力,并论证人类社会根本不平等的特点。然而对这些问题,他们各人都强调了不同的方面。精英主义理论的经典著作者是盖塔诺·莫斯卡(Gaetano Mosca, 1858—1941)、帕雷托(Vilfredo Pareto, 1848—1923)和米歇尔斯(Roberto Michels, 1876—1936)。

20 世纪初的精英主义学派

莫斯卡是位宪法教授,他对少数统治者与多数被统治者之间的分化做了深刻评述。他说,任何社会都有这种分裂的特征。莫斯卡生活与写作的时代,正是意大利历史上一个相当动荡不安的时期。左派的失败与议会制度的深刻危机,导致法西斯上台,莫斯卡是见证人(直至 1941 年逝世,莫斯卡一直反对法西斯主义)。他痛斥法定国家与现实国家之间的断裂:只有一个能够重视这一问题的理论,才有望制订出现实主义的整体框架。

莫斯卡批评亚里士多德提出的三种政府形式,认为君主政体、寡头政体、民主政体都只是为"现状"进行辩解的意识形态;不过,这三种政体"符合人类社会性质的实在需求。毫无疑问,统治与被统治的这种需求,在实践中十分重要,不仅以物质与文化力量为基础,还以道德原则为基础。"[1] 民主政体应比其他形式更受喜爱,因为民主政体可以确保用更有效的法律保护国民,并容许他们较容易地上升为领导阶层的成员。

在关于少数统治者形成的机制上,莫斯卡只进行了理论论述。帕雷托对这方面要更为关注,他建构了精英总体理论,同时反复研究他们形成的过程,力图识辨他们的逻辑性,这一逻辑性是他们具有活力的根本原因。[2] 帕雷托阐明了在整体社会生活中精英现象的重要性。在他看来,精英由那些在任何行为活动中最杰出的人们组成。因此,他的研究超出了政治范畴,但却丝毫不具有道德教育的附含意义;他所撰述的有盗贼中的精英,还有科学界精英。

按照帕雷托的见解,功德等级是社会机构分工的根本原因。不过,帕雷托在探讨政治时遇到了一个理论难题:与上述概括相对照,政治阶层似乎总是由例外的成员组成,与日常经验所显示的往往相反——必须找出这一反常现象所隐藏的缘由。帕雷托认为,一开始,每个精英都在理论上符合最优要求。可惜,一旦掌握权力,他就开始竭力维持他已获取的特权地位。这样一来,处在统治地位上的精英,就妨碍了新生精英的提升,并使后者注定永无尽期地扮演次要角色。要了结这一情势,只能通过革命,革命可以使新精英取代旧精英。帕雷托称这种运动为不可避免的"精英循环",他给历史下的定义是"贵族们的墓地"。今天,尤其是如果人们将其论点与当前各党派的复杂性进行比对,就会发现他的论点显得过于简单化。

米歇尔斯生于德国,定居意大利,致力于研究各政党。他关注各党派的发展,从其诞生、其运动情况,到其结构组织情况。因此,他的理论有些像是帕雷托法则的异文;不过,他研究一个确定的历史时期,从而把该法则相对化了。20世纪初,米歇尔斯阐明了"寡头统治铁律":寡头政治现象不可避免,并与组织发展紧密相关。尽管一小撮领导人发表演说宣称他们是民主政体,但民众的大型组织总是被他们独揽,他们想要使自己的权利永远延续下去。[3]

法西斯上台及实证主义危机,导致意大利社会学的发展骤然止步。贝内代托·克罗齐(Benedetto Croce)和乔瓦尼·让蒂勒(Giovanni Gentile)的新唯心主义论[4] 产生了有害影响,以致社会科学约有近20年时间从国家文化中销声匿迹。直到二战结束和实行民主政体,社会学才重新被列入科学范畴。此后,意大利社会学出现了许多分支。

重建意大利社会学

第一位意大利社会学教授是弗朗科·费拉罗蒂(Franco Ferrarotti, 1926—)。对他来说,社会学是一门批判科学,为了改善社会,应该研究社会。按照他的社会学方法,理论和经验主义紧密联系。经验研究提供了资料,只有合理的概念框架才能给这些资料的价值定位。与此同时，假如解释不了实际症结，这一框架也就没有任何价值。

费拉罗蒂把社会学视为干预现实的工具，认为该学科具有明显的批判特性。他将这一方法应用到各项课题研究中：从都市化到有组织的犯罪，从种族主义到工人斗争，他一向保持与日常社会的接触。[5] 他的著作是首例跨学科研究成果，采用了好几门学科的成就，同时将这些成果综合到他的论文里，而且既简练又严谨。

另一位作者也有类似的设想，但其所参合的学科与社会学的联系显然不太紧密，这位作者就是萨比诺·阿卡维瓦（Sabino Acquaviva, 1927— ）。他从事的研究深受生物学和内分泌学的影响。他很重视生命现象根深蒂固的特点在社会行为中的表现。在其《情欲、死亡与宗教体验》(*Eros, morte ed esperienza religiosa*) 一书中，他直面社会学调查中最棘手的题目之一：作为个体经验及起规范作用的制度化机构的宗教。阿卡维瓦将生物学的、本能的和文化的因素有机地结合到一起，构成一个有逻辑联系的概略（参见下面专栏）。

阿卡维瓦笔下的情欲、死亡与宗教体验

阿卡维瓦是帕多瓦大学社会学教授，长期关注宗教研究。他进行的探讨旨在设计一个能被广泛接受的模式，此模式可以给出一个共用的基础，便于研究该课题。在阿卡维瓦笔下，近年来的宗教研究有所进展。过去人们是通过参加礼拜仪式的频率来计量宗教情感的滋蔓，现如今，学者们的注意力渐渐转向凸显的"宗教体验"，以观察主体者的态度为基础。

《情欲、死亡与宗教体验》一书试图把所有这些研究方法都吸纳进来。为此，阿卡维瓦考察了初级需求的魔力，寻找可被解释为自然宗教根源的交汇点。在他笔下，情欲和惧怕死亡是其主要构成部分。因此，在分析这两股力量在任何社会的状态时，可以依据该社会世俗化的程度作出经验论的评价。强大的宗教压抑其中一种需求，给另一种需求以如意的答案；然而与此相反，所传播的色情及对死亡的驱逐，则显示出宗教感情的削弱，也就是世俗化与非神圣化。情欲、死亡与宗教体验之间的平衡，以及它们相对的重要性，深刻地构成一个社会的特征。"要了解一个国家文明的特点，也就是说其基本特点，必须首先了解其对待爱情与死亡问题的态度，然后了解其宗教体验的价值是什么，以及它们在人们心目中的意义。"

（阿卡维瓦，《情欲、死亡与宗教体验》，Laterza 出版社，1990 年）

至于社会学家卡洛·蒙加蒂尼(Carlo Mongardini),他的主要研究对象是社会政治症结,但他并没有低估社会总体内部发生变动的重要性。他的《游戏分析》一书概述了对社会作新型分析的设想——游戏。社会游戏由游戏规则组成,但尤其为游戏者的灵巧性所创造,游戏者祈望从中得到好处:"游戏者不按规则玩,而是在规则的基础上玩……仗着做游戏,社会行动者为自己做解释。由此可见,必须借助于玩游戏的天赋,掌握其基本特点。"[6]

新一代社会学家

在这一理论框架内,主体的行动自由总有差异,自由程度反映出当代人类的境遇。要对此进行研究,着眼于社会互动社会学,必须否定一切成体系的假想。这正是意大利社会学协会主席多纳蒂(Pierpaolo Donati, 1946—)所力图做到的,他有自己的一套社会"人际关系理论"。多纳蒂是意大利"第三领域"的专家之一,他长期研究该领域,尤其与年轻人的活动有联系。他把声言"不要报酬"看做一场真正文化变革的明显征象。[7]正如蒙加蒂尼所说,经济主义不善于解答与人生意义相关的提问。

该难题一贯是弗朗科·克雷斯皮(Franco Crespi)的思辨重点,他从哲学视角进行研究。观念的创造性动力,在文化框架里得到展现——是文化造就了社会。这是韦伯理念里的文化,属于无序混乱的、无休止地建构现实的范畴;在该范畴中,主体是生产者,并在几乎无法描述的奇特平衡中生产文化。尽管如此,克雷斯皮仍然冒险进行描述,他写了一本十分成功的文化社会学教材,涵盖了对论述该概念有影响的各个阶段。[8] 他的研究在当今颇为有益,因为各种不同的文化体系相接触,往往是冲突与战争的根源。

樊尚佐·塞扎雷奥(Vincenzo Cesareo)深刻体会到,多种文化共存有多么艰难,他把注意力集中到概括文化与经济的影响方面。[9] 在长期研究教育社会学之后,他决定重点研究学院式活动的说教方面。他作出这般努力,是希望具体实现多种文化共存的理想,同时他仍在继续思考社会学思想体系里的重大疑难问题。

认识论方面的重要性常被低估,尤其是在更加唯经验论、更加量化的美国社会学占优势的时期。达利奥·安蒂塞里(Dario Antiseri, 1940—)对人文科学有研究:从认识论到哲学,再到社会学。他写了鸿篇巨制的西方思想史,随后探讨理性与认识论。[10] 他的著作在国外也备受赏识，说不定他的著作就是社会问题学派应有的标志，该学派冲破了对理论思辨所抱偏见的樊篱，运用所掌握的各种手段，结合现实，去理解每日错综复杂的现象。

阿尔贝罗尼（Francesco Alberoni）探索我们的习俗

阿尔贝罗尼是一位异类社会学家，承认他是自己同行的同行者寥寥可数。他在米兰讲授社会学，研究集群运动和各种制度，从而为其学术生涯奠定了基础；不过，他的盛名主要来自他在《共和报》（*La Republica*）与《晚邮报》（*Corriere della Sera*）上所开的专栏，那里刊载了他研究人类七情六欲的文章。

阿尔贝罗尼在其相继出版的《爱情的报应》、《友情》、《色情》、《公共生活与私生活》中，不倦地执行自己的计划：揭示维系两人情感的本质，描述七情六欲，分析爱情依赖关系的机制。探索人类灵魂的这种意愿，使得阿尔贝罗尼更接近于普鲁斯特，而不是迪尔凯姆或韦伯，而后两位才是社会学之父！"我的意图并非描述社会，而是提供内省以及自我了解的工具，引导人们注视内心，而不是外界。"

阿尔贝罗尼试图破译固有的逻辑，破译依附于性关系的独特的激动。男子的性爱主要是性冲动的和征服性质的。他只瞄准一个目标：拥有这个裸体兼顺从的女子。男士报刊《花花公子》或《阁楼》（*Penthouse*），毫不掩饰地为这些幻觉作证。女子的性爱与这些梦境毫不相干。女子更易被男子的力量与权力吸引。男子裸体对她的迷惑，远远比不上那身制服。男子的性爱目标是性器官和人体；女子的性爱目标则要更总体化，更看重境况。女士杂志里，美容妙诀、美容霜和香水占有大量篇幅，因为女性在触觉方面敏感度更高，对抚摩感觉更灵敏。此外，在女性那里，魅力与恋情比性行为占有更多的位置。在男人的想象领域里有色情，在女人的想象领域里则有魅力。

这是否是一种简明扼要和划时代的心理学？阿尔贝罗尼的每本书往往都能吸引读者。当然，他的议题也激励我们去发掘动力与动机，即潜伏在每日最常见的行为表现里的、指导我们两性关系的动力与动机。

注释：

[1] 莫斯卡，《政治学纲要》(*Elementi di scienza politica*, 1896/1923)。论述 G. 莫斯卡的书：E. 阿尔贝托尼(Albertoni)，《政界学说与精英理论》(*Doctrine de la classe politique et théorie des élites*)，子午线－克林克西克出版社，1987 年。

[2] 帕雷托在瑞士洛桑大学是莱昂·瓦尔拉(Léon Walras)的接替者；帕雷托的经济论述(经济最优概念)与他的社会学分析同样有名。他还是社会行动总体理论的作者。帕雷托著述的法译本：《全集》(*Oeuvres complètes*)，日内瓦，德罗兹出版社。

[3] 米歇尔斯著作的法译本：《政党》(*Les Partis politiques*)，弗拉马里翁出版社，《田野》丛书，1978 年。

[4] 该哲学学说标志着对实证主义的反动，同时为回归黑格尔唯心主义辩护。

[5] 费拉罗蒂，《历史与生活故事》(*La Storia e il quotidiano*)，1986 年；*La sociologia alla riscoperta della qualità*，1988 年；法译本：《面向无神论者的神学》(*Une Théologie pour athées*)；这两本书均由子午线—克林克西克出版社出版。

[6] 蒙加蒂尼，《游戏分析》(*Saggio sul gioco*)，1989 年。

[7] 关于 P. 多纳蒂，参见《社会人际关系理论》(*Teoria Relazionale della società*)，1996 年；《利他主义的新生活：意大利的社会个体》(*Nuove vie per l'altruismo: il privato sociale in Italia*)，1998 年。

[8] F. 克雷斯皮，《文化社会学教程》(*Manuale di socioligia della cultura*)，1997 年；另参见《社会行动理论》(*Teoria dell'agire sociale*)，1999 年。

[9] V. 塞扎雷奥(Cesareo)，《社会化与社会监督》(*Socializzazione e controllo sociale: una critica alla concezione dell uomo ultrasocializzato*)，1983 年。

[10] D. 安蒂塞里，《社会科学方法论论文》(*Trattato di metodologia delle scienze sociali*)，1996 年。

第二节 认同与集体行动
——皮佐尔诺访谈录

皮佐尔诺

> 通过干预政治的多种形式（游行，罢工，积极战斗，选举，行贿，受贿），阿莱桑德罗·皮佐尔诺（Alessandro Pizzorno）发现了一种持久不变的现象：寻求认同，并寻求承认他人。

为什么个体者们会参加游行示威，有战斗积极性，换言之就是从事无偿服务？为什么我们要选举？简言之，是什么推动人们参与集体行动？意大利社会学家皮佐尔诺认为，对这个谜团的第一个解释是：我们每个人都在持久不变地寻求对自己的认同，并寻求承认他人。这一阐释使得皮佐尔诺声誉鹊起，这既是他个人探索的成果，也是他与个体者们进行交流、关注社会事件的成果。

一切都始于1952年，当时皮佐尔诺正在巴黎给准备意大利语教师学衔考试的大学生授课。皮佐尔诺发现，承认他人这个问题很重要。

不久，在一次学术会议上，他遇见了奥利韦蒂（Olivetti）公司的企业主，这位企业主劝他在意大利创建劳动科学研究中心，随后他在1953—1956年间领导该中心。由此他很关心劳动界，但他多少有点忽略了认同问题。事实上，在50年代后半期，意大利社会科学的情势受到马克思主义、社会各阶级及工业化问题体系的影响。

1956 年，在阿姆斯特丹举行的世界社会学大会上，他遇到了莫兰。《论据》(*Argument*) 杂志就诞生于他们这次会面。皮佐尔诺与好几位意大利社会学家一道创立了意大利社会科学协会。当时重又提出认同问题："我早已察觉，很多人都认为，任何意识形态的和解，总是会强烈地重新提出认同问题。反过来，对共产党人来说，许多协议都可以接受，既然认同是不言而喻的——这是党证。"

　　下面的插叙发生于 1962 年，在华盛顿社会学大会上，有一次讨论时，默顿向图雷纳和皮佐尔诺问及法国和意大利的社会学状况。后两位回答相同：法国和意大利一样，都没开设社会学科目。在当时那个时代，社会学家的阅听人，与其说是同行，不如说是知识分子。意大利社会学第一次正式考试直到 1961 年才举行。

　　最后的决定性因素来自 1968 年发生的先是大学生继而则是工人的社会运动，该因素在随后的年代里也将持续存在。皮佐尔诺亲眼看到前所未闻的集体行动者涌现出来。

　　《人文科学》记者：当你意识到 1968 年社会运动的重要性时，你就开始对工人运动进行研究。你是怎样从阶级观点分析转向认同化理论的？

　　皮佐尔诺：对我来说，与社会运动这一古怪东西的接触，促成了另一种发现，那是一种理论性质的发现。最初的分析是宏观社会学的，像蒂利 (Charles Tilly) 或图雷纳的论著。但若人们从微观社会学角度去看，主导理论则是理性选择理论，即行动者们之所以行动，是因为他们可以从中得到好处，是因为他们想通过自己的行动获取利益。当时我读了一本书，《集体行动的逻辑》，让我吃惊不已，书是奥尔森 (Mancur Olson) 写的。我被迷住了，因为这本书展示出了一个僵局：倘使保留理性行动的假设，就不可能使人了解集体行动。

　　从这个谜开始，我的关注点开始从宏观社会转移到微观社会。对于集体运动，我不希望做历史或宏观的描述，我力求为个体参加集体行动找到理论阐释。因此，我就从微观经济学的观点，深入研究有关行动的各种理论，并由此找到了突破口，我可以就此进行深入思考。难题就在于这个突破口涉及最大偏好与价值观的时间性与持久性。

　　当一个人做选择时，他对未来的社会状况很可能是什么样的、对这次选择的结果往后什么时候可能实现，都仅有一点点了解。这是一种不确定的现象，经济学家用他们的风险理论来对此进行研究。但是，还存在另一种性质的不确定：当我们选择的结果完成时，会关系到我们的价值观现状的不确定性，从而也就是会关系到我们的最大偏好的不确定性。我们可以设想一下，某人一旦选择大学里的某个系，他就会对某种职业生涯有所偏好。人们可以把这称作价值的不确定性，经济学家们由于没有概念工具，所以无法将此归纳为理论。不过在《经济学家》杂志(1936)上刊登的一篇主要文章里，哈耶克(Hayek)早已隐约发现了该现象，他把该现象称为"改变自己计划的经济能动者"。哈耶克认为，经济均衡理论即微观纯经济学解决不了这道难题。

因此，我们现在的任务就是要了解，在时间上，社会行动主体的认同（换言之，就是连续性，也就是被承认是同一者的可能性）是如何实现的。这使以下诸项均可以接受：行动计划、最大偏好的相对稳定、许诺、忠诚、个人的责任、持久的团结、受罚合法化等。为此，必须摆脱理性行动理论——把行为活动纳入持续性范畴，该理论同样无法解释。问题不在于说人们往往没有理性，也不在于说人们是利他主义者而不是利己主义者。利己主义/利他主义，合理性/不合理性，是一种虚假的二元对立。问题在于给认同、给恒定性、给可观测性下定义，定义为亦是从前这个"我"与这个"自我"的认同、恒定性、可观测性；人们相信，只要将其行动视为他的最大偏好和他的价值观，就可对其行动作出解释。

记者：通过哪些机制，社会属性使集体行动具有一定的结构？

皮佐尔诺：这中间有承认所造成的现象。要弄清楚这一点，必须从社会属性建构的两个层面——个人社会属性层面和集体社会属性层面——来进行分析。我强调这些，还有我之所以提及皮兰德娄(Pirandello)，是因为我们的社会属性是由他人限定的；更确切地说，是由他人通过确定我们的意图、资格等承认我们的社会属性，得到确定的。显而易见，重要的是，对于30年代身在德国的犹太人来说，并非他们本人认定自己是犹太人，而是德国政体限定他们就是犹太人，因此，关键在于别人作出的确定。

我们每个人都在寻求这道难题的答案——认同自己，而答案就在于承认我们的那个圈子、承认我们的那个（或那些）群体的恒定性中。这种承认他人的稳定性，既体现在社区里，也包含在符号范畴里，像我们的货币、我们的语言等。说到这里，必须提及黑格尔。不论是在他青年时代的撰述里，还是在他的《现象学》（在"主人与奴仆"那一章）里，他都是引申使用"承认"作为核心概念的鼻祖，用其来解释人类社会现象。他将这一概念与社会契约概念相对照。他谈论为获得承认所要做的斗争。相互承认，是允许人类构建社会的东西。可是，相互承认并不容易。我们总是力图迫使别人按照我们希望给我们下的定义来承认我们，并力图把我们自己下的定义强加于别人。这是一个没完没了的辩证过程，把我们与别人锁定在一种稳固的关系里；而且这一过程继续保留在我们内心里，似乎难以平息。即使孤独寂寥，我们也无法从中被解救出来。即使离群索居的修道士、隐修士，也会为博得承认而与他的神进行抗争。这是一场斗争，谁有勇气去冒险，谁就能获胜：他同时还会撤销那已告结束的原有关系，提出取而代之的新的关系。他与社会相联系，即将组建新的承认圈子。

请让我举工会史上的一个例子——其实并不是读了黑格尔的书，而是这个例子启发了我，使我萌生出一个更具综合性的承认论说。在英国和美国的工人运动中，人们了解两种罢工形式：为提高工资和改善劳动环境的罢工，和人们称之为"争取承认"的罢工，也就是说，其目的是要别人承认自己是伙伴，是能够谈判的主体。是集体行动的第一种构成要素，使工人决定参与其中；人们参与其中，首先是为了获得生存权。把这种斗争的意义引申到语言、人种、宗教上的少数派所进行的斗争上，是易于为人接受的。

但是，对于斗争中争取到承认的可能性，必须继续分析。为使一个伙伴，一个人们找得到的、存在于特定关系体系里的伙伴承认自己，人们可以进行斗争，他的承认可以使我们心绪安定。不过，人们进行斗争，也可能是为了改变这个伙伴、改变他的承认标准，从而改变体系，改变在该体系里人们将会占有的某种地位；我们的认同会不断更新，这与人们原先想象的有所不同。

由此人们看到，承认向人们昭示了集体行动是怎么回事。例如，参加游行反对世界化的人们，不是为个人谋利才去的。个体者们参加集体行动，为的是组成并拥有一个稳定的承认圈子，这个圈子认可并确定他们的价值观，为的是有人承认自己，恒定地承认，并与别人一起共同解读现实，而且还要把这个圈子的人数尽量扩大。倘若没有上述相互承认的意愿，集体行动也就无从谈起。

简言之，以上是我尽力建构的理论核心，往后人们就可以用这一理论核心去解释各种现象，像游行、罢工、选举、国家政体的构成等。

记者：当工薪阶层要求增加工资或社会补助金时，他们实际上是在尽力获取种种具体的好处。

皮佐尔诺：我不想说集体行动中没有实际目标。那里面当然会有各种实际目标。由于这些实际目标的实现，所以个人得到了好处，参与就是出于这种打算——我的分析所排除的就是这种解释的可能性。例如，在罢工的情况下，即使我没参与，我也肯定会得益于请愿争取来的待遇。我还不必被扣除工资。而参与集体行动所要付出的代价则有可能是很大的，比如冒险参加使用暴力的游行。

记者：自从你留意观察这一现象，也就是说这30年来，集体行动的方式有没有变化？

皮佐尔诺：有变化，集体行动的方式现在正在瞄准新的目标，例如，妇女运动或环境保护运动就是证明。美国社会学家英格尔哈特（Ronald Inglehart）的解释是，因为中产阶层人数增加了，知识水平提高了，而且出现了新价值观。这番说明值得考虑，但却不够充分。我想，这些运动的出现也是制度化的、国会的、工会的、政治的代表程式削弱所致。最近20年，这些运动越来越司空见惯。这些运动是零星的，相当快便解散了，不过还会再度出现，而且会有所改变。这些运动对紧密团结、热情参与的思想加以肯定，确认以下两个方面：通过参与获得承认，及在公众舞台上存在的意愿。同时，这些运动对夺取政权不感兴趣。

记者：人们在西雅图看到的游行，是反对国际贸易组织的，这些游行也显示出你谈及的渴求吗？

皮佐尔诺：很可能。但我尚未有时间研究这些游行。对此作分析肯定颇有意思，因为这些游行既十分出乎意料，又十分复杂。最令我震惊的情况之一是其混杂特点：在游行队伍里，人们发现同时有美国工人工会的成员，有反对经济自由化的成员，有环境保护主义者，有法国农民，有消费者联合会的成员，有第三世界的代表。

所以，我认为重要的是使用电子通讯新手段。我觉得这涉及未来的征象，会影响政治参与的性质。目前人们可能会认为，这一征象更多地提供的是政治场景，而不是真实的裁决。不过也很可能，这涉及今后将会采取的方法，将会成为政治舞台上的主要方法。

记者：用你的理论，你还能分析选民行为的理性。你采取的是什么方式？

皮佐尔诺：从微观社会学角度看，投票选举中的反常现象，与集体行动中的反常现象是一回事。选民知道，自己投的票犹如沧海一粟，丝毫不起决定性作用。若是待在家里，他可以避免出门花钱，也不必为收集信息付出代价；虽然任何公民都必须获得信息才能了解情况,作出选择。多数个体之所以履行这一徒劳之举,主要因为这是集体认同化的时刻。公民们就是这样证明他们归属于某一集体。可以说,在民主国家,选举更是一种仪式,选择居于次要地位;人们参加选举,与其说是为了获取某种东西,不如说是为了给自己定位。

同样,想一想那些付出极大代价(例如,在某些国家,谁要去选举就会遭到威胁)投票的人们,或是那些明知自己要选的候选人无任何机会当选但依然投票的人们,用认同理论,或更确切地说,用承认理论,可以解释这些现象,用功利主义理论就解释不了。

记者:当前你在研究意大利的政治体系,特别是腐败问题。你是怎样从研究集体行动转到腐败问题上的?

皮佐尔诺:首先是有"知情的要求",从这个意义上说,前不久腐败体系已经曝光,而且公众也很希望能弄明白,某些现象为什么会出现以及是怎样出现的;因此,把这些事情的缘由弄清楚是对的。当然,我努力作出的理论解释,建立在与前述推理相似的推理基础之上。

我使用了"道德成本"这一概念:当参与腐败交换的机会摆在某人面前时,他的道德成本越高,他参与的可能性就越小。可是,如何解释道德成本发生变化呢?我重又运用"承认"这一概念:人越是处在强有力的承认圈子里,道德成本就越高。当人孤零零时,当人离开他原来的社会环境时,当人"漂游"在别的社会环境中时,他的道德成本低的可能性就会更大。我现在所做的这一考虑,只是一种假想,尚未被经验证明有效。

记者:可是,腐败的阶层,尤其是黑手党,有很严厉的行为准则,他们那些群体的联系,难道不是带有很强的社区性吗?在意大利,从历史上和社会学上考虑,难道没有助长腐败的根源吗?

皮佐尔诺:我认为没有。在意大利,腐败与黑手党息息相关,是很脱离社会的。日本的腐败也很严重,但与此有所区别:在那里,很可能与地方黑社会有关系。俄罗斯也是这样。助长腐败的社会环境的共同因素,大概是封闭的友情联系的力量。

记者:为什么腐败在今天显得如此严重?

皮佐尔诺:腐败并不是一种新出现的现象,只不过最近几年,在众多民主国家,像意大利、法国、俄罗斯、德国等,腐败都被曝光了。

出现这一现象,是机构变更的结果。代议制机构的功能削弱了,与此同时,裁判权机构的功能则加强了。在意大利,改选后的新一代法官掌握有更多的自主权,并发展了司法权方面名副其实的思想体系。法官充当规则的维护者,即对权力国家作出限定的规则(与"事实上"及隐匿的规则相对立,"事实上"及隐匿的规则支配着政治关系)。对法国局势的研究,也得出了相同的结论。

记者:你使用"联合主义"这个词语来描述意大利的政治体系。这样一个体系是怎样运行的?

皮佐尔诺:说到"联合主义"这一概念,荷兰政治学家利伊法特(Arend Lijphart)曾用它来形容某些国家像荷兰、比利时、瑞士或奥地利的政治体系。这个词语指的是常设政治代表体系,该体系可以保障组成国家民族的各种社区的代表性。例如,在比利时的瓦隆人和佛来米人之间,你们那些部长级大臣的职务是分配的。这一体系不是多数选举制;其运行通过联合,也就是说,通过高层达成协议,以免基层发生冲突。在某些情况下,根据文化和语言划分(比利时或瑞士)进行分配;在别的情况下,好比奥地利,则以思想体系进行划分,天主教教徒与社会党就属于这种情况,要尽力避免出现双方对立,30年代双方的对立曾引发可怕的冲突。

意大利实施了不完善的联合主义,原因是意大利与许多别的国家相比,分裂情况更严重,因为有共产党和反共派。两大政党(基督教民主党和共产党)当时心照不宣地达成一致进行统治,为的是避开冲突,正如陶里亚蒂在他那个时代所说的,为了避免希腊或智利的局面重演。请注意,例如,在20世纪50年代,90%的法律都经国会一致通过。可在60年代,有关学校、劳动市场、各地区新产品的各项重大改革,只有依靠共产党的支持才可能进行。

1968年事件之后,这一体系得到了强化,因为当时各个工会和社会行动者们,在政治代表性问题上对政治阶层的垄断构成了威胁。基督教民主党作为多数派,需要共产党。从秘密合作,到70年代该体系甚至明确地实施两大党联盟,这是一段"历史性和解"的插曲。

记者:为什么联合主义体系会助长腐败?

皮佐尔诺:因为所有人都能从沉默中得到好处。共产党员们,即使腐败的程度比其他人小，也会保持沉默。在沉默的同时，他们可以享有被我称为玄奥的交换——是默不作声与某些政治好处之间的交换，像一些法律、一些行政职位等。不过如今通过司法案件，人们已对这一体系提出质疑。

记者： 人们发现，意大利有许多"皇族顾问"社会学家。你本人就曾担任过奥利韦蒂公司研究事务的负责人。你认为社会学家能促进社会的深刻变化吗？

皮佐尔诺： 我认为不能。搞政治那些人耍手段，把意识形态弄得莫名的复杂。如今他们已经失去了这种手段。但照我看，社会学家不应该去填补意识形态。他的职责与这毫不相干：他的职责是揭示某种社会环境或某个时代的种种差异，将其特殊性与复杂性再现给人们。公众要求他确定，与别的社会现状、过去或潜在的状况相比，眼下所处社会环境与文化环境有哪些不同，或有哪些方面相类似；他的职责是应该给以答复，因为公众可能不大了解。他的职责是，通过这样做，为公众知情提供方便，使公众了解人类境遇的常数及其变体，以及其他可能出现的情况。他的任务不是帮助君主实行统治，即使君主硬说自己就是人民。说得更确切些，他的任务就是，使人民能够运用言论来替换人家向他们提出的空论，哪怕人民以为是自己治理自己。

集体行动诸理论

理性选择

对行为表现进行分析的一种方法，根据这一分析方法，个体是理性能动者，他追求的仅仅是使他的利益最大化。这一方法产生于微观经济学（主要是诺贝尔奖得主阿罗的论著），广泛应用于政治社会学；例如，按照这一模型，在一个政党内奋斗的个体，他之所以积极主动，是为了追求他本人的利益。

"搭便车"

在《集体行动的逻辑》(1965) 里，社会学家奥尔森提出了以下逆命题：任何个体都认为，参加集体行动（例如，罢工）必须付出很大的代价。因此，他不参加，则大有好处（依据理性选择的视角），既然无论如何，他定将得益于罢工换取的成果——这即"搭便车"策略。可人们仍然行动起来，这又该怎样解释呢？奥尔森的推论是：鼓动若是带有淘汰因素，比如给予一些象征性奖励或是对周围人施压，人们就会作出回应。

横的与竖的联系

在《社会冲突与社会运动》(*Social Conflicts and Social Movements*, 1973) 一书中,政治学家奥伯肖尔 (Anthony Oberschall) 强调,组织的作用就像是集体行动的资源。根据构成集体运动组织的原理,奥伯肖尔建立了集体运动类型论。在横向方面,各种联系可能是一致的(分离主义运动),是联合的(工会),或是松散的(城市骚动)。在纵向方面,各种联系取决于群体与权力所在地点是否隔绝。

集体行动的合法范围

蒂利 (Charles Tilly) 的著述《从动员到革命》(*From Mobilization to Revolution*, 1978),再现了反现体制的社会史,侧重说明罢工和游行怎样以合法表达方式在 19 世纪突生。他得出结论:复数个体在集体行动。在合法范围内选取自己的方式以反对现行体制;时代、地点、群体、力量对比……不同,集体行动的合法范围也会各不相同。随后他建构了集体行动模式,内中的主要变数有:群体的组织和凝聚力,与政治体系的接近程度,惩治威胁。

退出、发言与忠诚

这一模式来自经济学家希尔施曼的《退出、争议与忠诚》(1970),基于下述推理。个体对境况不满时,有三种解决办法:或者顺从(忠诚),或者离去,例如交还他的工会会员证(退出),或者抗议(发言)。希尔施曼证明,在退出与发言之间作出决断,内心是复杂的,是出于不得已(因此,在巴黎,若拒绝使用巴黎独立运输公司——巴黎的地铁、公共汽车及巴黎地区高速铁路网,均属巴黎独立运输公司管辖——的运输工具,就不容易);他还证明,作为策略的这一个或另一个解决办法,到底哪个有实效,需要看具体背景以及所涉及的组织。

第三节　作为现代性自我意识的社会学
——吉登斯访谈录

吉登斯

在英国社会学家安东尼·吉登斯（Anthony Giddens）看来，社会科学既有助于了解现代社会，同时又参与到了社会变革之中。

《人文科学》记者：你的著述主题有社会学理论、现代社会分析、方法论、私密关系等如此各不相同的内容。要想圈定你的研究范围并非易事。

吉登斯：最近15年来我所研究的三个主题看似相互脱节，实则相互关联。第一个研究主题是，我们应该从19世纪和20世纪经典社会学中继承哪些思想？从迪尔凯姆、韦伯、齐美尔或马克思的著作中应该研究些什么？第二个思考主题关系到社会科学对社会和人类行为所应该设想的逻辑和方法学范围。特别是在客观主义和主观主义之间、在社会强制理论和行动者理论之间存在着一个传统的两刃论法。第三个思考主题是现代性问题：现代文明的性质是什么？在宏观社会学和微观社会学方面有什么社会后果？以上就是我考虑最多的三个主题，它们构成了一个连贯的总体。当我研究日常生活或私密生活时，这些问题对我来说就构成了对上述问题的应用。

> ### "激进中心"社会学家
>
> 吉登斯1938年生于伦敦，在享有盛名的伦敦经济学院进行了有关体育社会学的论文答辩，现任该校校长。
>
> 他最初的教学工作是在莱斯特大学开始的，在那里他遇见了埃利亚斯，后者的著作深深地影响了他。成为剑桥大学国王学院和加州大学（圣巴巴拉分校）教授后，他在全世界的阅听者不断增加（他的著作被译成22种文字）。对他的著作最不了解的大概要算法国了：他的二十多部著作只有两部被译成法文。在思想方面，他的计划是要超越决定论社会学与个人主义社会学的传统对立。在政治方面，他是"激进中心"理论家，他抛弃了传统的左与右，也就是不接受撒切尔式的自由主义和工党的社会主义传统标准。

记者：这三个主题是如何联系在一起的？

吉登斯：现代性及其后果一直都是社会学家偏爱的一个主题。马克思想从资本逻辑出发来理解现代性，韦伯想从理性化逻辑来理解，迪尔凯姆感兴趣的则是社会整合的力量。他们每个人对现代性都有某种看法。因此，我们不能用生产、政治制度或文化这样的单一逻辑来理解现代性问题。对现代世界的构想，意味着要把相互交错重叠的逻辑绞接起来。

现代社会并不是一个统一的整体，也不是一个由单一力量推动的整合体系，而是有着各种趋势的逻辑交织在一起。现代性是一个多维问题，因此我认为20世纪之前的三个世纪与以前的任何历史阶段都完全不同。之所以这样是因为从17世纪开始，在资本主义、工业化、民族国家和个人主义制度的联合影响下世界变了。社会学与世界的这一变革运动有着历史的联系。在我看来，设法理解变革过程，就是社会学存在的理由。我把社会学看成是现代性的一种"自我认识"，应当既看到其潜力，又看到其所受到的制约。

记者：你为什么拒绝接受当今用来定义我们社会的词语"后现代性"？

吉登斯：利奥塔（Jean-François Lyotard）提出的"后现代性"的意思是说，由于"伟大的故事"业已消失，对进步、美好未来及对科学和理智的无比威力的信仰业已结束，我们已经进入了一个新时代。这一看法仅仅是对我们所处时代一种非常片面的看法。如果力图用长远的眼光和从总体上来理解我们的社会，就会对事情得出别样的看法。就我个人而言，我认为我们生活的时代是一个使现代性"激进化"的时代。

首先，我们看到的是资本主义在全世界扩张发展，即资本主义全球化。其次，社会结构的这种深刻变化伴随着信息经济突生以及科学和技术飞跃发展造成的震荡。最后，我们在20世纪末看到的是各种民主理想至少以其魅力几乎在全世界传播开来。我觉得这三种趋势仍然是引导社会结构深刻变化的主要力量，它们是现代性的发动机。因此我觉得"后现代性"一词不合适。我认为，我们生活的社会，由于市场、工艺学的变革和文化转型三种力量的推动，正在走向国际化社会。

这个国际化社会不受集体意志的引导。现代性是一架其运转方式不为任何人的意志所知的"疯狂机器"。

在千禧年即将到来之际，我认为肯定会出现一些思想摇摆。像集体意志自觉领导社会结构的深刻变化、限制自由市场或者至少是对其进行控制这些问题，将会重新回到议事日程上来。这一对世界看法的变化意味深长。这也是我此时试图进行预测的问题。

记者：怎样力图引导社会结构的深刻变化并表现出对未来的控制意志？

吉登斯：首先必须摆脱经典社会学家所预想的自觉领导和控制我们命运的那种思想：只要发现了社会结构深刻变化的动力，就可以作用之。这一变革模式受到好几种限制。

首先，我们生活在复杂社会中，其决策、互动、因果链条多到如此程度，以至于我们的行动总是会有一些预想不到的后果。像切尔诺贝利核泄露或挑战者航天飞机爆炸那样的严重事故无时不在提醒我们。当今社会的主要问题并不在于是否想控制一切，而是在于要学会风险管理。但是清醒引导变革之所以困难，还有一个最根本的原因。这就是我所称的社会知识的"反身性"。在自然科学中，当你研究过一个物体在某种环境中的特性和反应后，你就可以研究并预见它的状态。在社会科学中，研究对象的反应行为会依据人们对情况的了解程度而变化。"反身性"这一概念表示，我们生活的社会并不会屈从于自然应力或传统惯例。你所做的每一个决定，像服饰穿戴式样的选择、选哪套西装或哪件衬衫这类问题，虽然都是普通行动，但决定是不会自动作出来的。它是自我构建动态过程的一个组成部分。在作出某种穿着方式的决定之前，必须事先留意自己的周围，打听衣着风格、选择……所有这一切在当代社会中都属于自我反省的性质。人们对社会的了解，变成了作用于社会的一个要素。这正是那些把社会主体看成是"有资格的"演员的社会学家所要表明的。例如，人们不能以完全肯定的方式预见经济能动者（生产者、消费者）的行为，因为他们恰恰是根据自己对经济现实情况的了解来调节自己的行动。证券交易所既随客观因素而变化，更随投资者对市场状况的判断而变化。

记者： 金融市场的运作就是一个说明难以控制变革的很好例证。

吉登斯： 确实如此。金融市场的运作是在世界范围内进行的，干预能力和集体调节对它往往鞭长莫及。此外，金融市场听从的逻辑中的基本概念就是反身性。我曾与金融专家索罗斯（Georges Soros）谈过。我们注意到我们俩是殊途同归，都重新发现了反身性这个概念。唯一的最大不同之处是他成功地赢得了100亿美元。而我却没有！

金融市场的运作是说明我们的前途建构方式的一个好例子，因为在一个反身性更强的世界里，预见将来的能力消失了。启蒙时代的学者曾把前途设想成一块未被勘探的土地，只要掌握足够的信息就可以在这块土地上开辟道路。在某种意义上你也可以说是占用这块土地。可是现在的情况已不再是这样。对前途的预测，能使前途环境加快形成，或者相反使其受到破坏。这一点无论对个人生活还是集体前途来说都是千真万确。

就拿风险管理这个目前我很感兴趣的问题为例。疯牛病使政府处于两难境地。如果政府过早地宣布疯牛病是主要危险，绝对必须采取严厉措施的话，就有可能不仅徒然使人们不知所措慌作一团，而且使整个产业经济面临危险。人们还会埋怨政府采取的措施太过头了，不符合实际情况，即使夸大危险性可能遏制任何疫情。如果相反，政府更晚一些宣布，并且对疫情发展有谨慎合理的估计，政府所冒的危险正好也相反，生产者和消费者对疯牛病缺乏认真对待。这样一来，疾病的传播可能更加迅速……因此，宣布疫情这件事并不是中性的。在开放的信息环境下，很难避免出现这种局面。

对于爱滋病传播的风险预测也提出了同样的问题。我认为我们生活在一个"反身性"不断增强的世界里，这类问题时时都会发生。对选民行为进行调查测试有助于改变投票策略。不管是为刺激生产者投资还是为鼓励消费者消费，有关经济增长和失业率的指数都会对经济增长和失业率本身发生作用。性行为知识在社会上的传播,反过来又促使性行为本身发生改变。

我非常关心的问题之一就是对风险的恐惧。我们生活其中的社会出现了一些前所未有的新风险,没有历史经验可以借鉴。环境方面的风险,如地球变暖。因此需要作出一些决定。需要告知公民们什么呢?你所告知的一切对风险本身都会产生后果。让公民惧怕是一件会出问题的事:在某些情况下有必要吓唬一下,但若每次都弄得人心惶惶,公民们就会渐渐失去反应能力。这就是公众政策所面临的新的进退两难的问题之一。

记者:如果说行动者对社会的表象会对行动本身产生影响,那么社会科学在提出对世界认识的同时,是否也被卷入了社会结构的深刻变化之中?

吉登斯:社会学家的贡献有不同层面。首先存在着一种大学和研究中心里产生的职业社会学。但同时在咨询公司中也存在着一些社会学家,他们发挥作用的方式是在一些组织里担任咨询顾问或在决策者身旁充当专家。社会学知识同样在培养未来领导人或社会工作者的学校或大学中得到传播。不过传播的渠道还有一个:不管你打开哪种报纸,你总可以看到有关离婚增加、不平等社会中的妇女景况、政治变迁之类的文章。这些内容都是"社会学"方面的内容。这些文章中的信息都有助于改变人们的眼光和行为。

社会学还提供了一些启发社会思想的研究报告。社会学对社会结构深刻变化的贡献变得非常复杂,这有点像技术与科学那样的情况。社会研究的结果和应用是多种多样的,也是模糊的,尤其要看被谁应用和以什么方式应用。无论如何,任何人都无法控制它。

吉登斯的三本书

《社会的构成:结构化理论大纲》(1984)

吉登斯在书中介绍了他的"结构化理论",试图超越约束和结构占主导地位的决定论社会学及与之对立的注重自由边际和社会行动者能力的个人主义社会学。作者认为存在着社会结构的"双重性":社会是与社会行动者们的工作密切相关的不断创造。社会创造行动由于受到约束框架的限制而在日常惯例行动中趋于稳定。可以以一个企业或一个家庭为例,它们诞生于一个项目或一个创建行为,虽然经历着持续不断的变化,但同时又力求形成以例行化、规则而有序的日常行动为形式的组织结构。行动和结构是同一社会现实的两个侧面。

《私密关系的转化：现代社会的性行为、爱与色情》（1992）

"性行为不单单是得到满足或未得到满足的生理冲动，它还是作用于权利场域的一种社会建构。"对于吉登斯来说，对西方爱情变化的研究，揭露出私密关系演变中所包含的社会成分。西方历史先后赞赏过几种形式的爱情：中世纪末期的诗人们赞赏狂热的爱情，吉登斯强调指出这种爱情对社会秩序的不稳定后果。浪漫的爱情反而有助于夫妻家庭的稳定性。但是，"事情又是如何从任何与性行为有关的题目都在禁忌之列的维多利亚时代，过渡到目前这种混杂局面？"

吉登斯在这个问题上不同意福柯的看法，后者只从控制和监督的角度来考虑习俗的变化。吉登斯强调社会运动的动员和对自己行动的反思性。妇女解放以及后来的同性恋者战斗都属于发自60年代的性革命。今天的妇女已经赢得了不考虑婚姻或怀孕目的而享受的"快乐权"。这也是作者用来指代有保护的性关系"塑料下的爱情"这一用语的来源。吉登斯强调性行为习俗演变中的"反思性"维度。问题出在哪里？当代人性行为实践知识的传播——有关性关系的著作、心理治疗书籍、尤其是为大规模性行为调查所做的广告（40年代末的金赛报告）——成为习俗演变的加速剂。由于这些著述使得此前被看做是有伤风化的、越轨的、边际的做法变成平常事，从而大大推动了习俗变化和私密生活的民主化。

《超越左与右：激进政策的未来》（1994）

"不管他们说什么，也不管他们做什么，左派和右派都与当今的社会不合拍。"吉登斯认为，无论是撒切尔夫人的极端自由主义还是左派的国家主义，都无法解决福利国家所面临的问题。"我们所了解的那种福利国家已经完结！"福利国家制度围绕着雇佣劳动和团结发展至今。团结的具体表现就是财富的重新分配和保护最贫穷的人。可是随着雇佣劳动的相对衰落、不稳定性的增长、家庭的变迁、物价的上涨，以及社会风险越来越大，福利国家的运行基础已不再和以前一样。问题不在于摧毁福利国家，而是要对其重新思考并进行改革。这就是自由主义和统制经济之外的"第三条道路"的前景。应该在福利国家的管理中引入风险和责任部分，以免受助者得到适得其反的结果和责任的完全免除。福利国家应该起作用的环境保护这一事项，本身就含有某种对风险的管理，并应像公民责任一样让污染者履行责任。写于保守党执政时期的这本书，早就显露出后来成为新工党社会计划的一些内容。

第四节　思想的社会建构
——关于道格拉斯的《制度如何思考》一书

道格拉斯

> 组织机构规定着个体的选择。玛丽·道格拉斯（Mary Douglas）重温社会学的一个基本论点并对个体主义投以批评的目光。

玛丽·道格拉斯是英国社会人类学界最著名的人物之一。她的学术道路犹如一匹无过失的赛马：50年代她对刚果乐乐人（Lele）所进行的人种学研究，使她在事业上受到尊重并得到牛津大学的职位。60年代她的有关圣经《利未记》中的禁忌的书《耻辱》，使她进入了不仅著作材料被引用而且其思想也被引用的作者圈子——在她之前，没有任何人对圣经进行过这样精确的结构分析。她的书现已成为经典。

80年代将要来到之时，道格拉斯终于把她那"遥远的目光"投向了现代社会并把她的思考集中在维持我们的社会与风险、消费之间的关系上。在法国，人们对她的了解仅限于1971年译成法文的《耻辱》，更进一步的了解就是她的有关思想分类研究的英文版。因此，道格拉斯《制度如何思考》（How Institutions Think）一书法文版的面市，也就成为一件大事，而且这件大事还有一段历史：书中内容以作者 1986 年在美国所做一系列讲座为基础，1989 年首次被译成法文，译稿后来因为出版商破产而丢失，这次出版的是修改后的全新翻译。全书共分十章，总共 140 页。道格拉斯又回到了社会学探究的首要对象"社会交往"上——其性质如何？有何结果？内容是什么？问题还是老问题，引发思考的原始资料也不外乎那些经典：迪尔凯姆、韦伯、路德维克·弗莱克（Ludwik Fleck）及功能主义。可是道格拉斯让人意想不到的地方也正在这里。她唤醒这些过去的大师并不是让他们复述以前说过的东西，而是让他们面对后人为反对他们的思想而作出的最好成绩：理性行动理论和方法论个体主义。战斗的结果显然早有所料：迪尔凯姆及某种形式的现代化整体主义获胜。尽管如此，比赛的过程非常精彩，引人入胜。

整体主义对抗个体主义

起初觊觎社会学理论的有两个阵营。一方是对理性个体的解释，由于对社会生活公平或强制的方面不能正确理解而受到挫败。另一方是把几乎神人同化的思想和意图属性赋予人类集体的整体主义者的理性：社会可能有一个大脑控制管理着社会成员的大脑。为了简便起见，人们常把后一种论点归于迪尔凯姆。

道格拉斯首先对个体主义一方做了调整：不能像奥尔森那样把人类社会划分为两个团体或两类，其中一类为情感（和整体主义）的，另一类为理性（和个体主义）的。道格拉斯解释说，全部人类行动者都与公共财产有一种计算关系，同时又对什么是"真实"的东西存在一种专横的想法。因而，使社会学感兴趣的所有人类群体也就都是合法集体，被社会学称作"制度"。

其次，功能分析并不纯属同义反复，它并不像哲学家琼·埃尔斯特所宣称的那样不可应用，也不能将其概括为认为社会产生连贯性这样的贫乏理由：功能分析可以反映"隐藏的因果性使个体落入陷阱并把他们引入始料未及的道路"这一事实。默顿的"综合效应"就属于这种情况。在这里道格拉斯承认迪尔凯姆走了捷径：由于赋予社会问题以过于简单的效应基因（受礼仪感应产生的"神秘参与"），他忘记了个体常常受到他们信以为真（而不是他们感受为真）的东西的迫使。

道格拉斯接着通过迪尔凯姆的原始分类来展开其主要论据：社会不是一些首先由情感、而是一些首先由共同的思想框架联系在一起的集体。因此，最好力求对制度的认知效果，也就是说正统知识的理论，进行正确描述。

共同的思想框架

怎样证实一种知识是一种社会建构呢？道格拉斯从好几个方面来进行论证，每个方面都展现了社会知识的一种社会属性：选择性、功能性和合法性。苏丹的努尔人为什么在第五代之后会忘记祖先？在他们那里所有的牲畜债务都包括在这个辈分段中：为了婚姻只需记住辈分关系，不需记住别的。对祖先的知晓和忘却，在像具有人文和社会后果的系统中同样存在。因而，并非只有苏丹的牧牛人才会忘记他们的祖先。在现代制度下，在发明是如此珍贵的财富的科学中，看到某些概念或理论早已建立真是让人吃惊，例如50年代被经济学家阿罗重新找到的孔多塞定理。要让人相信概念是真正的概念，概念就应对接受它的社会有某种利益：在法国大革命前夜，带着冷静头脑和数学头脑去看民主选举的时机尚不成熟。总之，在强调了概念世界与社会利益世界二者之间可能存在的功能关系的同时，道格拉斯也指明，想把人类体制的力量置于指导每个人作出判断的知识中是有意义的。体制，就是记忆，是容许每个人运用个体理性的信息。

第二个重点是，这些集体知识因为不"透明"而成为牢固的。这是什么意思呢？道格拉斯提醒道：人们可以思考一下为什么努尔人用祖先表示债务而不是用个人契约。为什么人们不满足于明文建立获取公共财产的管理约定？所有的社会都是既有约定又有那种被叫做难以理解的信仰的东西。约定的缺点在于其脆弱性：只要某些人不遵守它就会被解除（如果闯红灯的人太多，就不再会有人听从红绿灯）。因此遵守约定的基础或者是强制（警察），或者是属于世界观之类更为根本的东西。为了这样做，人们以模拟形式把约定与有关外部世界的知识联系起来。当然有祖先、上帝或天使，也有在距我们更近的世界里的多少有些可靠的知识，这些知识的专业使用性越大，知识生涯就越长久——精神能力的遗传性等。与我们对物、对人、对行为进行分类的方式相联系的并不是理论，而是基本思想框架。道格拉斯又说道，这些类别性作为"个人策略的载体"介入"集体财富的创造"中。

然而，这些看法的致命弱点众所周知：既然知识受到孕育它的社会的约束，又该如何解释知识能够变化呢？人种学家由于深信这是一个有关传统的问题，因而不想花力气提出这个问题。道格拉斯并没有放弃，虽然她只是粗略地给出一种答案，然而这是一个现代答案。她的看法是这样的：思想之所以会发生变化，是因为体制并非专制组织，而且社会是由趋于多元化和相互竞争的群体组成的。

在某一时刻，既成制度的思想无法对新的复杂性作出解释：它破碎了并让位于其他思想。这个过程与库恩对科学范式的描述非常相像。

在前言中道格拉斯对她没有在写其他著作之前先写这本书表示遗憾，因为她本来渴望在去刚果察看乐乐人之前就掌握这一理论。但显然，在1950年那个时候，还没有人能对理性选择和整体主义社会学进行如此精细的综合。对于法国读者来说，这本书有双重益处。首先是可以深入了解学科状况：作者始终表现出的距离（迪尔凯姆本人的论点受到再次肯定也是她那个时代的产物），与科学史中最新的探讨方式、特别是英国最新的探讨方式相一致。他们的共同基础是从英国大学传统中汲取的经验主义，英国大学传统与欧洲大陆社会学相接触产生了一种辛辣的思想表现程式，这种思想既雄心勃勃、持怀疑主义，同时又判断正确。其次，她的论文使得法国相互无知的生活模式碰撞到了一起：就像每天都能得到验证的那样，（方法论）个体主义和整体主义都深信自己与对方毫无共同之处，也没什么可对质的，因而小心翼翼地相互躲避。即使在道格拉斯眼里迪尔凯姆压倒了帕雷托，迪尔凯姆的思想有助于她确认知识以集体形式进入制度，但同时又被个体以理性形式使用。

是否可以对不时会有读者面临头晕目眩的危险而感到担忧呢？作者受到自省性激情的驱使，最后提示说她自己的论点也很可能来自制度效应。要分析这种效应，读者可以选择牛津式幽默、原因无限回归的深渊——然而与其进入这一螺旋中，不如考虑一下价值上的合法与理性真实这一古老的区分，在这里是否应该让位于新的、更加深入的审视，例如从像埃尔斯特那样的哲学家那里找到工具。

第五节　持重、礼貌和文明
——埃利亚斯搞错了吗？

埃利亚斯

按照埃利亚斯（Norbert Elias）的说法，廉耻和礼貌的动作是自文艺复兴以来影响欧洲文明进程的明显征兆。但是自我控制是否真的就是现代人的特性呢？

直至 16 世纪，人们似乎都可以在德国城市中看到全家不分男女老少每周一次赤条条地走向公共浴室的场景。仍然就这个题目而言，好像 14 世纪的身体行为和餐桌礼仪远没有我们现在的要求严格。1530 年，伊拉斯谟告诫年轻人用咳嗽声来遮盖放屁声，用三个手指夹取盘中的肉而不要在邻座袖子上擦抹……这样的告诫搁在今天定会遭到嘲讽。至于叉子，11 世纪带给威尼斯总督最初形式的"二齿"叉以失败告终：教士们禁止使用那玩意儿。而在法国，一直要到亨利三世时期才见到宫廷中使用叉子——在别的地方人们还是对其不以为然。

埃利亚斯就是用这样饶有趣味的事实和资料，把"习俗文明"这一概念引入对西方进行的历史和社会学分析中。埃利亚斯说，发展成三卷本的这个主题可以简单概括为"文明"，这是一个习俗问题，特别是那些大大小小的规矩使人们

> **埃利亚斯——坚韧不拔奖**
>
> 埃利亚斯于 1897 年出生在布雷斯劳（今波兰弗罗茨瓦夫）一个较为富裕的家庭里。他接受的是德国传统教育。1915 年应征入伍。大战结束后习读医学并兼修哲学。1925 年他转向社会学并赴韦伯曾任教的海德堡，之后又跟随社会学家曼海姆并在法兰克福成为他的助手。
>
> 面对纳粹主义的上升，既是犹太人又主张民主的埃利亚斯于 1935 年离开德国，在巴黎生活了两年之后前往伦敦，在那里写出了他的第一部著作《文明的进程》，两卷本 1939 年在巴塞尔出版，但在当时并未引起注意。在长达 35 年的时间里，埃利亚斯先后在剑桥、莱斯特、加纳等地教授社会学，主要居住在英国。随着 1969 年他的 1939 年就问世的两卷本的再版（再版时又增加了一卷），他的职业生涯大有转机。这三卷分别是《习俗文明》、《西方动力》和《宫廷社会》。从那时起，埃利亚斯经常被请到阿姆斯特丹和德国的比勒菲尔德讲学，他的思想在那里深受好评。
>
> 他在许多人早已退休多年的高龄时才获得公众的承认：他在 1977 年获得法兰克福城市的阿多诺奖和比勒菲尔德名誉博士。80 年代他还就时间、体育、暴力、个体在社会中的位置写出好几部社会学著作，并对莫扎特这一个案进行了社会学分析。1990 年埃利亚斯在他已居住多年的阿姆斯特丹逝世。

在身体行为、满足自然需要、本能和欲望方面受到重压。从文艺复兴时期开始，这种道德观念在欧洲有了突出发展：中世纪的人还过着一种多少有些朴素的野蛮生活，在表达情感、欲望和满足自然需要方面他们有真正的自由，无须考虑别人的眼光。所有这一切——礼节、餐桌礼仪、廉耻和脸面规矩——从 16 世纪开始就被宫廷贵族给系统化和规范化。到了 18 世纪，资产者们已经掌握了这些礼仪规矩。

到了 19 世纪，这一运动达到高峰并被普及，从而进入了一个叫做讲"卫生"的严格道德时代。今天我们仍然处在这个时代吗？这是另一个问题。按照埃利亚斯的说法，这一尚未结束的运动描绘出了西方的政治、社会和文化史。因为身体礼节的演变是推广模仿大人物的结果，而这个大人物就是宫廷贵族。

国家权力是文明的动力

埃利亚斯解释说，如果没有对武士的"降服"，即把他们变成宫廷贵族，也就永远不会发生习俗革命。事实上，12–18 世纪，至少在法国可以看到国王权力的上升和封建阶级向宫廷贵族的转变。王族把自己的印记强加于廷臣生活的各个方面：爱情、战争、餐桌礼仪、礼貌和解决冲突。与此同时，社会更加富足也更加复杂，人与人之间变得越来越相互依赖，他们被劳动分工"有机地"联系在一起。他们不能再在封闭的社区里与世隔绝地生活。埃利亚斯认为，建立在对身体和情感冲动加以控制基础上的道德，之所以会在贵族、资产阶级这些统治阶级中发展的两个深刻缘由就在于此。这里并不仅是指每个人都要遵守礼貌、廉耻、回避等规矩，更是要使每个人都进行自我控制，尤其是在有关身体接触、性行为和暴力的问题上。

礼貌谦恭被内在化

这一运动到了 19 世纪便形成了那种绝不在孩子面前谈论性生活和稍有一点裸露都会成为丑闻的廉耻观。福柯几乎在同样的前提条件下透过监禁型精神病世界，对现代社会的理性运动究竟是什么做了更加强制性的定义。

"礼貌谦恭"在最普通的意义上并不等同于简单地增加有关性、清洁、礼貌、施暴方面的禁忌。它不是一个简单的法规，而是一种文化。埃利亚斯写道：习俗的演变特点就其现代部分来说，尤其表现在规范越来越强的内在化，使得镇压性社会机制变得越来越不必要。在他看来，文明并不仅仅是一个标签问题。他当然知道在被认为原始的民族那里还存在忌讳和繁杂的仪式。文明运动的作用原则是普遍的，并进入到个体的意识内部。总之，问题不再是简单的行为规则，而是产生犯罪感、后悔遗憾之类隐秘感情的自身再生，与弗洛伊德所说的压抑感相类似。

埃利亚斯在 1974 年的一次访谈中举了一个最现实的例子：当时海滩上正在兴起的近乎全裸主义，难道不是文明进程的逆转、回到先前的无廉耻心和放任自流状态吗？他解释说，事情完全不是这样，事实上比基尼首先表达的是妇女解放，也就是说状态条件的平等化。另外他还设想任何人对自己的感情、行为及新的行为习惯都会有所控制——一个妇女可能会在海滩上裸露胸部，但绝不会在理发店这样。

直到 70 年代才被重新发现的埃利亚斯的有关文明进程的著作，在法国受到像弗朗索瓦·菲雷（François Furet）、安德烈·比尔吉埃（André Burguière）、埃马纽埃尔·勒鲁瓦·拉迪里（Emmanuel Le Roy Ladurie）这样的历史学家的热烈欢迎。这部著作实际上反映了这些历史学家本身想把历史变成一门精神科学所做的努力。这部著作也标志着历史社会学有了更高的理论目标，并开创了从那时起成为独立学派的习俗历史研究的新形式（例如乔治·维加来罗，Georges Vigarello）。虽然埃利亚斯一直与其所写内容保持着距离，但他所描绘的西方文明图画远没有精神分析、马克思主义及它们的变形物那样挑剔。

批评与争论

对于埃利亚斯的文明论，社会学家方面一直持怀疑态度，并且很早就有人提出批评。难道能把"礼貌谦恭"的诞生定在文艺复兴时期——就好像其他时代和其他大陆就不曾有过发达的文明时期？如果只有欧洲民族知道廉耻，那么其他民族又算什么？在《西方动力》一书中，埃利亚斯竭力证明"宫廷社会"的突生在世界上其他大陆也是一个已被证实的事实。可是，难道到达文明就只有屈从于国家权力这一种形式而没有其他形式了吗？人种学家的阐述难道没有描写具有文明化习俗而没有国家权力的社会也存在吗？有待了解的是何谓"廉耻"。

在新近翻译出版的一部著作（《裸体与廉耻》，*Nudité et Pudeur*，1997）中，历史学家杜埃里（Hans Peter Duerr）对埃利亚斯的分析从根本上表示怀疑，进而对从中得出的理论也表示怀疑。按照杜埃里的说法，面对裸体而无动于衷的中世纪人是一个神话：他所描写的情景（洗浴、裸体宴会、光天化日之下裸体散步）实际上都是一些充满色情、以异常行为为参照的特殊情况。杜埃里认为，廉耻——即便其表达形式千变万化——是一种普遍的感情，任何一种社会，不管其野蛮程度如何，都不会没有对裸体作出规定。不能根据非洲人或巴塔哥尼亚人的相对裸露，就认为他们的习俗比我们的更加自由或更加粗暴；他们那里有另样的礼貌形式，即不去看不应该看到的东西。最后，即使讲卫生是一种现代理论，有关身体行为（排便、放屁、打嗝、吐痰等）的规定从来也没有从人们的意识中消除。远在中世纪末期之前，就有了用犹太文、阿拉伯文、德文和英文写成的有关正确排便的文章（避人耳目、最好在夜间以免被"天使"看到）。所谓被证实从路易十一开始君主坐在便桶椅上接见廷臣的习惯纯属现代杜撰，并表现出社会关系等级化的加强。封臣显然不能以同样的方式接待比他身份高的人……

城市暴力悖论

埃利亚斯所描述的文明进程不仅通过对餐桌礼仪、廉耻规则和性道德来进行表述,他还直接描写了公众道德所允许的暴力程度的降低。男人们之间的事情很清楚:国家对战争和个人报复权利的控制,都是18世纪变成垄断的制度演变的结果(参阅《西方动力》)。从那以后,在社会上动用私人暴力已被置于警察和司法的监督之下。在中世纪,堂堂正正的军人斩掉俘房的肢体可谓是司空见惯之事,群众去观看执行极刑的场面也是件快乐的事。在文明的发展过程中,外部因素是决定性因素,但是这些因素逐渐被控制每个人心理的精神机制所接替。如何看待某些社会学家所指出的现代发达社会中的不安全性在加剧这一问题呢?这个问题是在80年代提出来的,得到的回答也是类型繁多。第一类对埃利亚斯的论点提出质疑:没有任何东西能够证明礼仪的精细化和人与人之间使用暴力程度的降低二者之间存在必然联系。二者各自的变化互不相干。因此,犯罪违法的增加并不意味着文明进步的终结。另一类意见特别提出,由于国家模型的衰退而使"文明进程中断",总的来说,这种意见等于设想埃利亚斯所描绘的制度活力到达了一个终点。还有一类意见则认为,暴力作为社会关系的一种模式,可能会局限于某些社会流放之地,对整个社会来说完全处于局外,社会的文明化并不会终止。

总之,杜埃里以及其他历史学家表示质疑的不是一种社会与另一种社会之间礼仪等级要求上存在的差别,而是这种礼仪等级应像在埃利亚斯的理论中那样,与宫廷阶层乃至更远的现代国家的突生联系起来。

习俗现在所面临的情景表现出更多的复杂性:一些妇女裸露身体,另一些则心甘情愿地重新戴起了伊斯兰面纱,如何从显得如此纷乱的世事中找出方向?埃利亚斯的回答是,当代社会中习俗的解放,正是由于惩罚已经变得无济于事——个人成为自己的监察官,而且并不因此而变得大胆放肆。

埃利亚斯理论玩的这种两面手法也可以受到指责:他笔下的人类主体陷入类似精神分析的那种怪圈。不管做什么或不做什么,行为所表达的都是同样的事实,即文化是建立在抑制本能的基础之上。因此,或者是这个前提条件为各种人类社会所共有而且相互间的差别没有多大意义,或者是某些社会在这条道路上遥遥领先于其他社会。难道这将会决定社会的繁荣和作用于他人的行动权利?总之,礼貌谦恭究竟是西方文明发达的条件还是仅仅起次要作用?单是埃利亚斯的著作所留下的问题的重要性，就足以把《习俗文明》看做 20 世纪最富刺激性的著作之一。

注释：

[1] 参见 P. Spierenburg,"埃利亚斯与犯罪历史学"(Elias and the Histoire of Crime)，载于《犯罪历史学国际联合会与刑事审判公报》(IAHCCJ)，第 20 期，1995 年；H. Thomes,"现代化与犯罪"(Modernisation and Crime)，载于 IAHCCJ 公报，第 20 期，1995 年。

[2] S. 罗歇 (S. Roché)，《粗野无礼的社会》(*La Société incivile*)，瑟依出版社，1996 年。

[3] D. 勒普特 (D. Lepoutre)，《郊区心脏》(*Coeur de banlieue*)，奥迪勒·雅各布出版社，1997 年。

第六节　法兰克福学派
——从"马克思咖啡馆"到"马克斯咖啡馆"

法兰克福学派

　　从20年代到60年代,法兰克福学派聚集了一群知识分子,有霍克海默、阿多诺、马尔库塞,还有弗洛姆;他们的"批判理论"针对现代社会,现代社会被他们理解为霸权加异化。

　　1923年2月23日建立社会研究所时,其成员们团结一致,有一个共同的意愿——摆脱束缚。他们以马克思主义观点为框架,想运用革命批判理论来批判资本主义。然而,随着时间推移,他们对历史进步可能性的信仰开始衰颓,前景日益暗淡,他们不再抱有幻想;他们对社会的批评越来越激进化,并对变革陷入悲观,一味刻薄地讥讽奚落。

　　社会研究所在理论上的这种滑脱,当然与其所处的历史背景分不开。事实上,20世纪30—40年代,滚滚乌云笼罩欧洲,德国的天空尤为黑暗,人的思想能不受干扰吗？等到纳粹掌权，研究所的成员们（犹太人和马克思主义者们）被迫流落异乡。自 1930 年起，由霍克海默领导的研究所，转而设在日内瓦，并分别在巴黎和伦敦开设了研究分所。但从 1934 年起，鉴于欧洲政治形势的演变，研究所的成员们迫不得已迁移到了纽约——他们的这一迁移赶在了欧洲知识分子大批移民美国之前。曾有人评述说，法兰克福学派的地理行进路线，象征着他们日益远离欧洲，远离欧洲知识分子的传统。

当然，一开始，研究所的成员们仍然想要保留自己的欧洲身份，并设想他们是在最大的抵抗发祥地，对毁灭德国人文传统的行径进行抵抗。他们继续出版他们的德语杂志《社会研究》。但在新的地理文化背景下，眼看着德国工人阶级对革命束手无策，欧洲集权主义恶性强化，他们越来越陷入悲观主义。社会变革的前景日渐渺茫。这一学派的理论家们开始追究马克思主义理论中的一个核心因素——决定"文化上层建筑"的"经济基础"。

流亡期间的主要研究课题就源自这种理论的"现代化"。马尔库塞力图将他对剥削的批判，连接到他对性压迫的批判上。通过这样做，他着重指出了马克思主义的缺欠，自从 1937 年起他便开始强调"真正的幸福"中肉体的和性感的因素。弗洛姆也反对马克思主义正统观念，他的著作特征是，尝试将弗洛伊德与马克思相结合，将无意识与社会－经济基础联系到一起。此外，自 30 年代末起，研究所的成员们就规定，研究法西斯主义是最重要的课题。相当多的现象都被他们用心理学观点加以解释，这同他们把工人界与纳粹主义登台联系起来看颇有几分相似之处。虽然研究所的成员避而不用纯马克思主义进行分析，但在政治自主的前提下，他们继续忽略甚至否认集权现象。

在霍克海默的思想里，纳粹主义是在西方世界里统治扩张总趋向的最高点。在他的思想里，30 年代末就标志着这一突变。以经济基础为核心的"批判理论"被取代，代之以对技术－工具理性或者说对科学技术至上主义日益增强的影响的批判；按照这种批判观点，绝对统治与理性似乎纠缠不清。法兰克福学派专心于批判大众文化，大众文化被视为意识形态所控制的器具。阿多诺和霍克海默毫不犹豫地断言说，无线电广播之于法西斯，正如印刷业之于（16 世纪欧洲的）宗教改革运动。

此外，他们的分析研究，以及他们对美国民间文化的无动于衷，都与他们依恋欧洲丰富的文化遗产相关联，因为他们流亡之前曾在那里受过熏陶。除了洛

社会研究所的名家

马克斯·霍克海默（Max Horkheimer，1895—1973）

攻读哲学、心理学及经济学后，他于 1930 年担任法兰克福社会研究所所长，当时他想把哲学、社会批判和经验研究融为一体。

《理性辩证法》(*Dialectique de la raison*)（与阿多诺合著，1944）；《理性的衰退》(*Eclipse de la raison*, 1947)；《传统理论与批判理论》(*Théorie traditionnelle et Théorie critique*, 1968)；《批判理论》(*Théorie critique*, 1968)。

西奥多·阿多诺（Theodor Adorno，1903—1969）

早先希望成为作曲家，后来转入哲学研究，部分著作论述美学理论。他与霍克海默同是《理性辩证法》(1944) 的作者；阿多诺把现代社会里的（科学的、技术的、专家出身的官员的）理性，看成是丧失感觉、是一种新式霸权。在《否定辩证法》(*Dialectique négative*, 1966) 里，他坚持认为，社会秩序不能归结为表达全体性的独一无二的秩序；他还否认各种差异。

《最起码的道德》(*Minima Moralia*, 1951)；《文学笔记》(*Note sur la littérature*, 1958)；《美学理论》(*Théories esthétiques*, 1970)。

瓦尔特·本雅明（Walter Benjamin，1892—1940）

起先选定美学理论，因受卢卡奇影响，本雅明确定了研究方向：用马克思主义解读文化生产。他写了大量的文章和随笔，其中大部分都是在他 1940 年自杀之后才引起巨大反响。

《德国巴罗克风格的起源及悲剧》(*Origine et Drame du baroque allemand*, 1928)；《复制技术时代的艺术品》(*L'Oeuvre d'art à l'époque de sa reproductibilité technique*, 1935)；《拱廊街》(*Passages parisiens*, 1927—1940)。

赫伯特·马尔库塞（Herbert Marcuse，1898—1978）

马尔库塞是名行文冗长的作者；从最早发表的随笔开始，他就把马克思主义与存在主义相结合，从而导致他加入法兰克福学派。战后，他正面批评使人异化的资产阶级文化（被他称为"民主集权主义"）以及苏联的马克思主义。60 年代，他成为新左翼的中心人物；在他眼里，是大学生运动取代了工人运动，因为工人运动已经资产阶级化了。他是"弗洛伊德—马克思主义"理论家之一。

《理性与革命》(*Raison et Révolution*, 1941)；《爱欲与文明》(*Eros, et Civilisation*, 1955)；《单向度的人》(*L' Homme unidimensionnel*, 1964)；《从富裕中解放出来》(*Vers la libération*, 1969)。

> **埃里希·弗洛姆**（Erich Fromm, 1900—1980）
> 　　受到精神分析学和马克思主义两方面影响，他的职业生涯主要是在美国；他越来越远离马克思主义信念，转而采用更接近"人文主义"心理学的论点。
> 　　《逃避自由》(*La Peur de la liberté*, 1941)；《爱的艺术》(*L'Art d'aimer*, 1956)；《占有还是生存》(*Avoir ou être*, 1976)；《希望与革命》(*Espoir et Révolution*, 1968)。

温塔尔（Léo Lowenthal）和本雅明，主要由阿多诺负责对文化进行分析批判。

阿多诺自 20 年代开始从事研究，一上来就偏离了马克思主义对文化的阐释，马克思主义将文化归结为从阶级利益出发的纯粹是意识形态的反映。阿多诺运用绝对二元论，把纯艺术（即乌托邦地反对现有体制的源泉）与粗俗的、被功能化的大众文化加以对比。一方面是勋伯格（奥地利著名作曲家）的音乐所体现的真正艺术，不愿适应社会生活，有意摆脱对经济生产的依附；另一方面则是工业将文化还原为统一化的商品，同时把听众转化为因循守旧又心满意足的驯服者——从升华到压制。

阿多诺永远厌恶爵士乐，认为它是"最严格意义上的商品"，他藐视爵士乐对表达自由解放的追求，他否定黑人对这类音乐的贡献；这都说明他提倡保守主义和美学极端精英主义，他一直固守美学极端精英主义营垒。他并非没有天赋，但却相当偏执，他陷入一种世界观，认为是绝对的恶在主宰世界。由于把社会看成一个大规模的集中营，此后他只从绝望无奈的视角对个体进行观察。通过运用戏剧化与夸张的文学技巧，阿多诺本人乃至他的写作风格都与这个世界决裂，跟"清晰的拉丁语的恐怖主义"相对峙，他有意让人无法理解他。

权威人格

1941 年，研究所设在加利福尼亚，美国西部更远离欧洲，这象征着法兰克福学派的悲观论明显加重，与本原的欧洲更难取得联系。霍克海默听从医生的意见到了洛杉矶。阿多诺与他同行；当时研究所一部分成员在哥伦比亚，其中有波洛克（Jan Pollock）和马尔库塞。与此同时，跟欧洲的最后联系也中断了：研究所设在巴黎的分所于 1940 年关闭，同年，研究所的杂志改用英语出版。正如霍克海默后来所说："哲学、艺术和科学，看来欧洲再也容不下它们了。美国是唯一能继续科学生活的陆地。"研究所大部分成员都在 40 年代初成为美国公民。

阿多诺与霍克海默

在同一时期，研究所转向经验研究，主要论题是"权威人格"。在阿多诺领导的一项著名集体研究中，学者们就所谓"权威"人格的特征做了调查，这项研究是赞同种族主义论点的因素之一。阿多诺和霍克海默越来越明显地达成默契，并在学术领域密切合作（1947年他们合作出版了赫赫有名的《理性辩证法》），共同制订理论取向。由于看不到社会上显示出任何革命力量，他们感到绝望，阶级斗争分析法宣告退位，代之以悲观阴郁的描写，描写人与自然之间更广泛的冲突，霸权不再仅限于经济领域，而是普遍使用。阿多诺和霍克海默观察到"理性的衰退"（阿多诺一本书的题目）、观察到在管理和技术发展上所表现出的世界工具化，他俩认为集权主义是资产阶级自由主义自然而然的延续，并竭力抛弃启蒙时代的整个传统，包括马克思。唯一的寄托（思想）尚且存在，但却毫不留情地使得那些精神上毫无准备的人们一蹶不振。

阿多诺在战后确实发表了大量论述，但此后才是该学派创作最丰厚的时期。正是在孤单与流亡中，这些学者在事业上大显身手。40年代末，至少对研究所里的一部分学者来说是返回德国的标示。他们原先处于社会边际状态，后来意外地得到大学界及大众传播媒体的格外认可。霍克海默定居下来，受到一致的赞赏，作为观察家，看到"完全被国家支配的世界"和被简化为功能的个体，他断定社会批判苍白无力。社会批判再也无力为变革而战斗。流亡前，他习惯于用"马克思咖啡馆"这一绰号称呼研究所；在那之后，大学生们戏言，将其命名为"马克斯咖啡馆"，一来影射霍克海默的名字（Max），二来影射其疏远了马克思主义并冷淡了对革命的热望。老年霍克海默在宗教里寻到寄托，变成一名保守派，对于捍卫越南战争、揭露1968年大学生运动的激进自由主义等，霍克海默都予以支持。1969年阿多诺死后不久，研究所便宣告解散。

对客观理性的怀念

总的来看，当代社会学倾向于站在复数行动者的立场上，而不是站在封闭系统的角度上重新给社会学下定义；时至今日，法兰克福学派还残留下什么？面对这股清新的气流——1968年打开的"突破口"——从某种意义上讲，霍克海默所持的否定态度意味深长：失落感、衰退感、对客观理性的怀念；他不是期盼，而是对社会运动既不抱希望也不去捍卫。1952年，阿多诺在给霍克海默的信里写道："马克斯：绝对存在者是上帝，而不是任何别的什么！"

直到最后，他俩都依恋普遍理性，感慨地注视着它的坍塌，由工具理性与集权理性取而代之。爵士乐、流水作业和奥斯威辛，飘飘然混杂在一起，在他俩看来，也是西方文明的颓废产物。将社会生活归结为纯粹的霸权/再生产、对行动的生产活动及其创造性予以否定，导致他们在理论上与政治上都走入死胡同。霍克海默和阿多诺最有名的继承者哈贝马斯（Jürgen Habermas，他曾当过阿多诺的助手），运用一系列对偶二元论（工具理性/沟通理性；系统/生活世界……），把双维性融入批判理论的核心；他把思考导向民主。由此他为消除理性的单维定义作出了巨大贡献。

第四章

法国社会学

第一节　个体及其意向
——雷蒙·布东访谈录

布东

　　布东（Raymond Boudon）是方法论个体主义（即行动主义）最著名的代表，方法论个体主义认定：除非不可避免地受到压制，否则，人始终是自主的生命体。

　　《人文科学》记者：你走向社会学经过了什么样的思想道路？
　　布东：那时是60年代，我希望自己朝人文科学方向努力，但不知道选择哪个学科。那时哲学的威信正在走下坡路。经济学虽然对我有诱惑力，可我觉得这个学科已经建立起来了，这样我就有一种不得不待在既成轨道上对已经存在的东西只能进行补充的感觉。
　　那时我的印象是社会学要更有趣一些，因为它好像还没怎么凝固成形，似乎还有些模糊，因为研究方法五花八门。因此，把我引向社会学的是我头脑中的兴趣而不是社会。

记者：在那个时代最有名望的老师中，哪些人给你带来的东西最多？

布东：在法国，我感到最吸引我的是斯托策尔，他那时好像处在边缘地位，因为他着意干的是一项真正的科学工作。在我看来，尤其是拉扎斯菲尔德，才是要让社会学成为一门科学的代表人物。1962 年由于得到了一份奖学金，我才得以在哥伦比亚大学度过一年时间。因为就在拉扎斯菲尔德身边，所以他成为我的真正导师。我那时可能有点天真，因为在社会学范畴，与人们的想象不同，事实上数学一向都派不上什么用场；但到后来，数学就开始起作用了。

记者：你认为科学社会学的核心是什么？

布东：就是我们所说的"方法论个体主义"。这个术语的来源可以追溯到韦伯，然后到了熊彼特那里它的意思就变得更加明确。遗憾的是，哈耶克和波普尔重用这个词时将其混同于政治哲学的自由立场，造成很多混乱。另一个误区是认为方法论个体主义意味着用功利主义方式去解释人类行为。这两种误解说明了方法论个体主义为什么有时会遭到排斥。正是为了避免这样的混乱，我最近更多使用的是"行动主义"而不是方法论个体主义。

记者：请你给我们详细说说"方法论个体主义"或"行动主义"的具体含义。

布东：在韦伯和托克维尔那里有两个构成方法论个体主义基础的基本公理。第一，社会现象只有被看做个体行动和信仰的产物才能得到解释。第二，这些行动和信仰对行动者来说有意义、有存在的理由。所指的可以是利益，在这一点上我们虽然又看到了功利主义模式，但并不一定非得是该模式不可。例如，宗教积极分子也会为价值而行动。同样，我相信 2+2=4 也并没有受到利益的驱动。

记者：你能否介绍几个运用方法论个体主义进行社会学解读的传统例子？

布东：韦伯肯定想过为什么罗马帝国时代的官员狂热地信奉密特拉神（Mithra）。他的解释是，这种宗教与官员们应当履行的罗马公务职责的道路类型相符，并使他们想起一些亲切的东西。

在《说服的艺术》(*L'art de persuader*) 一书中，我举了一个魔幻信仰的例子，引起过两类非常不同的解释。按照莱维-布留尔的说法，原始人之所以有魔幻信仰，是因为他们不像西方人那样推理，原始人的逻辑不同，所以被叫做原始思维方式。可是这一设想并没有什么说服力，因为它是一种循环论证。别人的思维逻辑不同所以加入魔幻信仰，他之所以相信魔幻信仰是因为他的思维方式不同。

与此相反，迪尔凯姆认为原始人与我们严格遵守同样的原则。他们完全有理由相信他们那套仪式的功效，即使这些理由是错的。例如，他们肯定是在需要雨的时候祈求老天下雨，而且是在最有可能下雨的地方祈求。常常在祈求之后就下来的雨水，就是他们的仪式有效性的证明。

记者：一旦这种信仰得以建立，祈求可带来雨水的魔幻思想就会变成文化氛围的一个组成部分并代代相传，这样就不可能真正谈论什么个体理性。即使每个人都有充分的理由去相信，但却不会涉及重新建立信仰。此时社会学家可以不再从个体而是从集体信仰出发来分析这种信仰。

布东：这种信仰当然不是由个体创立的。即便这样，也应该说明为什么这种信仰会被维持下去。如果个体没有正当理由排除它，尤其是没有其他与之竞争的信仰，它就会持续下去。关于这一点最好的证明就是，如果替代理论显得比传统思想好，前者就能轻而易举地取代后者。基督教引入黑非洲就属于这种情况。信仰往往来自社会化，这的确不假，但要使信仰坚持下来，它就必须对现实情境有意义。

记者：你所使用的"个体"这一术语，是一直以个人为参照还是它也可以指一个群体？

布东：有时一个群体可以当成一个人来对待，条件是该群体拥有集体决定机制。政府就是最好的例证。既然政府中有多位部长，那它就是一个多头组织。但是个人意见得以发表后，就有一种机制使得大家可以完全合法地说"政府认为……"但对此必须谨慎，不能滥用。在某个时代广泛使用的"工人阶级认为……"，实际想说的是"共产党决定工人阶级应当认为……"这种说法显然会引起争议。

记者：你刚才曾谈到方法论个体主义难以得到承认的理由。这是否也是因为这种理论所暗指的社会决定论受到全面排斥？

布东：人们长期认为从事科学事业就意味着赞同决定论公设。我不这样认为。问题显然不在于排斥任何形式的决定论，而是要区分存在决定论的情况和不存在决定论的情况。因为从事科学事业首先就是要尊重实际。可是当你观察人类实际时，很容易看到许多不确定的情况。齐美尔举出的例子使人豁然开朗。他说："设想经历过恐怖童年的一个男人，在他面前后来展现出两条路：他可以憎恶所有的人来实行报复，也可以完全相反表现慷慨。"齐美尔也用罗伯斯庇尔的个案来说明这一点。多亏了埃伯尔派（Hébertistes）罗伯斯庇尔才得到了政权。可是后来他却把他们斩尽杀绝。他本来也可以把他们全部养起来。倒向一边或另一边的进程，一般取决于极端游移不定的因素。事后作出解释总是可行的，而事前试图预言将要发生的事则完全是荒谬的。尊重事实的唯一科学态度就是说一句"不可能预言"。这也就等于承认偶然和混乱的位置。

记者：就这一问题你经常在你的著作中谈到自由。难道这里不存在把哲理引入科学的风险吗？

布东：这大概是一种笨拙的表达方式。我现在使用的词是"自主"，我认为这个词不那么容易引起混乱。我想说的是，若想真正从事科学工作，就必须承认人在很大程度上所具有的自主性。当然也存在一些强迫选择的情况，但毕竟较为少见。

记者：人们常常把你看成彻头彻尾的行动者自主信奉者，因为行动者摆脱了一切社会决定论。

布东：我对此总是感到惊讶，因为我从未写过此类东西。在20年前我写的《机会不均等》一书中，我把学校的选择分析成理性指引决定的事，把社会出身作为参考系。我特别写道："社会出身对择校的决定性，在学习成绩优秀的情况下会弱一些，而在学习成绩差的情况下则会强一些。"我通过一个小故事说明了水平相当但社会出身不同的学生之间的行为差别。出身高贵的学生在看到自己的成绩远不如同等出身的人时心里想的是："虽然成功很难，但我还是应该努力争取。"而有着同样成绩的那些家庭出身较低的人想的却是不要把生活搞得复杂化。对这一现象的简单分析的目的在于使人的行为成为可以理解的。

记者：决定论研究方法与行动者理性观点之间进行和解，这一伟大时刻难道还没有到来吗？

布东：我确实认为自主作用于强迫体系内部。我一点也看不出这两种研究方法之间的对立。15或20年前，决定论真像一台能压垮人的推土机，被当做社会学研究的主要公设。今天，对行动者自主这一概念的接受则要更加广泛。

从个体行动到社会秩序

雷蒙·布东生于 1934 年，是法国社会学界的名人之一。获得大中学哲学教师学衔后，他的第一份工作是在美国，在拉扎斯菲尔德身边工作。他的著述非常丰富，其主线是把意向性个体行动者作为描述社会的合理单位。

以个体为中心

"解释一种社会现象，总是要把它作为个体行动的后果。"布东认为，个体行动者才是进行社会学分析的原子。他拒绝接受被他称作"社会学主义"的那种东西，即社会行为受到统治力量（制度、阶级统治等）的遥控。虽然存在对行动的制约（例如菲薄的经济资源），但是制约不应被看成唯一的限定。在布东看来，只有从行动者的意向出发才可理解社会性（《社会问题逻辑》，*La Logique du social*，1979）。用这种方法可以理解宏观社会学过程：如学校教育的不平等（《机会不均等》，*L'Inégalité des chances*，1973）。布东指出，学校教育的不平等不应归咎于文化障碍，而是由于家庭社会背景不同进而家庭采取不同策略的结果。

理性分析

为了弄清个体行为的逻辑，就必须进入他们的思维方式。虽然布东接受功利主义理性概念，但他并不想就此为止。显然也是出于这个原因，在界定他的研究方法时他喜欢用的术语是"行动主义"而不是"方法论个体主义"，因为后者涉及为微观经济学所发展的纯功利主义观点和理性选择潮流。布东捍卫的理性概念含义更广。他指出，许多所谓的"非理性"行为都可用促使人们以这种或那种方式行事的动机来加以解释。因此，布东想要弄清隐藏在"正当理由"后面的认知机制（信仰、理解错误、缺乏感知力）。他在《意识形态还是成见的根源》（*L'idéologie ou l'origine des idées reçues*，1986）中指出，理性个体接受一种意识形态，即便这是一种最荒谬的意识形态，也可以透过一些现象，像立场、情绪、沟通等（例如自发地信任某方面权威人物的话语）得到解释。这种知识社会学是布东著作的基本方面，也是他的决定性贡献。参见《信服脆弱、暧昧或错误思想的艺术》（*L'Art de se persuader des idées fragiles, douteuses ou fausses*，1990），《正确与真实》（*Le Juste et le Vrai*，1995）。

社会如同组合体

按照方法论个体主义的说法，社会游戏是个体行为组合的结果。例如，当成千上万的人同时出发度假，就会导致出现塞车状况，而且能够变成具有它们自身逻辑的"行动系统"。布东把这一过程叫做"突生效应"（《反常效应与社会秩序》，

Effets pervers et ordre social, 1977）。他还确立了这方面的类型（放大效应、矛盾效应、遏制效应……）并对"反常效应"展开分析。"反常效应"指的是"不包括在行动者追求目标之内的个体行为并列结果"造成的现象。堵车的例子就属于这个类型。实际上，反常效应的逻辑无处不在，像文凭贬值就是教育普及的结果。

这一研究方法的其他结果包括：只要社会问题成为自由个体行动的结果，社会学家就应接受社会问题的部分不确定性这一概念（参见《无秩序的领地——社会结构深刻变化理论批判》，*La Place du désordre. Critique des théories du changement social*, 1984）。

教育家布东

布东还编写或主编了不少教材和词典（他在这些课本/词典中捍卫自己的社会学观念），如与弗朗索瓦·布里科（François Bourricaud）合编的《社会学批判词典》（*Dictionnaire critique de la sociologie*, 1982）。另有《论社会学》（*Traité de sociologie*, 1992），《社会学词典》（*Dictionnaire de sociologie*, 1999），《社会学方法论》（*Les Méthodes en sociologie*, 1996）等书。

第二节　支配幕后
——布迪厄的社会学

布迪厄

通过深入到各种各类人员（阿尔及利亚农民、大学教师、老板、工人、记者……）所在的场所观察研究并编制出一个丰富的概念机构，布迪厄把社会支配这部机器拆卸开来。

在阿涅斯·雅维（Agnès Jaoui）导演的电影《遇见百分百的巧合爱情》(*Le Goût des autres*) 中，让-皮埃尔·巴克里（Jean-Pierre Bacri）扮演的角色是一个中小企业主卡斯泰拉，他爱上了剧院女演员克拉拉并淹没在克拉拉的朋友圈中：画家、建筑设计师、演员……总之是一头外省的"牛"跌入了时髦的艺术界。最引人注目的情节之一出现在一个餐馆里：（留着小胡子、身着西装领带、少不了猥亵玩笑的）卡斯泰拉并不是没有觉察到克拉拉的朋友们对他的嘲笑（克拉拉穿着黑色服装，巧妙地弄得像是没有经过精心打扮的样子）。这里表现的小资产阶级知识分子对暴发小老板的蔑视是建立在与之相异的基础之上的。这种相异已被深深内在化，只有透过目光眼神、身体姿态、举手投足和言语谈吐才看得出来。

还有一部影片名为《人力资源》(Ressources humaines)，洛朗·康泰执导。弗兰克是高等商学院一名青年大学生，他所选择实习的部门是一家他父亲在那里当了30年工人的企业经理部。他在那里发现了一份调整计划，计划中他的父亲要被解雇……弗兰克拒绝进入这个游戏，他将挑战他父亲的逆来顺受。而父亲则毫无反抗地接受自己的命运，因为他已把社会秩序内化了。

这两部影片展现了生活风格的反差，同时也描绘出了支配和权威关系：从某种意义上说这两个故事呈现了布迪厄思想的浓缩。实际上布迪厄正是通过对文化实践及社会分化逻辑的观察才建构起他那庞大而宏伟的事业。这个事业可以概括如下：社会是一个支配关系被隐蔽起来的分化空间，隐蔽的原因是支配关系被每个个体深层内化。布迪厄的全部努力就在于到各类场所去观察各类人群(从阿尔及利亚的农民到老板、工人、记者和大学教师……)，把支配机构拆卸开来。

金钱与文化

布迪厄提出的公设是：在任何社会中都有支配者和被支配者，社会组织的基础原则就存在于这种区别之中。不过，这种支配取决于形势、资源和行动者的策略（像卡斯泰拉，在他自己的领域即企业里他是支配者，当他进入艺术界他就变成了被支配者）。要理解这些现象，就必须认识地位和资源效应逻辑，由此布迪厄提出了一种拓扑学社会视角。这一视角不是金字塔或梯子视角，而是"一种区别的空间"。

这一社会空间围绕二元纬度——所拥有的资源总量及其在经济资本（财产、工资、各种收入）和文化资本（知识、文凭、高雅举止）二者之间的分配——组织而成。在布迪厄看来，这种金钱与文化的分离、"商业"和"纯艺术"的分离具有非常好的识别性。认同艺术家的原因之一，在于他选择"为艺术而艺术"，并对物质利益淡然置之：一位画家完成的订货作品被形容为"养家糊口"。而在其他社会阶层，金钱是与众不同的征象：吃完晚饭最后是卡斯泰拉付账。在布迪厄看来，社会行动者追求的不仅仅是利益，而是还有威望和对他人的承认。

中小企业主与艺术家之间的差距，也来自两个不同领域间的对照——两个被布迪厄称作场域的社会类别。场域是一些相对均质、自主、有合适社会功能的小世界，像艺术场域、新闻场域、大学场域等。

场域从根本上来说就是竞争和争斗的地方。例如，新闻场域里发号施令的是媒体大家和某些"做新闻"的记者；被支配者则是那些基层记者和按页计酬的记者。每个场域都有自己的一套游戏规则：在文学界就最好炫耀文化资本和社会资本（关系网、鸡尾酒会和阿谀奉承）而不要炫耀经济资本。个体进入不同的场域，其在各个场域中的地位并不相同。大学教师在权力场域中处于被支配地位（与实业家相比），而在知识分子场域与艺术家相比他们又处于支配地位（参见《学术人》）。

为了描写场域的运作，布迪厄使用了"游戏"这一概念，这一做法使他超越了个人行动与社会决定论之间的传统二元对立。社会游戏可以被看成是一局扑克牌或一盘象棋，每个人都有自己的相对地位以及多少与之相配的王牌（经济资本、文化资本或社会资本）。

从生活排场到生活格调

虽然某些人一点资源也没有并只是经受着游戏，但是很多行动者都能施展策略来提高他们的地位。比如卡斯泰拉努力使自己对抽象绘画感兴趣，尽管他对抽象画一点也不了解。当他请一位先锋派画家在他工厂的正面画一幅壁画时，他就是在力图把经济资本（他的主要资源）变换成文化资本和社会资本。在这样定义了社会空间之后，布迪厄指出了"每个地位等级如何与惯习（或兴趣爱好）等级相对应"。迪尔凯姆为了证明个人行为受社会支配，曾把最个人化的自杀行为当做研究对象。在《区隔》一书中，布迪厄采用了类似的方法。大家都共同接受"兴趣爱好和颜色是无可厚非的"，总之就是，偏爱喜好是个人的事。布迪厄指出，我们的判断（无论是音乐、体育运动、烹饪……）反映的都是我们在社会空间所处的地位，联系社会结构与个人兴趣爱好的东西就是惯习。

惯习既是我们透过其看世界又是指导我们行为的一种标准度。它表现为一整套连贯的趣味和惯例做法。例如，像卡斯泰拉这样的小老板，总是有一条狗，家里墙壁上贴着花墙纸，喜欢看通俗喜剧和美国连续剧。可能他还会喜欢足球和白汁小牛肉。而克拉拉朋友们的惯习则与之不同：他们宁可养猫，喜欢先锋派戏剧和让－吕克·戈达尔或伍迪·艾伦的电影，吃的是中国餐或墨西哥餐，看不起足球。所以适合用来观察社会空间的东西不是生活排场，而是生活格调。在职员、小商人、工人、大学教师、社会工作者那里，每类人都有对应的小天地和参考系。当然也有不符规则的例外：有的工人阅读杜拉斯（Marguerite Duras）的小说，有的大学教师喜欢强尼·哈利代（Johnny Hallyday）的歌曲。所以需要发

从《区隔》到"左左派"

布迪厄1938年出生于法国上比利牛斯省的当甘(Denguin)。他父亲是名邮政官员。他于1951年进入巴黎高师。由于是外省人,出身低微,布迪厄在这所名牌大学中面对的是资产阶级文化。据他高师的一些同学说,他对巴黎知识界的愤恨就始于这种经验。与他的许多同龄人相反,他不参加共产党,对一切机构组织都表示不信任。1955年获得大学哲学教师学衔后,他赶赴阿尔及利亚在阿尔及尔文学院任助教。对阿尔及利亚社会变革的最初研究就是在那里进行的。1961年重返法国后,他先后在巴黎索邦大学和里尔大学任教。

1964年他被任命为高等实验学校(后来的法国社会科学高等学院,EHESS)的研究部主任。他发表了学校和文化实践的初步调查报告(《继承者》、《中级艺术》)。这个时期布迪厄处在阿隆的羽翼之下(他也是巴黎高师毕业,先进入哲学系后成为社会学家),后者看出他是一个未来的"大家"并把历史社会学欧洲中心的共同领导工作交给了他。可是到了1968年他们却分道扬镳,布迪厄创建了自己的实验室。1968年5月的危机使他很失望,直到1984年他才发表了一篇分析文章(《学术人》最后一章)。

从那个时期开始布迪厄就为实现一个目标而努力——树立他的社会学派。他在社会科学高等学院开展了大量工作,他自己的杂志也于1975年创刊,刊名为《社会科学研究探索》。1979年他出版了他的重要著作《区隔》并于1981年接受殊荣成为法兰西学院正式教授,国家科学研究中心1993年授予他最高荣誉金质勋章。他的升腾是以与其最出色的合作伙伴多少有些突然的决裂为代价的:J-C.帕瑟龙、L.博尔坦斯基、C.格里尼翁(C. Grignon)、J.韦尔代·勒鲁(J. Verdès-Leroux)……扎根于法国本土的布迪厄转向国际知识分子市场,尤其是转向美国。他经常去那里(普林斯顿和宾夕法尼亚的大学)。事实上他在美国是最受认可的学者之一,他的著作在那里激起的评论非常之多。

1990年是布迪厄转变战略的一年。1989—1990年间,他主持了一个对教学内容进行思考的委员会。1993年出版的集体著作《世界的苦难》一书封底写着"搞政治的另一种方式"。1995年12月大罢工期间,他参与"号召知识分子支持罢工者",他对1998年1月的失业者运动给予支持,对阿尔及利亚的知识分子同样给予支持。他征战于报刊。他的身份从社会学家到预言家,对专家、记者、宫廷评论员展开抨击,并透过他们抨击新自由主义。

现的并不是一个机械的先决条件，而是一种规律趋势。

然而，社会地位上升的经历往往是痛苦的。行商（VRP）的儿子安托万被父母送进一所特色中学："我在那里面纯粹是赶时髦，在那里我才真正看到了差别……就有点像为有钱人子弟办的业士学位考试补习学校，其实他们在学校的生活就是凭一时兴趣。"他对同学们对他的 Pantashop 服装的评论感到羞辱（《世界的苦难》）。

表现其与众不同

生活品位的发动机就是区隔。为了表示与众不同，有什么方法能比文化更好？在布迪厄最初的调查中，他看到了不同社会阶级在文化方面存在的不平等（《喜爱艺术》）。当他们参观博物馆时，教育有素的阶级成员对艺术表现出一种自发的亲切，这种亲切并不是来自天赋，而是来自由社会化得来的规约和言语。被支配者不懂得这些规约，因而他们就把构成他们对日常生活感知的图画应用于艺术，所以他们更喜欢形象派绘画或看似真实的影片。L 先生在法国国营铁路公司当领班，他喜欢梵蒂冈西斯廷小教堂里的壁画，"因为他们表示了某种东西。可是当你看到那些三笔两笔画的素描被人以贵得出奇的价钱买走时，就我个人而言，要是到我手里，我非把它们扔进垃圾箱不可。"（《区隔》）而教育有素的阶级呢，他们更喜欢与众不同，举止洒脱表达自如，更喜欢难以理解的读物。

说得更宽泛一些，文化实践是分等级的。高尚艺术（绘画、话剧、古典音乐、雕塑）属于支配者的领地。中等教育程度的阶层（有文凭的小资产阶级）的特征是"对文化的良好愿望"。虽然他们有频繁的文化活动，但是由于他们对最为高尚部分的规约还没有掌握好，他们就转向替代品：电影、连环画、爵士乐、科普杂志、摄影……至于大众阶层，按照布迪厄的说法，留给他们的只是一些碎喳喳，因为布迪厄对大众文化持反驳态度（《区隔》第 7 章）。他坚持认为支配者与文化的关系受到需求原则的指引；他们没办法对它不感兴趣。这一合法性分配远远没有固定下来。古典音乐存在一些大众化变种（例如斯特劳斯的圆舞曲），有些活动大众化了（网球和高尔夫球）；有时，在某个时期被视为"平庸"的某些活动，某些阶层会出于消遣将其予以转换，从而变成"时髦"活动。

文化只是惯习最可感知最易看得见的部分。惯习实际上决定着全部社会行为的方向：饮食、男女角色、餐桌举止、谈吐语言……惯习决定着什么是好什么是坏，什么是美什么是丑。被一个人看成与众不同的东西（像新富的四轮驱动越野车），可能会被另一个人（贵族）看成是俗气。

受社会问题支配

区隔的逻辑对支配是认可的。在布迪厄看来，产生这种影响力的东西埋藏在心理和身体的最深处，从某种意义上说社会结构就是精神结构的"描摹"。我们在做我们的大部分活动时都是不假思索：我们按照学到的世界观行事。我们被社会"游戏所摆布"：游戏（即分化和支配逻辑）是什么样已被忘记，按照布迪厄的

摄影是小资产阶级艺术吗？

在1961—1964年所进行的一项集体研究中，布迪厄及其小组试图搞清楚摄影实践的社会规律。该项应柯达-帕泰（Kodak-Pathé）公司要求而进行的研究，依靠的方法非常广泛（问卷调查、专题研究报告、非指导性交谈、照片资料集分析）。这项研究表明，摄影的运用类型是固定不变的，并在很大程度上取决于其社会归属。

- 大众阶级拍摄家庭照片。摄影成为一种习惯，照片可以把群体庆祝团结统一的时刻保存住，并留作纪念（结婚、孩子的降生、初领圣体、生日、圣诞节、有时还有朋友聚会或度假活动）。虽然摄影的"艺术性"不大讲究，但是照片还是符合一些规范：照片上最常见的姿势之所以都是身体僵硬笔直，按照作者们的话说，那是因为这些个体对自己的身体形象缺乏自信，所以这些被支配者才摆出这样的姿势。
- 拍摄漂浮的船只碎片、光照效果下的一座工厂、一个裸体……：摄影者中有10%的人（占人口的5%—6%）有这种唯美主义观念。这些摄影艺术家非常刻苦勤奋（用作者们的话说就是"虔诚"），他们主要出自中产阶层。他们设计的摄影画面像油画一样。由于他们参照的是唯美主义作品，他们所追求的就是要与大众阶级的家庭照有所不同。要做到与众不同，他们就模仿油画方法。摄影对这些社会阶层来说是用自己力所能及的形式"取代他们无法接近的神圣实践活动"（即油画和雕塑艺术）。
- 至于上等阶层，他们对摄影态度淡漠，有时甚至是轻蔑，他们认为摄影活动即使不是俗气，至少也是太过平常。

从这样的视角来看，摄影就如同一门中级艺术：与油画、歌剧这样的神圣艺术相比是低级艺术，它是中等阶层的艺术，使他们与大众阶级相比出类拔萃。

说法,这种不假思索的("实干家")行动能力,使得超越客观主义与主观主义的界限成为可能:客观社会结构是我的主观性的一个组成部分,后者隶属于前者。

因此,有关规范标准的问题,像男性和女性作用的规范,就铭刻在身体中。在卡比尔人的社会中,男人必须挺直身板,毫无顾及地吃,妇女则应典雅斯文,"勉强"地吃。在《区隔》一书中,布迪厄突出展现了行动的体态。大众体育运动(足球、橄榄球、拳击)看重的是牺牲精神和力量。中上阶层的体育运动(高尔夫球、网球、击剑)看重的则是博大、保持距离和没有身体直接接触。大众阶层的食物爱好无形中追求的方向是力量和实惠,所以爱吃肉和肥腻食物。中等阶层更趋向追求食物的细腻和清淡,对他们来说,身体需要的不是强壮而是美。

被支配者对支配得以进行的这种机制没有意识,支配者也同样没有意识;最近在一次研讨会上,布迪厄向一些媒体大企业老板(福克斯、贝塔斯曼、AOL 等)问道:"你们知道你们在做什么吗?"(参见《解放报》1999 年 10 月 13 日)而还是这个布迪厄,在其另一本书《世界的苦难》中却破坏了这个无意识的公设。这本 1993 年出版的集体著作,由一系列专题访谈组成。阅读此书时引人注意的是人们具有自省性,在很大程度上他们意识到了支配机制。因而出现了创建了一个协会和一个急救公司的社会工作者。虽然市政府帮助他建立了公司,可他想的是市政府的行动会在政治上得到回报。他评论道:"任何权力结构的基础,都是为炫耀自己而与之有从属关系的小权力。"

更广泛地说,布迪厄在《帕斯卡式思考》一书中发展的理论的一条中轴线,表现在下面这句话里:没有单纯的思想。知识生产(哲学、意识形态,还有文学、虚构、创作)都是他们所处时代社会结构的流露表现。作家或具有创造力的独立艺术家的人物形象(以福楼拜或马奈这样的大人物为代表),是只有在 19 世纪才突生出来的社会历史建构(《艺术的规则》)。

学校的(符号)暴力

行动者在进入日常实践活动之前,规范标准就已通过社会化和意识形态进程被灌输到他们的头脑中,布迪厄将其称为符号暴力。布迪厄在 60 年代与帕瑟龙一起对大学生进行调查,他发现了进入高等学府的不平等。工人子女的比例非常小(在大学生中他们只占 10%而在就业人口中却占 35%)。出身不同,行为举止及与学校的关系也就非常不同。资产者家庭出身的大学生们自恃天才,表现得随随便便，对学校的教学技巧不屑一顾。他们具有"法定自信心"，这是他们的阶级惯习。实际上，制度看重的文化对他们来说是亲切的，因为这就是他们社会地位的文化。中等和大众阶层的大学生表现得非常勤奋，他们认为学校能够给予他们优秀的学习成绩。至于教师，他们是这个体系的同谋，注重"天赋思想观念"和出色的学习。因而，大学文化对一些人来说是遗产的继承，而对另一些人来说则是充当学徒。在1989年出版的《国家精英》一书中，布迪厄继续进行他的分析。对中高等教育教师资格评委会报告的解读，确认了大学的"高雅"规范：考生应表现出朴实、有分寸、有才能、机敏细致；应避免文词晦涩、自命不凡和粗俗。

这种强加的优秀标准，是用掩盖阶级关系和统治关系的人为方法造成的，是靠符号暴力运作的。这种掩盖针对的是受教育者，但也针对教师们："如果有人怀疑，老师是凭自己哪怕是不言明的阶级判断来确定某学生具有小资产阶级属性，那么，这位老师就会气愤不已。"学校并不是产生符号暴力的唯一地方。同样，电视新闻制作的节目，"有时像事先完全安排好的表述，强加于那些最贫困无奈的人们，要他们以为是他们的体验"（《世界的苦难》）。对政治体制前景的分析也大体如此。存在着一种大家都有同样权利发表意见的"民主幻术"。实际上政治是一个为统治阶级所垄断的领域。被统治者认为自己在这个领域里是外行，所以他们自己把自己排除在政治生活之外，把自己的决定权委托出去。因而，我们的社会也就成为变相的纳选举税的选举制度。

统治的再生产

统治当然需要在时间上得到延续。通过学校建立起来的无数过滤网，学校看起来就是一种加强社会不平等的工具。重点大学是统治阶级再生产的中枢设施。从社会角度看，它们比普通大学的淘汰性更强——重点大学招收的学生大都出身统治阶级（60%，而在国立行政学院、高等商学院和政治学院，这一比例还要更高）。这些学校的排列等级也印证了他们在社会空间占据的位置：实业家的子女多就读于高等商学院，教师的子女多上高等师范学校。社会同质性、自我封闭，于是这些学校也就锻造出"集体精神"。

因此，在能者居高位这一神话的背后，重点大学变成了服务于统治者再生产战略的工具。布迪厄指出，自我奋斗成功者只代表一些特殊情况，大老板中只有3%是工人的儿子。

泄露机密

由于布迪厄对教育思想的基础提出质疑,他的有关学校的著作就像一个真正的范式那样被人接受。布迪厄的著述也暴露出著述者对其社会学家作用的观念。无论是关于教育的民主化、全民投票、文化嗜好还是男女关系,布迪厄的目标始终如一:揭露隐藏在幻想和社会游戏背后的东西。

布迪厄的社会学是要成为寻找真谛的社会学,用他自己的话来说,他是"泄露机密"的人。这一姿态带来的后果是:如果社会学揭开事物的面纱,就会搅乱信奉秩序的人们。例如,布迪厄对我们说,社会学家若指出科学界也是一个在生涯和实验室之间存在竞争的地方,那么社会学家就会妨碍这个小世界。这样的逻辑的风险在于,有可能把社会学家凝固成一种英雄姿态——指向布迪厄的批评,一开始往往被宣布为企图保护自己特权的人们的心声。

想要挫败暗中操纵者的这种意志,最近引导布迪厄去开拓在他以前的系统研究中探索不够的领域。他的《论电视》一书就属于这种情况,虽然他所做的"电视的研究成果"得到肯定,但也受到严厉批评,因为他对媒体方面诸多社会学研究工作毫无所知,而且缺乏经验支持。

然而,面对布迪厄通常摆出的一大堆数据和所采用的研究方法和手段,人们很难对他进行这种指责。例如在《国家精英》一书中,他就使用了统计调查、民意测验、高质量的访谈、长篇论说、机关单位的记录、讣告等资料。布迪厄实际上是在捍卫高标准的科学社会学概念,这也是他在理论建构和经验验证之间反复探询之后收获的果实,是他在 1968 年与让－克洛德·尚博勒东(Jean-Claude Chamboredon)和帕瑟龙合写的《社会学家的职业》一书中发展的概念。顺便提一句,随着时间推移,他对方法论的选择是有变化的。他的《世界的苦难》一书就是建立在访谈录的基础之上,在访谈中调查者和被调查者之间进行的是"普通谈话"。在有些人看来,这种方法具有明显的偏差:把课题强加于人、定向回答等(参见 N. 马耶尔(N. Mayer),《布迪厄式的访谈》,载于《法国社会学杂志》(*Revue Française de sociologie*),第 XXXVI 期,1995 年)。

但无论怎样,不管是就社会学而言,还是就人文科学的总体而言,布迪厄的著作在辩论中都占据中心位置。这样的权威取决于好几种因素。首先,他进入社会后台揭露内幕(教育的不平等、决定文化兴趣的因素……)是很具吸引力和挑战性的。无论从动用各种科技手段来看,还是从概念创新来看,布迪厄都是一位改革创新者：惯习、场域、区隔、符号暴力这一系列概念都深深地改变了社会分析。

更广泛地说，布迪厄研究的力度毫无疑问构成了一个既丰富又统一的理论图式，这个图式的基础是在各个领域综合各种理论渊源：马克思（支配关系）、韦伯（行动者对自己的行动所赋予的意义及合法性概念）、迪尔凯姆（社会学方法）、加斯东·巴舍拉尔（Gaston Bachelard）（对象的建构）、凡勃伦（炫耀式消费）、约翰·奥斯汀（John Austin）（语言的功能），当然还有埃利亚斯、戈夫曼、巴兹尔·拜尔斯坦（Basil Berstein）、埃马努埃尔·康德（Emmanuel Kant）、列维-斯特劳斯、维特根斯坦……布迪厄很会把各种影响融合到一起来建立一个严密的系统，他自己在《区隔》中曾把这个系统概括为一个方程式：（惯习）+（资本）+场域=实践。

真的什么也没变吗？

布迪厄的社会学的中心主张是：社会游戏是再生产个体和群体之间支配关系的一部庞大机器。洛朗·姆齐艾利（Laurent Mucchielli）虽然承认这一理论描述了部分真相，但他还是提出了一个简单的问题[1]：假如全部实践都转向同类再生产这一目的，那么社会变化又该作何解释呢？就拿男人对女人的支配为例，布迪厄1998年出版的最新著作就是谈的这个主题。

假如一切都是为了使这种支配永远继续下去，那么又该怎样理解妇女权利在法国发展到如此地步？怎样理解妇女获得选举权（1944）、男女混合学校（1959）、废除丈夫监护（1965）、夫妻双方的家长权利（1970）、协议离婚（1975）、流产自由化（1975）、对强奸惩治力度加大（1980）、职业面前男女平等（1983）、夫妻平等管理家产（1984）、政治平等（1999）？姆齐艾利认为"从权利上看，男人的支配权实际上已经被打破"，尽管实践的步子还未立即跟上。面对如此之大的社会结构深刻变化，社会惯习总是转向对既成关系的再生产这一思想就显得有些不足。按照姆齐艾利的说法，布迪厄的社会学是十足的"物种不变论"，根本无法描述社会结构的深刻变化。它在政治方面不能把保卫最受压迫者理论化，因为支配者的地位还值得商榷。布迪厄的社会学不能解释在一个完全内在化的社会体系中，行动者怎样才能改变地位并产生出新的惯习。

1. L. Mucchielli,《布迪厄与社会变革》，载于《经济抉择》，第175期，1999年11月。

布迪厄的社会空间

布迪厄把社会描绘成一个二维空间（见下页图）。竖向表示个人支配的资源总量，横向（从左到右）指的是资源在经济资本（财产、收入）和文化资本（文凭、知识）之间的分布。每种社会地位都与其生活品位相对应。以下是三个理想型。

支配阶级，或"与众不同感"

45 岁的 S 是出身于巴黎大资产阶级家庭的律师之子，本人也是律师。他对那些"买东西只是为了给别人看的人感到很恼火"。他的唱片中有很多是巴赫的大合唱、弥撒曲和安魂曲。他爱喝美酒，一瓶好酒是"不能随便跟什么人一起喝的，它需要一个神圣礼典"。

中产阶级，或"文化诚意"

25 岁的伊丽莎白是名护士。她买了一部两匹马力的旧车。她制作搪瓷并参加形体训练。她还参加考古发掘。她不喜欢那些"没有激情"、"过分依存于物质满足"的"空虚"的人。她喜欢巴赫、贝多芬、莱昂·费雷（Léon Ferré）、雅克·布雷尔（Jacques Brel）、弗朗索瓦兹·萨冈（Françoise Sagan）、鲍里斯·维安（Boris Vian）。

大众阶级，或"必须选择"

61 岁的 L 是法国国营铁路公司的工头，在格勒诺布尔市住的是低租金住房。他家中没有小摆设，家"又不是博物馆"。房间中的物品都是"有用"的。买酒就去家乐福，"那儿比其他地方便宜"。度假的时候他喜欢采收贝壳、蘑菇、蜗牛。他爱在电视上看踢足球，对"政治那玩意儿"不感兴趣。

布迪厄著述分类简介

社会学理论

- 《社会学家的职业》（Le Métier de sociologue），认识论前提，与尚博勒东、帕瑟龙合著，穆顿出版社，1968 年。
- 《区隔》（La Distinction: Critique sociale du jugement），午夜出版社，1979 年："兴趣和颜色"（艺术、休闲以及消费）方面的判断决定于社会性。
- 《实践的感觉》（Le Sens pratique），午夜出版社，1980 年。
- 《帕斯卡式沉思：非实证哲学基本原理》（Méditations pascaliennes: Eléments pour une philosophie négative），瑟依出版社，1997 年。
- 《社会学问题》（Questions de sociologie），午夜出版社，1980。

总资本 +

权力场域

钢琴　桥牌
高尔夫
自由职业
大学教授　　象棋　威士忌　网球　滑水　　　　　骑马
　　　　　　　　　　　　　　　　　　　　　　　香槟酒
　　　　　　　　　　　　　　　　　　　　工
　　　　　　　　　　　　　　　　　　　　商
　　　　　　私营管理人员　　　　　　　　企
　　　　　　　　　工程师　组字游戏　　　业　打猎
艺　　　　　　　　　　　　舢板　　　　　主
术　中学教师　登山　公务员
家　　　　　　步行　　　游泳
　　　　　　骑车旅游　　矿泉水

　　　　　　　　　社会医疗服务

　　　　　　吉他
　　中间文化　形体训练

　　　　　　　　商务
　　　　　　　　中级干部

　　　　　　　　　轻歌剧
　　　　　　　　　技术员
　　小学教师
　　　　　行政
　　　　　中级干部
　　　　　　　　商业职员　　　　　小
　　　　　办公室　　　　　　　　　手　滚球游戏
　　　　　职员　　钓鱼　　　　　　工　佩诺茴香酒
　　　　　　　　　　　　　　　　　业　汽酒
　　　　　　　　工段长　啤酒　　　者

　　　　　技术工人

　　　　　　贝洛特　足球　　　手风琴
　　　　　　　纸牌
　　　　　普通工人
　　　　　　　　　　普通红酒
　　　　　　　小工
　　　　　　　　农业工人

文化资本 + 经济资本 −　　　　　　　　　　　　　　　　　　文化资本 − 经济资本 +

总资本 −

资料来源：《区隔》，午夜出版社1979年，所用资料为六七十年代的数据。

- 《言说》(*Choses dites*)，午夜出版社，1987年。
- 《回答：为了反思人类学》(*Réponse: Pour une anthropologie réflexive*)（与华康德合著），瑟依出版社，1992年。
- 《实践理性：关于行动理论》(*Raisons pratique: Sur la théorie de l'action*)，瑟依出版社，1994年。

教育、知识分子和精英

- 《继承者：大学生与文化》(*Les Héritiers: Les étudiants et la culture*)（与帕瑟龙合著），午夜出版社，1964年：对大学生的调查，表明文化遗产决定了学校教育的不平等。"天才意识"用于掩盖这些不平等并使其合法化。
- 《学术人》(*Homo Academicus*)，午夜出版社，1984年：大学界的社会学。
- 《海德格尔的政治本体论》(*L'Ontologie politique de Martin Heidegger*)，午夜出版社，1988年。
- 《再生产》(*La Reproduction*)，教育系统理论（与帕瑟龙合著），午夜出版社，1970年：学校的运转如同一台社会关系再生产的机器。
- 《国家精英》(*La Noblesse d'Etat*)，名牌大学与集体精神，午夜出版社，1989年：透过多棱镜观看精英和支配的社会学（会考冠军、名牌大学、企业主）。

艺术文化场域

- 《中级艺术》(*Un art moyen*)，论摄影的社会应用（与博尔坦斯基、卡斯特尔、尚博勒东合著），午夜出版社，1964年，参见第151页专栏。
- 《热爱艺术》(*L'Amour de l'art*)，欧洲艺术博物馆及其参观者（合著），午夜出版社，1966年：受过良好教育的阶层比其他阶层去博物馆的次数多。大众阶级没有掌握理解艺术作品的密码。
- 《艺术规则》(*Les règles de l'art*)。文学场域的源头和结构，瑟依出版社，1992年：作者透过福楼拜的形象把现代形象的作家和艺术家描写成有创造力的独立个体。
- 《自由交流》(*Libre échange*)（合著），瑟依出版社，1994年。

言语

《言语的意味》(*Ce que parler veut dire*)，语言交流的经济性，法亚尔出版社，1982年：语言作为区隔标志和权力工具。

媒体

《关于电视》(*Sur la télévision*)，利贝尔出版社，1996年，出自在法兰西学院所做的两次讲座，不是研究工作，更像评论，把布迪厄理论应用到报业和媒体场域。

资料数据

- 《世界的苦难》(*La Misère du monde*)，瑟依出版社，1993 年，以专题访谈形式对社会苦难所进行的集体调查。被调查的人有：工人、移民、守门人、警察、社会工作者、话剧演员、大学生、记者、教师、民族阵线活跃分子、商人……
- 《男性支配》(*La Domination masculine*)，瑟依出版社，1998 年。
- 《经济的社会结构》(*Les structures sociales de l'économi e*)，瑟依出版社，2000 年，试图通过 80 年代末个人房产市场这一特别对象来概述经济社会学。

对布迪厄社会学的分析和评论

- A. 阿卡尔多 (A. Accardo) 和 P. 柯尔库夫 (P. Corcuff)，《布迪厄的社会学》(*La sociologie de P. Bourdieu*)，文选及评论，马斯卡雷出版社，1986 年。
- P. 保纳维兹 (P. Bonnewitz)，《布迪厄社会学入门》(*Premières leçons sur la sociologie de P. Bourdieu*)，大学出版社，1998 年。
- L. 平托 (L. Pinto)，《布迪厄和社会世界理论》(*Pierre Bourdieu et la thérorie du monde social*)，阿尔邦·米歇尔出版社，1998 年。
- B. 拉伊尔 (B. Lahir) 主编，《布迪厄的社会学工作，债务与批评》(*Le travail sociologique de Pierre Bourdieu. Dettes et critiques*)，发现出版社，1999 年。
- J.–C. 帕瑟龙 (J.-C Passeron)，《社会学理性》(*Le Raisonnement sociologique*)，纳坦出版社，1991 年。
- J.-C. 帕瑟龙 (J.-C. Passeron) 和 C. 格里尼翁 (C. Grignon)，《学者与大众》(*Le Savant et le Populaire*)，社会学和文学中的悲惨主义和民众主义，社会科学高等研究学院 / 伽利马 / 瑟依出版社，1989 年。
- J. 韦尔代·勒鲁 (J. Verdès-Leroux)，《学者和政治》(*Le savant et la politique*)，试论布迪厄的社会学恐怖主义，格拉塞出版社，1998 年。

布迪厄创造的术语

资本（Capital）：生活中重要的并非只是金钱。在布迪厄看来，文化资本（文凭、知识、礼貌风度）和社会资本（关系网）在很多情况下比经济资本要更加有用。

场域（Champ）：大学场域、记者场域、文学场域……这一个个"小世界"相当于一个个社会类别，是支配和冲突的空间。一个场域就像一篮子螃蟹。但每个场域又相当独立并有自己的规则。就像一盘象棋那样是力量的争斗场域，个体在其中依照各自的地位行动。

区隔 (Distinction)：要与众不同，就得培养差别。例如资产阶级区隔的艺术就是要不动声色地反对暴发户的炫耀和庸俗从而表现出与之有别。区隔是社会游戏的中心，区隔是我们以下行为的发动机：文化、教育、休闲娱乐、烹饪、言语……

惯习 (Habitus)：打网球、登山、爵士乐、吃中餐、文化旅游活动和阅读大众杂志，这些活动特别多见于中等知识阶层。这些活动总体来说描绘出一种惯习，也就是由我们的社会地位所决定的我们用以观察世界并在其中行动的标准。惯习表现为生活品位，但也可表现在（政治的、道德的、审美的）价值判断上。它不仅仅是一套标准，它同时也是进行创造和发展策略的行动方法。

符号暴力 (Violence symbolique)：这是对人们的头脑微妙地进行严加管教。符号暴力的意思是使人们的思想潜移默化地接受主流表象（主张）。是制度发展了符号暴力，是权力效应在支持它。例如在布迪厄看来，学校传授书本文化知识（支配阶级的标准），就是对大众阶级施加的一种符号暴力。

惯习：从迪尔凯姆到布迪厄

迪尔凯姆使用"惯习"这个概念时，指的是与世界非常紧密且持久的关系；他提及这个概念，涉及两种特定情境：各种"传统社会"和"寄宿学校制度"。

同样是为了掌握传统社会（阿尔及利亚山区卡比利亚群体）的运作，布迪厄更新了"惯习"概念的现实意义。在同质特点如此突出的社会环境里，个体的行为表现模式是一致的，也是稳定的。

寄宿学校，是寄宿地点兼学校，学生被圈在里面；这是戈夫曼心目中一个真正完整的机构。"寄宿学校机构"这个尚未分化的社区模型缩影，其独创性与独特性在于：它存在于高度分化的社会里。如同传统的各种社会团体，寄宿学校这个机构的特征是行动者人数有限，而且在生活中的方方面面，始终仅限于这些行动者相互之间频频互动；然而在校外，生活的方方面面更经常是，在不同的地点与不同的行动者交往（在我们的职业生活、游戏活动、家庭生活、体育活动、宗教活动中……习惯上，我们被引导跟各类分化的行动者交往、去分化的地点活动）。

相反，对于行动者跟外部世界（及外来的价值观）接触，寄宿学校这个机构必须进行斗争反对；寄宿学校包括两大类型的行动者：该机构做组织工作的那部分人，以及承受社会化程序的另一部分人。因此，这整个机构自成一个世界，这个世界以"完整的"并且是独一无二的形象，呈现在被社会区分开的框架里。

第三节　主体社会运动
——图雷纳访谈录

图雷纳

阿兰·图雷纳（Alain Touraine）试图确定既能调和主体与集体、又能调和理智与情感的社会轮廓，真是雄才大略……

《人文科学》记者：你被公认为是社会运动、特别是工人运动的分析专家。在你新近出版的两本书中你谈论的是政治哲学的主体，与你先前的那些更加经验性著作相比有点突变。

图雷纳：我不认为在我进行的调查和我进行的思考工作之间存在突变，因为我一直感到既需要用实地研究来表达我自己，也需要用理论思考来表达。而且我觉得一个社会学家的思考不能只以自己研究的领域为出发点。不过今天我对突变比对连续性更加敏感。

实际上，有好几次社会与政治突变对我影响都很大。首先是战后社会政治模式的枯竭。我们这一代人中的许多人都经历过非常进步的模式，或是信仰世界革命，或是信仰工业效益，或是二者都信仰。

而后就发生了68年的五月突变，还有更深刻的变化就是从1975年开始的世界局势的全面倒转，法国也是如此。1981—1984年这一阶段对我个人来说是一个打击，那时上台的政权模式的不适应性立即显现出来。政府的特点尤其表现为古老陈旧、中央集权和宗派主义。

我本人属于左派，可是我却在那时上台的左派中认不出自己。那时我感到极度不安，而且那个时期我一直待在南美，这使我有机会完成以这个地区为内容的著作《话与血》。

记者：这些突变对你个人的思想有什么影响？

图雷纳：我生活中的重大转变围绕"主体"这个概念而发生。我一直都是一个"反社会学主义者"，我在20年前一篇揭露错误的文章里写过"怎样放弃社会概念"，那种错误把社会只看成是一种承担具体功能的系统。但在与这种探讨相对立的反模式的问题上我则有所变化。起先我信仰马克思主义化的黑格尔主义，看重社会运动的力量。由于世界是静止不动的，所以我们曾想用理智、技术和进步来改变世界使国民得到解放。可是现在我虽然没有放弃工业观点，但自1968年以来我已不再相信知识的进步与个体解放相辅而行。

记者：你当时面对这种幻灭的反应是什么？

图雷纳：利奥塔说得很对，"宏大叙事寿终正寝了"。这个唯意志论观念破灭之后，在这个已经大大变动的世界里，人们被引向寻找没有进化论意义的新原则。这是一个已不再受宗教和社会传统支配的世界，是一个被媒体、技术、市场压得不堪重负的世界，一个被所动用的符号、信息、财物和服务行业充斥的世界。自从没有了集体解放的宏大叙事以来，要做的大事就是把自己的个人生活写成叙事文，写出生活的故事。我常常有这样一种感觉，人们在社会和政治里寻找帕斯卡式的消遣，从而忽视了本质的东西。而本质的东西就是要使你的生活真正成为你自己建构的存在，而不仅仅是屈从于一系列社会决定论。因此我深信，当今可以想到的社会运动，除了集中保卫主体之外没有别的。但是与某些社会学倾向相反，我没有把主体看成知谋略会算计的个人，而是要重新建构不属于谋略范畴的东西，它能把主体独立与他人关系结合在一起。由于要研究的是行动的意义而不是语言的意义，所以我把主体放在主体间性之前。

我对主体所进行的大量思考已经持续了多年，大部分是由于我妻子得了重病而引发的思考。在直到她去世前长达六年的时间里，都是这件事在决定我的生活方向。我从心理上转向了私人生活,同时为了承受它我又不得不思考我的生活并使之适应这种局面。这时我才从我妻子身上真正发现了主体概念,她就是一个出色的主体。

总之,我把我的知识分子生涯概括为如下几个连续阶段:在头三分之一的时间里我高举着工业化和工人运动的大旗。在第二个三分之一的时间里,我尤其对社会运动感兴趣;在最后一个三分之一的时间里,我转向对主体的理解。

记者:现代性与你的主体之间有何联系?

图雷纳:我在《什么是现代性?》(*Qu'est-ce que la modernité?*)这本书中想要说明的正是这种联系。与许多人的想法相反,现代性并不只是理性,也不仅仅是世俗化,而是主体与自然的分离。过去传统确认世界是理性的且方向明确,因为有一个既懂数学又懂建筑也懂大地测量的上帝存在,所以主体人和自然混在一起。可是有一些被人们称作奥古斯丁教信奉者的思想家,反对这种力求把一切都简化为理性的单一化倾向。他们对自然秩序和主体秩序加以区分。这些思想家中有路德、笛卡尔、洛克,以及像格劳秀斯这样的天赋权利理论家。《人权宣言》也属于这一潮流。我心目中最伟大的人物是笛卡尔,他肯定了躯体与精神、欲念与理性之间的二元二重性。上午笛卡尔还在搞数学,可是下午他却在向公主们提出性学方面的建议……

现代性与这种观念背道而驰;这种观念同时断言,自然应被理解为与主体无关,还断言主体不是自然,而纯粹是意识。具体地说,理性与主体之间的这种基本二元性,意味着公众生活与私人生活的分离。你生活在现代世界,除了你的社会角色之外,你同样有权拥有自己的想象领域、性生活、自己的意见。谁都不会把大家只朝唯一一个方向前进的社会叫做现代社会。

记者:在你看来是不是现代性只有功德?

图雷纳:不,恰恰不是。有一个危险,那就是主体坚定地信守集体记忆,坚决捍卫认同。我始终对"个性"这个概念持批评态度,尤其是在它被用来建立宗教完整保存传统主义所鼓吹的新社区政权的情况下。我们所生活的世界不仅仅是一个主体与自然实证地分离的世界,也是一个被专家治国的世界和社区的世界这样的或然问题弄得无所适从的世界。现在我给主体下的定义不是对立中的一个要素(一方是主体,另一方是理智),而是两个拒绝和一个决定的具体表现。

一方面拒绝专家治国的权力，拒绝泰勒主义意义上的理性化；另一方面拒绝社区权力；同时，萦绕在我脑际的是认同。因为任何主体都既是世界性的，同时也是社区性的。

成为主体就是在二者之间建立关系，就是力图使躯体和精神并存、躯体和理智并存、冲动和理智并存，就是在自我陶醉的召唤下表现自我，赋予生存以意义，并通过与他人的联系承认他人也是主体。

记者：把归属世界和扎根共同体综合到一块，"把自己的生活变成叙事文"，"承认他人也是主体"，这些是不是有点理想主义空谈的味道？

图雷纳：我不这样认为。移民在我眼中就是一个现代性的象征形象，因为移民恰好能把对自己原籍社区以及认同的眷恋和进入技术及市场世界这二者相结合。年轻的移民比某些年轻的法国人更容易把自己的生活写成故事。法国最贫穷阶层的社会分化之所以是悲剧性的，恰恰是因为他们缺乏使自己成为主体的刺激物，从而也就丧失了自己的社会角色。

我曾说过我们应该更多一点像犹太人，因为犹太人在理智的普遍概念与传统、家庭特殊性相结合方面做得最成功。想方设法要灭绝他们这一事实，一点也没有改变他们在内在性与外在性相结合上所取得的成功。目前，我是"最高整合委员会"（le Haut Conseil à l'intégration）的成员，我想说服该委员会的成员让他们放弃使用"整合"一词，而代之以"承认他人"。民主社会是承认他人的社会，不是承认他们的不同点，而是承认他们是主体，在工作上是主体，也就是把普遍性与特殊性相结合。

记者：如果我没理解错的话，你所谈论的主体不再是集体行动者，而是个体。

图雷纳：我从来没有说过也从来没有写过主体就是个体。但就个体而言，成为主体就意味着具有成为行动者的愿望，也就是说要改变环境而不是由环境来决定。疑问之处在于个体化，不想成为系统中受人摆布的人、成为命运由社会等级和宣传主宰的人。

这种想法并不新鲜，有关工人运动的文章一直都在明说集体行动是为了使人类更加自由、更加独立、更加幸福。没有任何人会觉得，为了每个人都有汤喝并看到自己的孩子成长而动员成百万人是可鄙的。

记者：现在你能否具体说一下你在《什么是民主？》中想要传达的意思？

图雷纳：我想表明，民主是一整套能使每个人把下述两方面结合起来以主体行事的制度条款：使自己的生命有意义并承认他人，其实这就相当于公民权。争取权利，即限制政权并减少事实上的不平等，权利的实现只能采用否定方式，否定负面自由。这的确与从马基雅维利到帕森斯的社会科学思想背道而驰，在他们那里，压倒个人的是社会功利和共同财产。我想，这样的道德标准应该控制社会组织。

社会行动的社会学家

透过对工人劳动和工业生产转变的分析，接着又透过对当代社会运动突生（émergence）的分析，图雷纳试图说明社会如何成为构成社会的个体和群体所进行的社会行动的产物——人是其历史的生产者。

他生于 1925 年，是被普遍称为"行为主义"社会学派的创始人和领袖。身为社会科学高等研究学院研究部主任，他发表的诸多著作可以分为以下几类：

劳动和后工业社会社会学

图雷纳最初的著作内容是对工业劳动及其历史演变（先向机械化、然后向自动化的过渡）进行分析。他研究了工人的招募形式以及工人对生产组织变化的意识。他从 1969 年起就发现了工业社会向以掌握知识和信息为基础的"后工业社会"的过渡。

- 《雷诺汽车厂工人劳动的演变》(*L'Evolution du travail ouvrier aux usines Renault*, 1955)
- 《后工业社会》(*La Société postindustriell*, 1969)
- 《工人运动》(*Le Mouvement ouvrie*, 1984, 合著)

社会学和社会理论

在他的理论著作中，他发展了自己的社会学分析见解。他的社会学分析树立在以下两个支柱上：一个是概念工具（历史行动系统、制度系统、社会运动、主体等），一个是预先假设：社会是有组织的个体和群体进行的社会行动的产物。图雷纳的主张在社会行动者这个概念上发生了一点变化：长期以来他一直把社会行动者看成是具有"历史性"的集体运动，但从 1984 年发表《行动者反向折回》(*Le Retour de l'acteur*) 开始，社会行动者更趋于被看做是寻求意义的个人主体。

- 《行动社会学》(*Sociologie de l'action*, 1965)

- 《社会生产》(*Production de la société*, 1973)
- 《声音与目光》(*La voix et le Regard*, 1978)
- 《什么是民主？》(*Qu'est-ce que la démocratie?*, 1994)
- 《我们能一起生活吗？》(*Pourrons-nous vivre ensemble?*, 1997)

对新兴社会运动的经验调查

这些都是社会运动研究中心（CEMS）以及后来的社会学干预分析中心（CADIS）进行的研究工作。这两个中心是图雷纳于1970年和1981年分别创立的实验室，目的在于认识和分析蕴涵着集体动员新形式和社会计划的社会运动（68年五月风暴、环保主义运动、团结……）。这些研究实行了由图雷纳及其团队锻造的社会学干预方法；这是参与观察的一种特别形式，通过参与观察，社会学家可以帮助行动者更好地理解自己的运动的意义。

- 《空想共产主义：68年五月运动》(*Le communisme utopique: le mouvement de mai 68*, 1968)
- 《反核预言》(*La Prophétie antinucléair*, 1981, 合著)
- 《团结》(*Solidarité*), 1982, 合著)

有关拉丁美洲的著作

- 《人民智利的生与死》(*Vie et mort du Chili Populaire*, 1973)
- 《话与血》(*La Parole et le Sang*, 1988)
- 《拉丁美洲的社会与政治》(*Politique et société en Amérique latine*, 1988)

第四节 行动者们的游戏与变革动力学
——克罗齐耶访谈录

克罗齐耶

克罗齐耶（Michel Crozier）认为，社会也好，精英也好，都没有陷入僵局。领导者们仍旧以为改革是由上面规定下来的。必须学会用别的方式进行领导，还得依靠社会，才能促使社会发生变革……

《人文科学》记者：你曾是最早赞同"行动者居于中心地位"这一社会学观念的人之一。如今，几乎所有的社会学家都在使用"行动者"或"策略"概念。但由于普遍使用，造成其概念的内容有些微丢失。你能确切说明你对行动者的构想吗？

克罗齐耶：我奋力将"行动者"这一概念用于对社会现象进行关键性分析的那个时期，正是决定论占主导地位。那时非常流行的见解是把人们视为"能动者"，即受一些莫名其妙力量支配的玩偶，而不把人们当成他们自己主动行动的主体。身为经验论社会学家，我当然发现人们受到约束，但也发现人们可以运用他们的自由度作出选择，制定策略。

"行动者"这一概念是根本性的，但难题不是使行动者反对决定论。拿一个个体选择文学或科学生涯方向为例。由于他出身的阶层、他的资源等，他准是在一个受约束的天地里发展自己；但他同样明显地掌握着自主度，人们只要留意观察各式各样的人生轨迹，观察现存社会移动的种种现象，就可得知这一点。其实在我们这样的社会里，这种自主度正在加大。涉及选择学科也罢，选择朋友或选择配偶也罢，人们从未有过如此多的自由选择。有各种出路摆在人们面前。

记者：人们知道，你十分重视权力关系，以及各人"捍卫自己的地盘"。这是否等于说，在组织过程中，人们主要操心的是权力，以及保存自主权？

克罗齐耶：我认为这是个假问题。个体想要解决的问题是："我要怎样显示自己？"为了生存，为了在工作中以一个行动者的姿态进行参与，必须表现自己，必须与别人一道工作，还得合作。这种合作必然使权力游戏干预进来。权力具有人类一切关系的特性，在工作中与在学校或在家里都一样。即使你持有完全彻底的利他主义人生观，即使你致力于人道主义活动，单是你的行为的效益这么一个简单的问题，就会使权力问题干预进来。这并不意味着权力就是唯一或主要的人类动因。在处理这些权力关系时，只有某些人会疏远别人，径直采取方法以达到目的。问题不在于否认权力在场，而是要知道如何应对人类关系中的权力在场。

记者：人们读你的书《智者的危机》时，发现你的每篇论述都重复出现这个主调：在法国式的官僚主义指挥部里，行动者们总是被遗忘。

克罗齐耶：这本书的确是根据严肃的客观总结报告写成的，是有关法国政体和法国领导层灾难性错误的总结报告。措辞准是夸张了，但我是有意夸张，为的是引起震撼并激起反响。针对法国改革屡次失败，书里表达了不抱幻想的见解。

我的理由是，领导们不懂得改革。精英们接受过的培训，是制订预制的现成解决办法、制订理性行动计划。他们仍想自上而下地强制推行重大的改革和小小的措施。然而，变革采取这种方式已不适应我们今天这个世界，这有以下两点理由。

一方面，我们生活在一个复杂多变的世界中，在这个世界里，经常不断地进行革新是最重要的。这就意味着，必须以社会行动者之间经常不断的互动为前提，以便及时发现并追查各种症结，鼓励首创精神，提出符合特定形势的答案。假如没有相关的全体行动者的参与，不可能做到这一点。另一方面，从民主政治的角度看，领导层的作用不是自上而下地改革，不是强加于人，也不是把事先确定好的解决方案提出来；而是投资，旨在使体系在结构上发生深刻变化。我们的这些不大可能出现的"透明度"。其主要目的与其说是为大家调停,倒不如说是为了共同发现症结。

另一些更有戏剧性的事例,是最近发生的变化。法国航空公司的情况也意味深长,那里有一些社会学家直接介入,把中断的对话重又建立起来。工薪阶层之所以有80%的人接受了克里斯蒂安·勃朗的复兴计划,是因为实施了倾听规程,而且全体职工已经了解,人家终于肯听他们表达诉求了。这项计划针对的不只是工薪阶层,要他们承担危机的后果,而是强行对企业管理进行全面整顿。

在各种情况下都应采用这同一办法,以倾听行动者、交换意见、磋商为基本原则,而非简单地去执行指挥中心机构少数几个人所炮制的秘诀。

记者:你认为有可能推广这些办法吗?

克罗齐耶:当然有可能!法国社会并未陷入僵局,陷入僵局的是其政治-行政体制。要使社会结构深刻变化的基础牢固,要推动变革,必须实行思想体制改革。具体来说,这需要用新办法培养精英领导班子。问题不在于甩掉现任领导人,但他们应当学习,以便成为交涉、倾听、组织交流活动、促进变革积极性的能手,并不要求他们能提出现成的解决方案。国家,更确切地说,国家领导层,是最落后的,所以改革首先应当从(上层)自己做起。

组织与权力社会学家

克罗齐耶生于1922年,在法国本土之外也拥有阅听人,这在法国社会学家里屈指可数。他是组织社会学中心的缔造人,伦理与政治科学研究院成员,曾在几所美国大学任教,主要在哈佛和加利福尼亚大学。他是"策略分析"之父,该术语既表示特定的社会学学派,也表示组织分析法。他的著述可以分为以下几个阶段。

他最初的实地调查,力求使人们了解科层制系统的功能(及功能障碍):在《科层制现象》(*Le Phénomène bureaucratique*, 1963)里,他把两个公共组织——邮政支票巴黎经销处和烟草及火柴专卖公司——隐秘的机构大白于天下。在这两个公共组织里,权力关系似乎是组织结构的主要因素,但却根本不符合组织机构图表,而是有赖于不言明的资料,主要是控制那些"不确定区域的资料"。因而,在烟草及火柴专卖公司,从事生产的工人与维修工人之间有着循环往复的冲突,主要发生在不确定区域的控制过程中,而机器故障则是不确定区域的成因。克罗齐用这类生硬的言辞。建立一种对话,使对立观点及实质性症结得以暴露,这样交换意见进行交涉,就会迎来大好机运,迎来创新的行为表现。这种办法已经开始采用了,例如在新喀里多尼亚的敌对者之间就采用了,虽然他们原先似乎站在不可调和的立场上。如果只满足于征求意见、随后推出自上而下的解决方案、依据不可能出现的所谓"全体共同利益"布置下来的解决方案,那就不可能获得共识。构建共识,必须从各个层面的负责人进行商议着手。瑞士就是这样做的,还有日本。在这些国家,共识不是文化资料,而是经过众多决策机构交换意见并反复磋商后的一种建构。

记者:你能举出一个成功地进行这么完善变革的事例吗?

克罗齐耶:1987—1988年间,我们和一组社会学家到法国国营铁路公司机务段参与调解。机务段这个部门,指的是火车职员、驾驶员、乘务员,以及他们的工作环境,共约2万人。调解发生在86—87年大罢工之后,情势危机。当时铁路职工同他们的领导之间完全陷入僵持状态。我们先对人员进行一次调查。不是采取民意调查方式,而是借助于深入的高质量访谈,从机务段这个难度最大的部门开始。进行访谈时,列车乘务员的话题被引导过来,他们确切讲明了他们怎样生活、怎样工作,他们遇到了什么难题……问题不在于把他们对领导、对头头们的意见简单地收录下来……通过这些交谈,我们理出好几个重大症结,这与那些老生常谈毫无共同之处,而工会和当权者一样则总是那老一套。我们尤其得以发现,列车乘务员不满意于仿佛"列车人员值班表"是强加给他们的。列车人员值班表对他们的作息时间、他们的周末作出规定。这份值班表归指挥中心经管,通过一道道科层规程制定下来,列车人员对其毫无办法。他们觉得对此无能为力,他们感到不被理解,甚至备受盲目的领导的轻视。这些列车乘务员倒是与周围的干部保持不尽相同的联系。奇怪的是,工会为这些工薪阶层所申明的合理要求只居于次要位置。因此,必须把管理体系移交给调车指挥范围更大、并在制订列车人员值班表方面承担一部分责任的地方负责人。要实现变革,务必做到:社会学家跟互相对立的两派一起,当面再现他们每一派处境的原委、围绕实质问题进行对话、多次反复商议并举行讨论会。例如,经过协商,安排列车人员值班表的信息技术负责人,已经能够接纳更改意见;而更改列车人员值班表则是早先没有预想到的,何况一开始从技术角度看甚至似乎是不可思议的。由此机务段部门也出现了新气象。倾听和磋商的目的不是删除冲突,也不是制造全都可以应对自如。他们以为，假使他们提不出全面行之有效的解决方案，似乎就失去了他们的合法性。实际上，决策者们的职能应该是学着换成另一种方式实施管理。国立行政学校或巴黎综合工科大学，是造就优秀智囊的学校，是应对任何难题都游刃有余的智囊。在我们国家，蔑视集体性工作、蔑视跑腿传信和交涉工作，已经到了很严重的地步。我觉得，变革的逻辑应该依靠两个主要条件：首先得听，然后得磋商。准备、设定一项决定，离不开酝酿、确定议题、磋商并提出相应措施的阶段——

记者：不过，人们觉得那些负责人都花了许多时间去倾听、去征求意见。难道这不表明，真的去倾听，有可能挫伤一部分积极性吗？

克罗齐耶：人们所说的"倾听"，往往指的是官方代表做的民意调查和征求意见。这是对真正的倾听进行歪曲的两种形式。

民意调查就是搜集很抽象的、一般的意见，这是一种很虚假的方法。应该提供表达意见的条件。有人认为，不接触实际工作的人们，脑子里才会想着、心里才会惦记着所发生的一切事情，这是一种错误的看法。倾听，意味着把深入的高质量访谈安排到位。若是要求人们探究具体问题，人们就会集中全力、认真思考、深入描述并分析自己所处的环境，他们就不会仅仅是提出诉求及一般的意见。

倾听，也不限于只征求官方搭档，像工会、联谊会、代表们的意见。为了获得高级技术合格证书，为了获得大学工艺研究所文凭，行业间互济事业中心提出了一些荒谬的措施调动了年轻人，而应工会的明确要求，那些措施竟然也被采用了！在国民教育方面，开会时确定教学大纲，与会人员是教师界各团体的代表。每次会议都会制定精简课程的目标并缩减课时，但每个人都想捍卫自己的领地，最后的结果仍是保留原有负担过重的大纲。每当该改革的时候，各个学科之间的利益相互对立，以至于想要进行任何革新都会受到障碍。

记者：如何克服这些障碍？

克罗齐耶：倾听之后，应该磋商。法国人不善于磋商，也就是不善于选定解决方案。这是社会结构深刻变化的全部艺术，一门棘手的艺术。磋商，既不是把专断的解决方案强加于人，也不是屈从每个人的愿望。它意味着把相关的那些人牵扯进去，意味着把问题摆到桌面上，还意味着创造对话的各种条件。要变革，必须容许不使用政治宣传的生硬言辞来表达；可惜每个人为谨慎起见，都惯于使负责人在改革中失败了,因为在筹划社会结构深刻变化的方式上,他们既没有眼光,也不具备手段。

记者:你能举个例子吗?

克罗齐耶:国民教育就很能说明问题。国民教育是在永无休止的"蛙虫空喊改革"的氛围中生存的。每一位走马上任的新部长,随身都带有装着改革方案的大背包。这些改革方案要么导致冲突并被遗弃,要么虽然表面上重新安排一番,但对实质上的症结却是无能为力。法国的学校改革史,也是一部纷至沓来的令人沮丧的历史。

学校经历了深重的潜在危机。这一潜在危机来自对其目的性的质疑。青年人寻思学习有什么用,固然他们应该继续学下去,才不致被排除在劳动市场之外。教师们琢磨他们真正的使命是什么。行政机构仅限于经营一个庞大的部门:仅限于改动课程表、重新编排课程或划分班组、有时更换教学大纲,但远谈不上真正解决深重的潜在危机。我们的学校在本质上依然保留有朱尔·费里体制(Jules Ferry, 1832—1893,律师,法国政界人物,曾任公共教育部长,改革小学教育,为公共教育改革采取了重要措施:把教育与宗教分离、明确了小学免费义务教育的性质、把国立中学教育扩大到女性青少年范围。——译者注)的特征。该制度建立于19世纪,为的是跟上当时的工业发展;显然它对付不了21世纪的挑战,也无法满足学生和教师的期望。要在当今社会生存所需求的自主能力、沟通能力、行动能力与创新能力,均未得到施展。此外,教育机构和教师本身也都被十分僵化的制度束缚住了。学校不停地提出,教学以指挥命令、积累知识和独自念书为基准。

这个体制依然没有发生变化。实际上,从最高层到底层,没有一个人感到满意;可是这套体制依然在自我复制,无法从根本上改变。这套体制扼杀了积极性,辜负了教师们的诚意。

记者:照你看,改革需要什么条件?

克罗齐耶:社会结构深刻变化的举措,必须以领导方式的彻底变革为前提。这将迫使我们改变我们的思考方法。我们必须放弃原有的领导逻辑,即认为领导层无所不知,而改换成另一种更加民主的,也就是以依靠人力资源为前提的逻辑。在法国,决策者们自以为是超人,国民教育危机、失业、社会保障系统的危机,耶还指出，集权化与规则增多如何导致"科层制的恶性循环"，因为集权化与规则增多使得组织僵化，把发展与适应的任何可能性都给阻塞了。他认为，这一模式是典型法国式的某些价值观的反映。

在《行动者与系统》(*L'Acteur et le Système*, 1977) 里，他为这些重要分析奠定了理论基础：他与弗里德贝格合写的这本书，是策略分析的奠基性著作，现已成为社会学专题文献的经典。其论点可以概括为几个命题。行动者不完全是受约束的，他有一定的自由度。他的行为是理性策略的结果。但这种理性不是纯粹的，而是有限的：人们并不会作出最优决定，而是会作出他们认为令人满意的决定，因为要考虑到他们掌握的信息、他们的处境，以及他们的需求（两位作者采纳了美国经济学家西蒙的理论）。行动者们的策略游戏包含在"具体行动系统"中。这些系统并非自身就存在，而是集体的、由各人分担的建构物，亦是个体行为之间互动的成果。

策略分析作为干预手段：克罗齐耶认为，对组织功能作分析，必须以这些前提为基准。策略分析研究权力关系，并研究组织过程中行动者的策略效应。策略分析力图把隐藏根底的逻辑推理——产生于这种相互依存、由各人分担的这些系统的逻辑推理——暴露在光天化日之下。策略分析已经成为组织上以及伴随社会结构深刻变化所使用的诊断方法，并日益广泛地被社会学家及从事企业管理的职业人员所采用。

克罗齐耶还努力用他的阐释来分析法国社会，着眼于改革的前景：有一系列著述被纳入这一规划。据他所说，有法国式的（中央集权的，刻板的，被层层分隔的）科层模式，该模式渗透一切组织，并妨碍任何社会变革。1968 年的危机被解释为这类阻塞的征候（《被阻塞的社会》，*Société bloquée*, 1970）。克罗齐耶在之后的随笔里明确说出了他的看法：法国政体比法国社会更严重地受到阻塞，因为其保守主义、官僚主义及其绝对权力妨碍革新，减弱了生气勃勃的适应能力（《现代国家，亲民政体》，*Etat moderne, Etat modeste*, 1987）。最后，在《智者的危机》(*La Crise del'Intelligence*, 1995) 里，他揭露了技术专家治国的作用和精英们所扮演的角色，这些人妨碍变革，而国民关系则倾向于接受变革。

要了解克罗齐耶全部著作的总概况，还可参见他的文集《组织社会学的用处何在？》(*A quoi sert la sociologie des organisations?*, 2000)。

第五节　埃德加·莫兰
——从社会学到复合思想体系（与反向折回）

莫　兰

埃德加·莫兰（Edgar Morin）的全部社会学著作，从对电影的研究到《普洛泽韦市镇的变化》，都蕴涵着他对社会问题所持有的复合观。

"假如把社会学设想成一门纯科学，与私人利益及社会压力无关，假如设想社会学，尤其是作为社会学家，几乎不受社会学现状的约束，那就过分天真了。（……）意识形态渗透到社会学的每一个细胞里。对此，社会学家应该认识清楚（……）。他本身不自觉地会预先假设，但他有责任将这预先假设识辨出来，并根除之。"[1]

上面这几句话是一位31岁的年轻社会学家在1952年写的，此前一年他成为全国科学研究中心成员，并跟共产党闹翻了。他的姓名是埃德加·纳于姆，又名埃德加·莫兰。[2]

一年前，莫兰发表了《人与死亡》。这篇"社会人类学"随笔论述死亡，反映了萦绕在这位年轻作者脑际的一个主题。他10岁那年，母亲突然去世，从此死亡一直缠扰着他的思绪。莫兰并不否认他的研究工作与他的人生痛楚有联系。

这种联系与他的著述始终完美地辅车相依：研究与干预社会、个人的事情与划时代的动荡，全都跃然纸上。[3]

死亡、电影与想象领域

为《人与死亡》写的随笔，从一个逆命题谈起：人与一切有生命体都会共同面对这样一个事实——必然死亡。因为生命与死亡不可分离地联结在一起。现今活着并演变着的人类的存活，必须以构成人类的个体者的死亡为前提。

当然，与其他生命体不同，人类能够意识到自己的死亡，尤其是人类还会拒绝死亡。人类自从出现以来，就穷竭心计，编织出各式各样的信仰、神话，为的是否定个体的死亡。从历史角度来看，这些信仰有好几种形式：轮回再生，死者进入冥界，有来世（各种古老的宗教），复活（基督教），无欲无扰的涅槃（印度教），涅槃是超脱生死与宇宙融为一体。

任何时代、任何地方的人，都拒不接受自己死亡的境遇。他的精神与他的生物本质相对抗。"他要当天使，但他的肉体是禽兽，会腐烂，会分解，一如禽兽的躯体。"因而，以死亡为题的神话具有"双重性"：既意识到死亡，又无法容忍这个现实。人类思想如此自相矛盾的特性——现实主义和故弄玄虚、清醒和想象兼而有之——尤其是在他后来对电影的研究里还会看到。

1950年，多亏弗里德曼（Georges Friedmann）支持，莫兰成为全国科学研究中心的成员。当时他刚跟法国共产党断绝关系，他是法共党内的知识分子之一。[4]在全国科学研究中心，他选择大众文化作为研究课题，以电影为主。应该说，对莫兰来说，第七艺术——电影——既是一种爱好，也是一个研究对象；他爱看美国的侦探片，同样爱看"新浪潮"电影（二战后，面对现代主义文学新流派的冲击及美国、意大利电影的激烈竞争，"新浪潮"运动在法国电影界兴起，冲击法国电影界的陈规陋俗。60年代末是"新浪潮"电影的成熟阶段，使法国电影冲出了国界，深刻地影响了现代欧美电影。——译者注），莫兰甚至与让·鲁什（Jean Rouch）还合作导演了一部"纪实电影"——《夏日纪实》（1963）。

1956年，莫兰出版了《电影或想象中的人》（1954）。其标题明确表明了主题的思想。问题不仅在于分析文化工业，或对影院上座率进行调查。当然，电影是一项技术发明，已成为一个机构和一种工业。不过，要了解这个"梦幻机器"的魅力，不能单从分析经济或社会学因素入手。只有人类学与社会学相结合的学派，才容许了解电影所施加的诱惑力，因为电影暴露了人类生存的主要维度。就像奖章都有正反两面，人生一场场的戏也都有两个不可分割的层面：现实与想象领域、日常生活与幻想作品、真实与虚假。"现实被非现实浸润、触及、渗透、控制。非现实被现实塑造、确定、理性化、内在化。"

电影可以显示人类的想象维度。谈及《人与死亡》里的主题，莫兰强调，电影天地具有双重特性。电影既制造梦幻，也是审视世界、体会真实感的惟一方式；若没有电影，真实感也许就不会被仔细察觉。观众看一部影片时，可以逃避自己司空见惯的现实，同时发现另一个"现实—虚构"。影片有助于我们体验某些场景，体会一些情感……电影是虚构的，它的奇特之处在于，它可以让我们更贴近人类以及人类的处境。电影既是"人类学的镜子"，也是"灵魂档案"。观众能这样全神贯注到现实—非现实中，是由于有一套很特别的设备：一个昏暗的大厅，一个占据我们视野的银幕，一些活动的影像，音响，背景，摄影机拍摄的景象，一个目光，一个微笑，泪水……莫兰在《电影明星》(1957)里，稍后又在《时代精神》(1962)里，详细说明了他对电影业的思考，他把电影描述成一种辩证的产品：使艺术与工业、创造与标准化生产相结合。

1962年秋天，莫兰在美国旅行时患上重病。他被送到纽约西奈山医院急救，有好几个星期他都不能动弹。康复期间，躺在医院的病床上，他将自己对政治、爱情、生活中小事件的考虑一一记录下来。人们发现，这部日记也是他对人性、对认识极限所做的更根本性思考的起点。以《问题的实质》为题出版的这部日记，在构思上蕴涵有宏大巨著的提纲，十年后他具体写成了《迷途的范式》，《方法》也随即出版。

预想未来

在《人与死亡》及随后的《电影或虚构的人》里，已经含有后来在《迷途的范式》里出现的几个关键题材。《人与死亡》这本书论及人类"生物学—人类学—社会学的"多维特性。因为人文科学的每个学科都只从一个维度对人进行研究，所以每个学科都把人割裂、损毁，也就是拒绝真正去认识人的特性。在这部随笔里，莫兰捍卫其他一些很有影响力的思想观点：对个体与社会做思考时，不能脱离持续不断的互动；要考虑到人类具有智人—疯癫愚人的双重性（参见下页专栏）。

《迷途的范式》(*Le Paradigme perdu*, 1973)

《迷途的范式》写于70年代初，作者介绍说这部著述专论"人性"。严格来说，人性并不全是文化方面的；可是，传统上社会科学各界一致强调其文化属性（想将人简化为"文化生灵"，却把人作为生物的根源割断了）。反过来，人亦不能局限于其生物维度（有些人想把人类的一切行为都归咎于天生的、由动物界遗传来的，他们硬说人只具有生物维度）。然而，认为文化与本性可以简单地拼凑起来的看法也许太不高明、太一般了。因为，"不能继续再把人性与文化分隔开：文化的关键之点寓于我们的本性，而我们的本性则寓于文化。"莫兰以大量的史前资料、人类学、生态学研究为根据，描述灵长目向人类演变的过程，认为这是一个复合进程，本性与文化在该进程中有机结合：特定的人性强使人类接受文化；在该过程中，文化融合了归因于生物根基的一些特性。

《迷途的范式》的另一个主题是人类具有疯癫愚蠢—聪颖明智的双重性。大脑的发育与认知才能的发展，使人成为有智慧、有理性、有学习能力并有想象力的生灵，这在有生命的世界里是前所未有的。可惜，同样是这些思维能力、想象能力，还把人导向某种疯狂的地步。因为智人也是疯癫愚人，是梦幻、幻想、幻觉、乌托邦的制造者。同一个精神机制，既使他获得知性，也给他造成狂热。莫兰不同意把人分为两种：一种是理性的人，一种是疯癫者与幻想者。每个人都有双重性。

《迷途的范式》里另一个见解是"个体"与"社会"之间必须有机结合，而社会学传统上则分为两派。整体主义断言：个体是文化的、社会的及其社会环境的产物。个体主义则断言：社会是个体行动的总和。莫兰力图超越个体/社会这些二元对立的论调。他认为，个体是社会的产物，同时也在制造社会。

由此莫兰为他日后作品的主要题材奠定了基础：研究人类的复合特性。他将大展宏图，写出以下鸿篇巨制：《方法》，随后是《科学与意识》(1982)及《复合思想导论》(1990)。他的主要计划是，创建一些必不可少的心智工具，以便领会人类事物中不可避免的复合特性。考虑到认识的主体与客体之间的有机结合；考虑到（生物的、经济的、文化的、心理的……）各种错综复杂的因素，这种种因素相互组合，构成一切人类现象；考虑到秩序与无秩序之间的密切联系；着手研究人类现象要考虑互动、考虑新思想新事物的突生及自行组织的现象；考虑到社会事件的创造性、独特性、不可制服性。[5]

现在把过去照亮

现在回看过去可以看得很清楚,莫兰以往的研究并不限于文化社会学,他对复合特性的探究早已初露端倪,从 70 年代起他便开始系统地阐释他的思想。[6] 因此我们"把镜头闪回"60 年代,那时莫兰埋头于看似毫不相干的多项研究。那几年,他接连出版了《时代精神》、《普洛兹韦市镇的巨变》、《1968 年:缺口》和《奥尔良传闻》。与此同时,他撰写了许多关于表面看属于"次要"题材的文章,像广告、歌曲、青年、星相学。所有这些探究都有一个共同的主题——描述"现代性"闯入法国社会。目睹眼前社会深刻的变化,莫兰想要"趁热",甚至在事情正在发生变化时就趁热抓住。这就是被莫兰命名为"现时社会学"的对象。

1963 年 7 月 6 日及 7 日他在《世界报》上发表的文章,就是很好的例子。评述"耶耶摇滚乐"的两篇文章就此享有盛誉。此前几天,欧洲 1 台为播放《伙伴们好》,在巴黎民族广场上组织了一次极大规模的游行,有几十万年轻人参加。莫兰认为这次游行标志着社会舞台上出现了一个新的年龄阶层,"毛头小子和毛丫头们"这个阶层,莫兰称其为"耶耶摇滚乐"现象。这说到了点子上:"耶耶摇滚乐"有歌星(如强尼·哈利代)助阵,歌曲更加流行,人们有时一边跳摇摆舞一边伴着节拍高声唱,这是辨认"耶耶"运动的标志。这些青年人与过去决裂。他们组成一个新的"年龄阶层",是童年到成人之间的年龄段,是"生物-人类-社会学的"一代人。这代人有新的价值观,无忧无虑,向往自由,"疯狂地享受人生"。

莫兰在进行调查时采用了多种方法论。他在观察社会现象时,拒绝把惟一方法(封闭式调查表,民意测验,研究行为表现)当做出发点。要想准确地了解社会现象,就意味着要综合好几种资料:数量方面和质量方面的、概略分析和总体的。研究人员务必获取近似概念并全心投入,这被莫兰冠之以"活体内"的方法(《奥尔良传闻》与《普洛兹韦市镇的巨变》就应用了这种方法)(参见下面专栏)。

法国一个市镇:《普洛兹韦市镇的巨变》(La Métamorphose de Plozelet, 1967)

1965 年,全国科学研究中心的一组研究人员进行了一次总体调查,莫兰是领队,调查对象是法国一座小市镇普洛兹韦的变化,该镇是菲尼斯太尔省最北端的一个乡镇,地处司祭桥区腹地。普洛兹韦市镇当时有 3000 居民,分布在市镇中及周围各个小村子里。虽濒临大海,但农业是主要经济。在这方面,"菲尼斯太尔省司祭桥区的"特色尤为见长。政治上,普洛兹韦是个(非宗教,而且是左派的)"红色"市镇,与四周其他市镇有明显区别,其他市镇全是右派。

但是,60年代初,法国农村经历了迅猛的"现代化"阶段。技术革新(拖拉机,化肥)刺激了农业现代化,有少数年轻的农业经营者(全国青年农业劳动者中心的积极分子)起了推动作用,他们促进生产现代化,鼓励人们创建了一个互助合作的组织。但革新遭到传统管理的反对。

同一时期,还发生了另一场主要革命,就是莫兰笔下的"家庭家务革命"。那是电冰箱、电视、洗澡设备、电动咖啡磨研机、两马力汽车等进入家庭的时代。莫兰有一章写得很精彩,描写"现代化密探妇女"。是妇女们促使她们丈夫用"现代化舒适设备"装备住所。年轻姑娘不愿再嫁给农业经营者,这种保留态度使许多男农民主动离开乡土。在革新中,青年是起主导作用的群体。年轻人不乐意再像他们的长辈那样生活。在市中心的那些咖啡厅,身穿"黑皮茄克的阿飞们"("黑皮茄克"在法语里意为阿飞或堕落的青年人,因他们穿黑皮茄克而得名。——译者注)聚在一起,投入硬币听自动电唱机、玩台式足球游戏。社会学家们感到自己也卷进去了,他们参加了导致创立"青年人之家"的那些聚会。参与观察方法到了这儿就成了卷入参与。而莫兰这位社会学家,则通过他的干预,对孕育中的社会结构深刻变化起到了揭示者的作用。

《普洛兹韦市镇的巨变》是"多维"分析的出色例子,分析抓住经济、社会、意识形态诸因素错综复杂的联系,阐明了处于大变动中的微观社会动力学。这一片小小的天地,反映出法国社会的总体倾向,同时又保留着奇特的地方特征。

社会的本质

分析"现时社会学"并开创相关的复合特性理论,使得莫兰打造出一种社会观,他即将在理论性更强的论著里阐明他这一社会观。该社会观与站在结构主义或功能主义立场上作出的分析相对立,当时结构主义与功能主义在社会学界居支配地位,它们从一体化结构与相对稳定的角度对社会作出预测。与其相反,莫兰把社会设想为一个实体,在这个实体里,各种势力每时每刻总在角力,时而组合,时而对抗,秩序与无秩序相混合;在这个实体里,个体行动与时局同时都是社会动力学的产物与制造者;在这个实体里,突生现象、自动筹划现象、分道扬镳现象,有时会打破社会秩序的正常性。莫兰在《社会学》(*Sociologie*, 1984)

里陈述了他做分析时所遵循的指导方针。这些指导方针的运筹围绕着以下几个关键概念展开：社会问题的自动筹划，个体与社会之间的自动循环原理，对话……

有好几次，莫兰都对他的复合推理方法进行了检验。1983 年他所写的《论苏联的本质》（参见下面专栏），以及 1987 年出版的《对欧洲的设想》，就是这种情况。在《对欧洲的设想》里，他把复合推理方法运用到事例研究中——建设欧洲。莫兰首先提醒道，要证明欧洲大陆是有相同归属意识的实体并非轻而易举："一旦有人要把建设欧洲说得明确，认为欧洲就是不同，欧洲就会解体；一旦有人想承认欧洲的统一，欧洲就会散伙。"其历史、其地理空间、其经济、其文化，都不会使欧洲成为一个统一的实体。欧洲汲取了多方面影响，这些影响相互交错，但没有一个占优势，它们的交汇构成一个动摇不定的整体。中世纪基督教化、文艺复兴、城市发展、有产阶级壮大、商业发展、科学技术突飞猛进、新的价值观像人道主义、个人主义、理性主义……以上种种，没有任何欧洲特定的因素，却有诸因素特殊的综合，令欧洲的面目独具一格。

《论苏联的本质》（*De la nature de l'URSS*, 1984）

苏联制度的建立，引起种种十分矛盾的分析。托洛茨基派分析苏联的政权官僚主义化，将其解释为偶然的历史偏差，与俄国的落后及革命的孤立相关联。另一些分析则反过来，把必然通往古拉格劳动集中营这种不可抗拒的内在逻辑，归咎于马克思主义者。在《论苏联的本质》里，莫兰抛弃了这两种对立而且是单维的说法。在他看来，苏联集权主义的构成是一个复合过程，介入了好几种逻辑。

布尔什维克主义在当时是各派社会民主党的一个孤立分支，听命于列宁，作为一个集权化的团体组织起来，守纪律、不妥协、不动摇。从一开始，内中就有"潜在集权主义的"严重倾向。不过，革命前，这个党还是表达各种不同意见的一个场域。

1917 年，革命突然爆发。这场革命是大老粗们的一些派别（资本主义的断裂带）闹起来的，是偶然情势（战争、过渡制度的软弱）造成的后果。布尔什维克夺取政权，当时并未被列入革命的正常进程。党把政权夺过来，跟着便取代代表大会和苏维埃。随后，由于面临战争、面临经济危机，布尔什维克政权变得强硬起来，实行政治恐怖。从此，"促使党实行专制体制，再不单单是敌对势力，而且还加上了当时的环境，助长党内内在的、极度的逻辑发展下去。"

1921 年，列宁部分地承认了他的错误。他作出了经济上的妥协（1921 年的新经济政策），随即他开始意识到党的"官僚主义"（1923）。可惜他 1924 年就死了。

从那时起，苏联采用了一种新的逻辑。在继任权力斗争中，斯大林利用自己在国家机构的领导地位，利用政治局内部的纷争，操纵了领导。从此，党的机构就要"把党吃掉"。布尔什维克主要领导人（托洛茨基、季诺维也夫、加米涅夫，还有布哈林）先后被清洗。集权的早期组阁阶段宣告结束。斯大林政权制造了各种特有的条件以维持其政权：摧毁公民社会，集中一切权力。我们看到，"复合推理方法"如何被应用到这里。莫兰分析权力的构成，同时注意到内因逻辑与偶然因素及/或与外部因素之间的关系。他探讨"自动—生态—组织"的过程。1917 年，党制服了国家，1923—1928 年，党的机构制服了党，随即党/国开始支配整个社会。

在这本书的其余章节，莫兰还分析了集权现象，他从集权的各个构成部分出发，拒不做片面分析。集权主义是否建立在意识形态基础上（阿伦特）？建立在纯暴力基础上（索尔仁尼琴）？集权主义是否已成为达成共识的社会（亚历山大·季诺维也夫，Alexandre Zinoviev）？莫兰认为，只有运用不可简化为上述其中任一要素的"宏观概念"，才可以探究出集权现象的真实性。

社会学的社会学

此外，上述因素并非互不相关。它们相互交汇并依顺"自动循环原理"得以维持。这一原理的意思是，不应把历史因素看成孤立的事由，必须将其设想为不停地产生效益的循环轴，在循环过程中，每种现象都同时是其他历史成分的产品与制造者。欧洲形成的过程，就这样构筑了"历史旋涡"；与空中旋涡一样，"历史旋涡"由对立的潮流相遇造成，这些对立潮流凝聚成自动组合的形态。

实际上，莫兰认为，如果到欧洲各国历史或文化中去寻求，企图找到把这块古老大陆上各个国家联合起来的东西，那是徒劳之举。他们绝无仅有的统一，存在于他们共同的未来。欧洲意识的苏醒，借助于四种威胁：面对强大的美国和亚洲的经济威胁；令人担忧的出生率下降造成的人口威胁；可能要依附这个或那个超级大国而形成的战略威胁；文化上受奴役的威胁。由于意识到有着共同的命运，欧洲才得以诞生。

对复合特性的认识，还引出社会科学方法论的一种观点。该观点基于几个原理。首先，人类现象错杂不可简化的联系，提请人们把内中有区别的种种要素连接起来。在社会学界，占主导地位的分析推理方法，是把各种现象分离开，以便仔细研究，但这只能是研究的一个阶段。

莫兰认为，在第二个阶段，必须把这些专门知识相互接合。人文科学闭锁在简约模式里，这些模式把人禁锢在自身多元维度的单一维度里。现在已经到了把这些专门知识集中起来并重新相互接合的时候。然而，复合推理方法不应被归结为一个固有的程式，不可能拿它去套现实事物。真正的认识意味着，在概括与分析之间、在专门知识与总体方法之间持续不断地穿梭，正如巴斯德所说："假如我不特别了解各个部分，我就不可能了解整体；但我认为，假如我不了解这些部分的整体，我也就不可能了解各个部分。"

总之，研究复合特性的推理方法的前提，就是把观察家嵌入观察中。社会学家决不应居高临下地俯视被研究的客体。自从1952年起，莫兰就已懂得："偏见、恐惧、禁忌、因循守旧、乃至仇恨，甚至出现在研究论著中，而这些论著还自诩是最客观的（……）对此，社会学家应该有清醒的认识（……）他本身带有无意识的预先推测，因而，他有责任承认并剔除之。"

注释：

[1] 第二届国际社会学代表大会上的报告，比利时列日省；这里的引文摘自《社会学》(1984)。

[2] 埃德加·莫兰是二战抵抗运动期间的笔名，后来保留使用。

[3] 参见《缠绕我的恶魔》(*Mes démons*, 1994)，以及他的一系列日记：《实质问题》(*Le Vif du sujet*, 1962)；《加利福尼亚日记》(*Journal de Californie*, 1970)；《西西弗式的年月》(*Une année Sisyphe*, 1995)；《哭、爱、笑、理解》(*Pleurer, aimer, rire, comprendre*, 1996)。

[4] 在《自我批评》(*Autocritique*, 1959)里，莫兰讲述了他对社会问题及与共产党断绝关系的看法。

[5] 评介《方法》的文章，可参阅《方法：复合特性的挑战》(La méthode: le défi de la complexité)，载于《人文科学》，1990年第1期。

[6] 如果说，过去说明现在，那么，反之亦然：我们回顾既往便可看出，复合推理方法在他五六十年代的社会学著述里，已处处可见，到后来更是被格式化。所以，倘使把莫兰的著作划分为两个阶段：50—60年代作为大众沟通专家的社会学家阶段，从70年代起被视为复合特性理论家的哲学家阶段，那就错了。

第六节 社会结构与社会动力学
——芒德拉访谈录

芒德拉

在《农民的终结》的作者亨利·芒德拉(Henri Mendras)看来,社会学家的技艺就在于析出社会结构,指明社会结构如何抵抗或伴随社会动力学。

记者:早在30年前你就宣布了农民生产方式的终结。这个论点从那时起就被人们接受。你认为这次革命的后果是否已经全部显现出来?

芒德拉:政治家们从农业政策的角度已经得出了圆满的结论。他们懂得了农业是一个需要使之尽可能具有竞争力的产业。可是政治家们却没有从政治方面得出这个革命的后果。他们继续过高地估计农业经营者——当然不再是农民——在政治生活中所起的作用。据我所知,大多数当选者都拥有一个不可忽视的农业经营者选民比例。社会学家埃尔维厄(Bertrand Hervieu)最近估算的直接或间接受农业经营者影响的选民比例为15%。任何人都不会不知道农业组织在法国现有的压力群体中是最灵验的。在这一点上,政治家们的行为往往还是把现今农业经营者的影响力与过去的农民曾经有过的影响力相提并论。

在全球范围，人们并没有认识到农民社会发展的重要性。虽然农民社会在西欧确实已经消失、在东欧即将消失，然而农民社会在世界其他地区、特别是在农业型社会地区却得到了扩展。越来越多的非洲牧民变成了农民。中国和印度仍是农民的巨大储存库，即便这里所指的农民与西方农民有所不同。那里的农民数量在最近50年里大量增长。

记者：你曾多次说过随着农民的消失你失去了自己的研究对象。事实上你后来的研究却在不断走向更加广泛的分析领域：从法国社会到欧洲文明——

芒德拉：我对此全然不知：50年代我在美国待了很长一段时间研究一个摩门教村庄的情况，那时我全然不知自己后来会从事宏观社会类型的比较研究。随着时间推移，我觉得分析范围的不断扩大似乎出自比较研究。对法国农民消失的研究，自然就引向对法国社会近期变迁的分析。欧洲和美国其他社会学家运用迪尔恩（Louis Dirn）小组研发的法国社会分析大纲，引导我走向西欧社会分析。

从《农民社会》到《第二次法国大革命》再到《欧洲人的欧洲》，不单发生了等级上的不断变化。通过这三部著作我终于建立起了与三种社会模式相对应的三种理论：前工业社会（农民社会）、工业社会（第二次法国大革命）和后工业社会（欧洲人的欧洲），每次我都尽力指明每种社会模式的要素如何在后来的社会模式中消亡。西欧农民社会与工业社会并存了两个世纪。只有英国的工业社会引起了农民社会的迅速消亡。三部著作的基本思路和方法是一样的，都是在实地研究的基础上进行比较研究。因而我认为这三本书组成了一部三部曲。

记者：在《第二次法国大革命》一书中，你根据迪尔恩小组的研究（参见本节最后的专栏），突出了从1965年到80年代中法国社会所经历的重大变化。分析出自那时以来出现的新动向是否还为时过早？

芒德拉：近两年来，迪尔恩小组一直在为弄清12年前确定的动向而工作着。目前可以肯定的是，我们分析出的20世纪60—70年代的60种动向中，有一些没有持续到80—90年代。所发生的一切好像一个周期循环，到80年代中就已经结束了。法国社会中有关劳动组织和权力关系方面的动向就属于这类情况。15年前人们还有深刻、持续变化的感觉。如今人们的感觉是事情最终并未发生多大变化。失业加剧也许是其中的一个原因吧。

社会运动方面的形势也是如此。无论是保护消费者主义、女权主义还是环境保护主义，大部分曾在 20 世纪 60—70 年代给法国社会增添活力的社会运动，不是销声匿迹就是奄奄一息。就在女权主义在大西洋彼岸处于激烈辩论中心的时候，在法国它却像驴皮一样越缩越小，至少作为社会运动来说是这种情况。当然，1995 年 12 月发生了一些事件，但是这些事件都没有引发过去所见到的那种社会运动。

记者：你最终是否认为那些认为法国社会是一个僵持社会的人们是有道理的。

芒德拉：绝对不是。这种在七八十年代盛行于法国社会学家或美国观察家中的思想，在我看来是基于一种错误的评价。自 50 年代以来，法国社会表现出的革新能力不容否认。一些动向没有持续到 80 年代中期以后这一事实，只是证明一场革命的结束，并不排除其他动向的发展。

最近这些年的重大事件是社会不平等的重组。15 年前迪尔恩的调查结果让人们看到社会不平等正在减少，而且也被其他调查所证实。从那时起，人们看到的是社会不平等以更加复杂的形式进行重组。年龄等级之间的差别变得与阶级不平等程度一样大，如果不是更大的话。人们曾经以为正在消失的性别不平等如今依然存在，甚或重又出现。地区之间的不平等情况也是如此，地区之间的失业概率不同。

在那光荣的三十年和第二次法国大革命期间曾为社会流动作出贡献的学校教育体系，如今似乎满足于社会不平等的再生产。在国家方面我对情况的观察更加细致：即使国家不再能像光荣的三十年期间那样推进变革，国家仍然有相当的能力，可以恢复国民关系的革新。环境保护就属这种情况，70 年代起就设立了环境部，今天环保主义者也进入了政府。国家对社会要求削弱性操纵的这种能力，依然是法国社会的一个特点。

记者：还是在你的《第二次法国大革命》一书中，你着重写了某些壮大中的社会群体的原动力作用。目前起到这种作用的社会群体有哪些？

芒德拉：我看到的有两个。首先是在职业生涯中占据过干部地位、正好又经历过光荣的三十年和第二次法国大革命的那些年轻退休者。经过多年紧张的职业活动，他们需要为自己创造一种新式生活。由于没有任何参考模式，他们正在为后辈创造一个模式。我觉得他们在这方面如同当今法国社会的原动群体。我觉得应该起重要作用的另一个群体包括中介干部、企业顾问、会计师、技术员等。权利下放促成了他们的发展壮大。无论在私营部门还是国家部门（省政府、地区议会……）或准公共部门（工商会），他们都同有发展，与中小企业界有密切接触。这个尚未被妥善地界定的群体所获得的确认，从传统角度看还比不上名牌大学的毕业生。这样的中介干部中的大部分都是在实干中成材的，或是由名气不那么大的院校培育出来的。不过，他们的专长能力以及他们在社会上的作用将会得到承认，是毫无疑问的。

年轻退休者和中层干部同样具有我所定义的原动社会群体的三大特点。第一，他们的数量正在壮大；第二，他们有着共同的思想意识；第三，由于他们没有被纳入传统结构中，故在这一意义上处于不平衡状态。

记者：你从欧洲社会变革观测站（Observatoire européen du changement social）对欧洲社会的一致性作出了分析。根据这些比较研究，你认为什么东西会阻挡欧洲建设进程，或是相反会对之有利？

芒德拉：作为一名社会学家，我感到震惊的是西欧的极端多样性。在构成真正的西欧文明这种统一，与不仅存在于欧洲各国之间而且存在于各国内部意想不到的差别之间，究竟存在何种关系？这就是我在另一本书中企图探索的问题，它同时标志着一个新的分析领域——欧洲人的欧洲。欧洲建设既有利于地区的加强壮大，也有利于加强多样性，这一点现在已经被接受了。

对于社会学家来说，全部问题就在于了解，继续执行走向统一市场的共同政策，与社会结构和习惯差异之间的配合是如何进行的。与某些人的想法相反，差别并不是建设欧洲的障碍。原因是，不管这有多么反常，正是建设欧洲加强了这种多样性。

记者：在你最近的研究中，你突出阐明了资本主义形式的多样性和西方经济活动中的汇合现象。这些现象是否证实了被人们相约称作全球化的存在？

芒德拉：全球化对于目前的欧洲社会来说当然是一种约束。这一现象由来已久，近年来通过金融的全球化速度开始加快。所有专家在这个问题上的意见都是一致的。因此，像我一样的社会学家在分析欧洲社会时应该把它看成一个外部制约条件。具体来说，例如不参照世界市场就去分析第三意大利工业区的运行是不严肃的，即使它们的主要销路是在欧洲。在许多方面，共同市场的建立好像都已被纳入不断扩张的西方资本主义体系的发展轨道。欧洲国家已不再适应跨国公司的发展规模。甚至就连小企业都需要欧洲规模的市场。下面这句话可能会有马克思主义化之嫌，不过很少有人这样指责我——生产体系向世界规模发展需要欧洲建设。

记者：分析农民社会、法国的社会动向、欧洲社会比较研究，你的研究领域的不断延展，在多大程度上改变了你的社会学家研究观？

芒德拉：我的研究观始终如一。从我进行第一项研究（法国南方 Rouergat 村庄与美国摩门教教徒的村庄比较研究）开始，我就给自己定向为普通社会学家：我查看一个社会，不管是属于法国社会还是属于欧洲文明的村庄，我总是从总体上进行观察，即试图理解社会各个领域的配合：宗教、社会、文化、生产等。这就是我的特点。和我同辈的大部分社会学家都选择了更加专业化的社会学，像宗教社会学、劳动社会学、组织社会学等。

记者：换句话说，你捍卫的是跨学科观念？

芒德拉：这个说法不够准确，更确切的说法是总体研究。只有在与一个学科相关时，跨学科才有意义。对于社会学家来说，所谓跨学科就是要根据一个课题，而且是社会学课题，动员其他学科。没有任何事物会阻止经济学家或政治学家也这样去做。一个课题，只有在它分析社会结构时能够指明这些结构是如何抵抗或伴随社会变迁的条件下，才属于社会学课题。

这类课题研究与实地研究相辅而行。这是社会学家的道德。在这一点上，社会学家不是与经济学家，而是与人种学家更为接近。实地研究工作指的是对一个社会的特性要素进行全面描述，例如对于一个农业村庄，就要描述它的农业经营、非农业职业、土地册、人口行为等。然后对数据资料进行分析整理。社会学家的高超之处就在于分析出社会结构，赋予数据以意义。一旦解释模型问世，社会学家还应将其与现实进行对比，以证明其有效性或继续改进。

记者：和社会科学中的其他学科一样，社会学也经历过结构方法或整体主义方法与个体方法的对立。你如何确定自己在这场论战中所处的位置？

芒德拉：我参加的头几项农村研究工作突出阐明的就是结构。就此而言，我的研究好像被纳入了整体主义轨道。但与此同时，这些研究针对的又是个人（农耕首领、村长等个人）及其行为。就这一点来看，这些研究又表明了在行动者和战略方面的探讨,这些词汇当今流行于整个社会科学领域,特别是社会学。随着时间拉开的距离,我应当承认受到了结构主义和马克思主义的强烈影响。最初的乡村研究倾向于过分重视结构的分量,因此对法国村庄变化的探索性研究才常常出现错误,大部分都是低估了村庄的战略容量。这些村庄具有实际的适应能力,它们能够在保留自己的社会结构的情况下去适应新的生产体系。

有些人常常责备我是"古老的结构功能主义者",说我喜欢把我所研究的社会简化为一些静止的模型。这等于是要谴责我的意图。在分析结构的过程中,我所关心的是社会对变革作何反应,乃至社会如何导致这些变革。我一直认为,模型首先是用来理解社会动力学。

一位社会学家的道路

亨利·芒德拉生于1927年,由于成长过程中与居尔维奇(Georges Gurvitch)和弗里德曼(Georges Friedmann)的接触,在发表了《农民的终结》和《农民社会》后,他就树立起了自己作为农民和乡村社会专家的威望。他所进行的比较研究,引导他把研究范围先是扩大到法国社会,进而又扩大到与国内外研究小组一起研究欧洲社会。身为巴黎政治研究学院教授的他,同时也是社会学教科书的编纂者。

《农民的终结》(*La Fin des paysans*,1967)

这是芒德拉的成名作。他描述了"农民文明"在法国的消失和乡村社会(农民)变成农业经营者、生活模式城市化等的逐渐显露。这本书在初版二十五年后再版时增加了一个编后记,它已成为乡村社会学的经典,被译成英文、日文和中文。

他在三本书里对"从村庄到欧洲"的传统社会、工业社会和后工业社会进行了分析:

《农民社会》(*Les Sociétés paysannes*,1976)

西欧以及发展中国家里的农民大观。农民文明在法国及西欧其余地区的消失,并不意味着它在世界上其他地区也日落西山。恰恰相反,芒德拉描述了农民文明战后在发展中国家的兴起,奠定了乡村经济学的理论基础。

《第二次法国大革命,1965—1984》(1988)

按照迪尔恩研究大纲总结法国社会动向。继让·富拉斯蒂耶的《光荣的三十年》之后,芒德拉指出法国在社会、人口和经济等方面继续经历着重大变化。这本书对某些社会学家和观察家所提出的"法国是一个僵持的社会"这一论点是一个反证。芒德拉同时还提出了工业社会的分析模式。

《欧洲人的欧洲》（1997）

在西欧社会变革观测站的研究基础上对西欧社会进行的比较分析。芒德拉在这本书中不仅描述了欧洲文明的特性，还展现了各国和各地区现在的特点。这本书是三部曲的第三部。

有关该主题的其他著作包括与多米尼克·施纳佩尔（Dominique Schnapper）合著的《成为欧洲人的六种方式》（*Six manières d'être européen*, 1990）。

从自己的教学历程获得的普通社会学基础教材的成果：
- 《社会学要素》（*Eléments de sociologie*，2000 年新版）；
- 《社会变革》（*Le changement social*）（合著）；
- 《伟大社会学家的伟大命题》（*Les Grands Thèmes de la sociologie par les grands sociologues*）（合著）。

该读的书还有

《如何成为社会学家，一个老资格大学教授的回忆》（1995）。一位教授从 50 年代至今所走过的道路。

从路易·迪尔恩（Louis Dirn）……

迪尔恩是以芒德拉为中心的社会学家小组 [米歇尔·福尔塞（Michel Forsé）、路易·肖韦尔（Louis Chauvel）、亚尼克·勒梅尔（Yannick Lemel）、让－于格·德绍（Jean-Hugues Déchaux）等]，给他们在经济预测分析法国观测站（Observatoire français de conjoncture économique, OFCE）进行的研究大纲所取的名字——把构成"星期一晚上"（lundi soir）的九个字母组成另一组字就是 Louis Dirn。

为了建立一个"法国社会变化动向表"，迪尔恩制定了一个包括 60 个项目在内的社会变迁动向基准，该基准涵盖了社会的方方面面，像人口发展、亲属关系、生活和消费模式、劳动组织等。

按照这个研究大纲产生了一系列专栏文章，发表在经济预测分析法国观测站杂志和其他数种杂志上，包括《法国社会动向》（法国大学出版社 1990 年，1998 年出了第二版）。

到社会变革观测站

在勒内·蒙诺里(René Monory)的倡议下于1990年在普瓦捷未来观察所(Futuroscope de Poitiers)内部创建的欧洲社会变革观测站的任务是:"对比西欧各国社会问题预断。"

与芒德拉一起主持其中科学委员会的有意大利人阿马尔多·巴涅斯科(Armaldo Bagnasco)(都灵大学)、英国人文森特·赖特(Vincent Wright)(牛津大学)和帕特里克·勒加来斯(Patrick Le Galès)(国家科学研究中心)。

一年三次的观测站研讨会云集了欧洲某个特定问题方面的专家,讨论结果出版发行。到目前为止共出版了16本书。

第七节 回归"部落"
——马费佐利访谈录

马费佐利

世界是否正在"部落化"?数年来,米歇尔·马费佐利(Michel Maffesoli)一直在研究社区现象。这一现象现在突然重新涌现是基于感情和选择,而不是强制或契约。

记者:你提出了有关社区的联系突然重生的看法。在当代社会中,这究竟指的是什么?

马费佐利:从一开始就应慎用"社区"这个词。按照传统意义,它所指的是一种习惯的存在,加入时间的持续……然而,这里或那里出现的社区现象,首先表示的是另样的组织形式,另样的与他人的关系。

就经验而言,我们每个人都能在日常生活中观察到优先"选择亲和力"(歌德的话)的倾向。为了弄明白与他人的这种关系形式,我建议使用"部落"(《部落时代:大众社会里个体主义的衰落》(*Le Temps des tribus: le déclin de l'individualisme dans les sociétés de masse*, 1988;增补新版, 2000),尽管这个词表示的概念是建构和持续。

部落包含着一些原始、古老和传统社会的特性要素，它们现在又奇怪地重新回到了前台。在原始、古老和传统社会中，部落是指为与恶劣环境作斗争保护自己而在一起的聚集。今天，在以它们的方式表现为"石头丛林"的超大都市中，聚集仍以同样的模式进行着。在巨大的制度机器或意识形态机器中，人们不再认识自我。面对外面的逆境，人们转用其他方式在情感基础上而不是在契约基础上与他人保持关系。这种变化可以透过表现出的有机团结取代机械团结（马费佐利在此颠倒了迪尔凯姆的分类。他在《极权暴力》(1979) 一书中对此做了解释）观察到。

团结似乎不再从上面决定，例如由政府决定，而好赖在下面进行。在一个声援运动中，人们好赖都与他人配合。

爱心食堂（Les Restos du Coeur）或其他形式的慈善行动就属于这类连带关系。在现代社会的机械连带关系中，它们似乎只是像假腿上贴膏药一样无济于事。然而这些慈善行动的做法，却被纳入事物的总体观念。团结不再是机械的，有机团结在其中发挥作用。有机团结是人类社会现象的缩影，其特点是以情感和友爱的方式行事。大家在一起因世界的厄运而群情激奋，不时凭经验共同配合努力解决某个侧面，而不去寻求解决"这整个"症结。在我加入这一团结一致的新形式的同时，我承认有好多问题是我所不能解决的。以一种恬淡寡欲的斯多葛主义者的态度，我变得对自己无能为力的事漠不关心。

记者：与他人的这种友爱层面的关系难道不曾一直存在吗？难道我们不正是在重新发现它吗？

马费佐利：它属于趋于取代被阿伦特看成是现代社会特性的"理想民主"的"理想社区"，在这个意义上它是新的。这里的理想应该理解为不必具有制度性质的社区（民主也一样）；它可以为虚拟状，甚至可以为梦幻状。

"粉红色可视询问终端"（Minitel rose）为什么可以成为梦幻社区这一问题提供了一个例证。用户运用这种手段试图通过加入一个梦幻社区来实现自我。要设想这类社区还存在某些困难。按照作为现代社会基础的犹太基督教传统，只有实现了、实行了的东西才是真实有效的。反过来说，属于做梦、梦幻等一类的东西，对个人实现自我一点帮助也没有……就是性行为本身也只有在考虑了繁衍后代的条件下才在原则上被看重。而运用"粉红色可视询问终端"就创建了一个社区，即便它是梦幻的社区。用户利用假名与一些人进入实时连线。根据已经进行的研究，连线人数在 10—30 人之间摆动。估计最终越过一连串的"天桥"（个人电话号码、声音、约会）真正见面的人数比例为 10%。这样就出现了一个典型的从梦幻社区到现实社区的现象。

从这个观点来看，当代世界使人联想到公元 2—3 世纪的情况。在那个时代，人们看到一些小社区在罗马帝国内部突生。真正的权势与其说在罗马，不如说存在于这些小群体，而这些小群体又完全被孤立。正如美国历史学家雷蒙德·布朗（Raymond Brown）所指出的那样，各基督教小群体都成为集合在一个"传统主题"（主教或殉教圣人的坟墓）周围的教派。他们之间逐渐建立起梦幻联系，这就是基督教神学后来称作"全体圣人思想相通"的东西。这些人与那些人的相互联系确实使基督教文明隐约可见。

一切都让人相信某种这样的东西正在我们的眼皮底下发生。政权、重要的制度当然都将继续存在下去，大的思想体系也一样会继续存在……可是，发生的一切又像是：实际生活是以微小群体为基础，在轮到它们组织社会生活之前，这些微小群体现时只是若隐若现。

记者：你对社区关系和部落/小团体现象的分析，属于对后现代性的总体思考。社区关系的突生对后现代性有何预示？

马费佐利：过去社会学家惯于分析的那种社会生活，显然已不再按照两个世纪以来那样的重大原则进行组织，像长远观点、政治世界观、传统基础上的社会契约、个人自主性。还有那些重要制度建立的基础原则：政治秩序、社会学家的理论工具……总之就是一个词：现代性。

至于后现代性，从建筑领域就可得出一个相当准确的概念。后现代性具体表现在以文丘里（Venturi）为最著名代表的一些建筑学家在 20 世纪 50 年代创立的理论中。为了反对包豪斯（Bauhaus）的功能美学（朴实无华、建筑首先应该有用），文丘里设想在美国的新奥尔良建造一座著名的意大利广场，类似用各色布片拼制的百衲片，用古老意大利的若干小块（热那亚、罗马……）拼凑成一个广场。文丘里后来还"引用各种建筑风格"设计一座楼房（一会儿用哥特式、一会儿是罗曼式……）。因此，建筑师不再寻求现代建筑的功用性，而是寻求块与块之间组合的有机性。

这一后现代性观念可以移植到当代社会生活中。当代社会生活不再仅仅是功能的、理性的或面向未来的。当代社会生活由各式各样的成分组成,尽管如此,它依然在继续运转!当代社会中处于初生状态的这种分裂所需要的行为不是一劳永逸的定义,而是对拼凑在一起的零碎东西之间的有机性逐步配合适应。

一位"内部"社会学家

马费佐利在法国社会学界的位置与众不同。他生于 1944 年,是现时态和日常生活研究中心的创始人,巴黎第五大学教授。他是吉尔贝·迪朗(Gilbert Durand)的学生,奋起攻击他所认为的以实证主义、理性主义和统计历史学为标志的社会学主流观念。他所捍卫的是一种理解研究方法,给予想象、情感和游戏以广阔的空间。他认为,最平凡的日常活动和亲近的关系才是基本社会活动所在。

他提问的出发点是统治问题和"社会的维系方式"。他最初的著作受到马克思主义的启发,内容主要是统治的形式(《统治的逻辑》,*Logique de la domination*,1976)。此后他开始思索个体躲避社会和制度施加压力的方式。在马费佐利看来,之所以个体们能达到目的,是由于他所称的"社会本能"——平凡的日常生活和社区经验,像友谊、团伙、短暂结群——的持久性,因为这两条构成了社会的主要内容。因此,这些方面也正是社会学家应该研究的内容(《赢得现时:论日常生活社会学》,*La Conquête du présent. Pour une sociologie de la vie quotidienne*,1979)。

日常生活、亲近关系和情感的社会学:马费佐利想要探索社会性的各个角落,他尤为关注亲近关系,为此他选择社区的与情感的关系起中心作用的事物为研究对象,像节日、暴力(《狄俄尼索斯的影子:对无节制行为社会学的贡献》,*L'Ombre de Dionysos. Contribution à une sociologie de l'orgie*,1982;《论平凡暴力起源》(*Essai sur la violence banale et fondatrice*,1984)。

在其系列分析中,马费佐利支持的论点是社会关系的部落化。与广为传布的个体主义增长上升的思想相反,他认定社区型和亲近型的来往,正在我们的社会中取代社会生活中的个体化和理性化形式。从小型短暂群体的增加可以观察到这一趋势,这些群体围绕着宗教的、文化的、性的、体育的等亲和性而形成。这些"部落"为迎合文化大众化、为回击重大体制(政党、家庭……)的疏远,以游乐和梦幻方式发挥功能。

理解和相对主义社会学:马费佐利捍卫他在《普通知识:当代社会学概要》(1985)一书中阐明的社会学观念和方法。日常生活的特点就在于情绪矛盾、一词多义、变化无常、微不足道……要抓住这些特点,社会学家就应从内部着手研究,并看重能感觉的知识;社会学家应该表现出情感同化,亲近研究对象。

马费佐利摒弃只从理性、意图和功利方面对个体提出问题的实证主义社会学。他感兴趣的是想象领域、主观生活、无足轻重的事情;按照他的说法,对灵活感人的实在性就应该用灵活感人的工具来反映。他反对标准化和数量化的观察技术,喜欢运用隐喻、书信、类比、生活故事。他所要的社会学是"流浪的"、"温存的"。

第五章

社会学家们的新目光

第一节 90年代
——法国社会学裂变

十年来，法国社会学发生了巨大的变化。往昔围绕几位巨匠构建起来的社会学，裂变成多种学派。

受到外国同行的影响，这些学派大都带有建构主义和互动主义观念的特征。

80年代末，法国社会学一般被描述成一个四角正方形：布东的方法学个体主义、布迪厄的批判结构主义、克罗齐耶的策略分析、图雷纳的行动社会学。十年过后，这一图解似乎分崩离析。并非我们的四个基点消失了，而是社会学场域同时分散并扩展了。今天，在社会学家眼里，可以用四个关键词勾勒出社会行动者的肖像：多元性，建构主义，意义，互动。

多元个体

一位严厉的老师，也可以是一名温存的丈夫、一个享乐主义者、甚至是某个体育运动队的热情捧场者。这项极为普通的观察说明了一个基本事实：我们每个人都有若干个行为模型。再加上社会放松控制，模型多元性的可能还在增大。由此可见，社会行动的主要维度就存在于人们会持续不断地作出的选择中。弗朗索瓦·迪贝（François Dubet）把在行动的各式各样境域之中必须作出选择，称为社会经验。在同一个体身上，行为表现模式具有多元性这一定见证实，对各类模型作单义解释，在当代社会学家看来相当可疑。因此，由贝尔纳·拉伊尔（Bernard Lahire）勾勒的"多元人"，是对惯习概念的一种批判（当然，只是在推理的基础上是这样）。

建构主义的与能理解人的观念

个体生存现在已经不大受到外界压力的影响，个体生存正在变为一种带有设计色彩的劳动。英国社会学家吉登斯宣称："你采取的每项决定，例如，选择

建构主义新社会学

近 20 年来，法国涌现出若干股社会学潮流，它们确立了新的研究重点，也为社会学重新定向。这些新学派有一个共同点，就是把社会事实理解为一种建构，而不是"天然的"或取决于外力的现实。社会并非自身存在，而是一种持续进程的结果；该进程源于个体的行动，源于他们的交换动力学，源于对他们的表象及他们的知识的启动……

菲利普·科尔屈夫（Philippe Corcuff）在《新社会学》（Les Nouvelles Sociologies, 1995）中用"社会建构主义"来标示这些"新社会学"。这些新社会学强行进入社会学场域，在以下几个方面发挥作用。

- 首先，比较老的一批著述者重新被发现，不过其阅听者处于相当边缘的地位。两位德国社会学大师，齐美尔和埃利亚斯，以及奥地利人舒茨，引发了大量评论，也提供了大量引文。虽然方式有所不同，但他们三人都极为关注互动，极为关注个体给自己的行动所赋予的价值意义；他们把互动与意义视为社会生活的动力。
- 来源于"第二芝加哥学派"的互动主义潮流，自 20 世纪 70 年代起名声鹊起，为越来越多的法国社会学家所了解。戈夫曼的面对面及日常生活社会学，成为当今的主要著述。常人方法学是脱胎于互动主义范畴的另一思潮，它对推理与实践进行分析，即人们为搞好平日行为活动所运用的推理与实践（争论，解决一个问题……）。西古莱尔在深入研究这种推理手段的同时，强调社会互动的认知维度——在法国，这一定位推动了许多领域的研究工作，例如，劳动社会学领域。
- 此外，一些著作占有重要地位，这些著作虽被列入建构主义的推理方法之列，但在很大程度上更偏向于理论。《现实的社会建构》是彼得·伯格（Peter Berger）与托马斯·卢克曼（Thomas Luckmann）合著的书，如今已被列入经典。在这本书中，两位作者提出将社会学建构主义观点进行综合。英国人吉登斯运用其"结构化理论"，也提出社会学总体方法，按照这一方法，社会由组成社会的复数个体行动构成，而复数个体本身又受到社会结构的约束。同样也要考虑到挪威人埃尔斯特，他尝试建立社会规范理论（《社会的黏合剂》，The Ciment of Society, 1989），目的是阐明什么使社会"站得住脚"。
- 在法国，建构主义的推理方法，突出表现在科学社会学领域，米歇尔·卡隆（Michel Callon）和布鲁诺·拉图尔是两位代表人物。这两人在研究一个实验室日常生活的同时证明：精心的设定之所以能获得成功，是符合科学规律的

> 活动的结果；当然，精心的设定得调动知识，还得调动策略、实际知识、客体（《实验室生活：科学现象的生产》，*La Vie de laboratoire. La production des faits scientifiques*, 1998）……他俩还设定了一个分析框架，强调行动者们进入网络，并强调各种理性均经过"翻译"渠道。组织社会学使用的就是这一模式，其形象说明可参见赫赫有名的扇贝实例 [P. 贝尔努 (P. Bernoux)，《组织社会学：新学派》，载于《人文科学》，第 64 期，1996 年 8—9 月]。

这样那样的装束，均属自我建构的动力学程序。"因而，社会现实本身就是一种自我生产，即是上述种种个人设计及这些设计相互对照冲突的结果。必须深入了解个体的主观性，才能弄清这种生产机制。由此诞生了一些能理解人的学派，旨在"从内部"领会推理及思路。塞尔日·波冈 (Serge Paugam) 对失去社会信誉的研究、考夫曼对家庭生活的分析、布迪厄领导的对社会苦难的调查，均表明了这种倾向。

意义、价值观与表象

建构主义立场促使我们自问：人们会赋予自己的行动什么价值意义？80 年代末的"行动者回归"，把有谋略的个体受到自身利益和理性（哪怕是有限理性）驱使的形象留给了人们；后来，社会学家揭示了该行动更为宽泛的缘由：价值观、规范、表象。这就是吉登斯想用反身性概念来表达的含义：行动者的表象和知识，会对他们的行为表现，进而对他们的社会生活施加压力。吉登斯认为，反身性是现代社会生活的重大特征。

博尔坦斯基和泰弗诺力图弄明白，在公共空间里妥协是怎样酝酿形成的，他俩认为是辩护——个体为自己的行动所做的辩护；换言之，就是个体所相信的价值观，可以破解他们行为的内因。另外一些研究成果，如菲利普·德·伊里巴内 (Philippe d'Iribarne) 对企业管理学，或米歇尔·潘松 (Michel Pinçon) 与莫妮克·潘松-夏洛 (Monique Pinçon-Chrlot) 对大资产者的论述，都揭示了文化、规范和符号在社会生活中的持久影响。

一种互动社会学

埃利亚斯在描述社会时用博弈作类比。任何行动都相当于在社会这个棋盘上走一步，从而必然会触动他人，他人则会作出反应，依次类推。把社会看做相互倚赖的组织这一观点，也深受美国两种研究潮流的影响——符号互动主义和常人方法学——这两种思潮认为，要透过互动以及每日面对面的交往，才能理解社会问题。因此，贝克尔断言："一个行为越轨还是不越轨，取决于其他人的反应方式。"在别的著述者那里，也表达了这种互动观点——在《权力和规则》(*Le Pouvoir et la Règle*)一书里，组织社会学的头领弗里德贝格强调交涉和局部秩序的概念，对组织概念置之不理。

米歇尔·卡隆和布鲁诺·拉图尔的科学社会学，其研究方向也是这样定位，亦属建构主义范式。按照这两位作者的看法，社会游戏（例如，普及一项革新，或处理一个危机）被人们所理解，是通过启动网络，并通过必不可少的翻译，以便行动者相互合作，因为行动者的思考方式各有不同，这也是人们使用"翻译社会学"这一术语的原因所在。90年代飞跃发展的社会网络分析是另一个范畴。

组织机构的衰弱与分裂

这些新学派的出现，是观测社会变动的结果。重大的组织机构（国家，教会，家庭，学校）对人们的命运一再地失去影响力。社会呈现为一个松散的整体，群体与个体充斥其间，他们本身则处于分裂中，我们姑且先不把社会广大的领域（乡村、小城市、老龄社会等）划入这一模式。

组织机构的衰弱与分裂——必须重点考虑的这两个问题，确定了研究方向。家庭是许多研究课题的对象，参见弗朗索瓦·德·森格里(François de Singly)、伊雷娜·泰里(Irène Théry)、考夫曼的专著。另一个重大题材是用多棱镜透视社会交往危机：贫穷与社会排斥（塞尔日·波冈）、暴力（维维奥尔卡）、失业（多米尼克·施纳佩尔，Dominique Schnapper）、郊区青年人和中学生（迪贝）、不安全感（塞巴斯蒂安·罗谢，Sebastian Roché）、社会苦难（布迪厄）、雇佣关系（卡斯特尔）、毒品（阿兰·埃伦贝格，Alain Ehrenberg）……

第二个重点：外国专著的影响，其共同点是上述社会生活的建构主义观念与互动观念。大师们的经典著作被广泛引用，如齐美尔及埃利亚斯，还有更贴近当今的一些著述者的专著，如吉登斯、彼得·伯格和托马斯·卢克曼、埃尔斯特、贝克尔、西古莱尔等。

布迪厄与众不同

这番概述只求反映各种倾向，不求穷尽分析。当然，某些研究调查范畴继续表现出顽强的生命力，比如芒德拉和迪尔恩研究小组的宏观社会学、组织社会学与劳动社会学、社会学分析与干预中心对社会新动向进行的研究……布迪厄思潮占有特殊地位，他极力做到分析切中要害，同时排除学术理论至上的因素：售书业的成就、公共辩论中的个性化和负责精神，均成为其研究对象。要到 20 世纪末，才会出现对布迪厄的社会学——而不是对他本人——的评论。

多元社会学

这个清单可能更会让人觉得社会学支离破碎。然而请注意，我们所分析的各个范畴都已亮明了自己的观点，辩论早已偃旗息鼓。学派及观察标尺多式多样，从今往后均被接纳。与它所研究的社会一样，社会学自身也是多元的。

六本书——十年的见证

《论辩护：声望经济学》(*De la justification: les économies de la grandeur*)

吕克·博尔坦斯基 (Luc Botanski)，洛朗·泰弗诺 (Laurent Thévenot)，伽利玛出版社，1991 年。

这本书为约定论学派奠基，其作者认为，人们的行为受种种价值体系支配。阅读指南是以六个领域（公民的、神灵或灵感启示的、商业的、家庭的、工业的、舆论承认的）作参照的类型论。社会游戏是这些世界观念之间妥协的结果。

《世界的苦难》(*La Misère du monde*)

皮埃尔·布迪厄 (Pierre Bourdieu)（主编），瑟依出版社，1993 年。

一次规模宏大的集体调查，广泛地了解法国各种类型的社会苦难。由于采用能理解人并且是主体的方法，该书与某些原理包括直至那时为止被作者确认的原理相决裂。该书的发行量远远超出社会学书籍惯常的阅读人数。

《经验社会学》(*Sociologie de l'expérience*)

弗朗索瓦·迪贝 (François Dubet)，瑟依出版社，1994 年。

社会裂变愈演愈烈，个体越来越受制于各种相互矛盾的逻辑。社会经验是个体要把行动的三种因素（与群体一体化、个人策略、肯定自我）结合起来的心境。

作者研究了青年人和中学生的亲身体验，他们的亲身体验说明，"行动者的这项工作"困难重重。

《社会问题的变形》（*Les Métamorphoses de la question sociale*）

罗伯特·卡斯特尔（Robert Castel），法亚尔出版社，1995年。

在作者看来，工薪劳动的脆弱化（弹性化、个体化、暂时化），趋于瓦解近一个多世纪建立起来的社会保障体系。这类不稳定化，是社会排斥现象蔓延的主要原因。

《心系工作》（*Le Coeur à l'ouvrage*）

让-克洛德·考夫曼（Jean-Claude Kaufmann），纳坦出版社，1997年。

通过对熨烫及擦亮煎锅的细致探究，作者提出用新观念审视日常行为。他领悟到感情、遐想、感觉的重要性。他指出了在自我构建中家庭领域起到的作用。

《多元人》（*L'Homme pluriel*）

贝纳尔·拉伊尔（Bernard Lahire），纳坦出版社，1998年。

每个行动者心中都拥有数不胜数的思索路径和行为方式。他会依据处境、依据他的目标……从库存里汲取恰到好处的行为模式。为了深入到这些路径的枢纽，作者对"心理社会学"进行了论证。

第二节 职责清单

为了解释同一现象，各门社会科学都在求助于繁多的理论和推理方式，在这一点上社会学表现得尤为突出。为了了解各种各样学派的起源及逻辑结构，列一份"职责清单"势在必行。

人们可能会认定，人文科学和社会科学注定要无法挽回地丧失信誉——美国物理学家艾伦·索卡尔（Alan Sokal）曾这样调侃道，但他这样说是有一定的背景的。第一个因素是继20世纪70年代狂热之后的失望，70年代是人文科学和社会科学似乎有能力改造世界的时代。但没过多久这两个学科的模式便宣告破产。与此同时，一方面，紧缩使得搞经济学的人常常盛气凌人；另一方面，美国式的"社会研究"得意忘形地把学术参照全部撇开，实行放任主义。最后一个因素是怀疑主义、实用主义、甚至是相对主义的意识形态不断发展，触及所有学术学科。在这样阴郁的大背景下，最有才气的人们有时会设法通过电视演说或自由表态，到处发表一些专断的讲话，论述人文科学与社会科学无价值、空泛无内容。这仿佛是一件不言而喻的事情。

与这种怀疑主义立场截然相反，难道现在不正是到了该列出一份"职责清单"，对人文科学方面的知识生产方式进行全面考虑的时候吗？也就是说：这些学科如何产生认识？如何为这种认识辩护？这些学科付诸实施了哪些科研程序？只有有了如此明确阐释的认识论，我们才能对知识的精确意义及有逻辑的推理作出衡量。

蔚为大观的学派、思潮和方法

学科及分析系列的多样性，助长了人们对简单化与归纳法的滥用。使用人文科学和社会科学词语，非但无准确性可言，反倒往往会招来一连串问号。事实上，这究竟涉及哪门子学科：心理学，历史学，经济学，人类学？组合这些学科，根据什么准则？把这诸多学科进行合并，随之再将其分配到某个方面，更侧重于社会或人文方面，是哪条原理许可这样去做的？每门学科都有纷繁的学派、思潮、方法、范式、术语,然而任何人都无法自吹,无法就中作出界定。对同一研究领域(学校,家庭,越轨行为……)、对同一个被划定范围的有限问题,有多种方法和多种用语共存,彼此间无法理解。

法国社会学让我们习惯了这样一些对立。例如,应不应该把学校设计成制造社会不平等的巨型机器,抑或相反,设计成一个面向行动者们(学生们、他们的家庭、教师们,以及行政部门)各种策略的行动空间?是机构,抑或持续不断的变革运动,给社会作镶嵌?美国社会学也持有相互矛盾的观点,例如,研究犯轻罪者的各个学派之间存有分歧就表明了这一点。在社会学领域,统计分析所揭示的不利条件(家长离异、失业、辍学、少数种族群体……),有无总体资料?换言之,有没有与他人互动轨迹的结果?既然在某个特定时候,互动会导致贴标签,导致打下社会烙印的程序。

这些问题重新把我们带回重大对立观念的库存里,而这种对立则是人文及社会各门科学所承袭下来的:结构/历史、模式/叙述、整体主义/个体主义、客观主义/主观主义、阐释/理解、质量主义/数量主义……正如巴舍拉尔所指出的,"光明在这里投下黑影。"以上取舍逐个被掌握,因而实际上都可以被整理出来,其中一方面的观点分析清楚了,但同时也使得别的方面被掩盖住。对立的范式企图理顺诸多观念,有对立就要表述,即简单化的和规范化的翻译。

众目睽睽之下,必须刻意以其昭昭使人昭昭。给每个学科和各类分析特有的科学性标准下定义是不可或缺的。为此,人文与社会科学各学科要制订计划以求提高认识,该计划涉及的性质、限制性规定及价值成为现在的难题。

澄清观念定义这样一个行动计划,必定要以提出下列双重疑问为前提:在被研究的学科里,何谓有价值的认识?什么构成其理性主体框架?

如何领会分析的多元性?

回答这样的问题,有实际的难度。应该看重理论、概念,还是看重方法?人文与社会科学界使用日益增多的截然不同的术语。他们的内在认识论(皮亚杰将其与外在认识论区别开)的任务是,建构分析工具,以求超越表面对立。

例如,分析社会行动(投票行为、消费行为或工作行为),促使社会学领域产生各种不同的理论。功利主义把一切行为表现都归结为利益盘算;现象学社会学则把一切行为看做社会上某种关系的表现,是价值体系、意图、计划、世界观在该关系里的体现。常人方法学认为行动是付诸实践的综合结果（个体实施日常的与常规的具体筹划）。符号互动主义则认为行动是沟通交换效应，并被列入关系网……每种思潮都标示各自的独到见解，建构自己的特性，围绕自己重新构筑学科空间。

划定构成一门学科的理性主体框架范围，不应先验或简单地罗列其各种思潮。社会学不能被概括为结局一致的总体，或最终占优势的研究大方向。社会学也不能被降低为迪尔凯姆和韦伯的研究项目之和，亦不能被降低为向布迪厄、吉登斯或哈贝马斯这些当代集大成者的挑战。社会学领域主要呈现为逻辑与认知空间，这两个范畴所有的因素相互接受彼此的意义。是该空间的结构，构成其理性主体框架。

人们可以用"范式"这个术语来表示某个学科空间里那些公认的建构学派。但我建议用"程序"，这一术语来自拉卡托斯（Imre Lakatos）的认识论，更具操作性。一个程序，是经由若干数量的公认原则确认的研究大方向。这些公认的原则对于客体的建构、分析及阐释，均明确做了限制性规定。在一门学科里，一个程序只要确实具有启发力，即具有促进和创造功能，这个程序就会行之有效。

证明学派之间相互对应

将这一观点应用到社会学里，符合客观总结，任何预先设定或靠不住的看法都不能与其相提并论。这一观点对多元界定的历史构建做了说明，该构建里的各项研究程序——因果论、功能主义、结构主义、行为主义——诞生、分支、冲突、有时凝聚成一种指导理论，变为大众化，并发生转化。鉴于这一观点，两个层面的分析区隔必不可少。第一层面可以直接感知，是各思潮、各学派的层面，其目标往往定位在扩大影响或打造新知识上。第二个层面是隐含的层面，是逻辑与认知的各种模式的层面，经过相关学科研究的不同程序所设置的模式。由此可以证明，上述各种行动理论（功利主义、现象学、常人方法学、符号互动论……），看似互不沾边，实则不然。事实上，以上各门理论都重新聚集在同一个模式下——意向性模式，尽管它们都不承认这一点。根据这一模式，某种特定社会现象（某项投资决定、某种消费的发展趋势、某种表现不可预见的变化等），是在某种行动体系框架里行动者总体各种意向组合的结果。

这样一个分析模式提供了一个一般框架，依据人们所强调的行动者动机（理性选择或价值),或是依据人们把注意力集中到互动上,该框架能就各个不同的程序作出详细解释。推理方式这样编列,构建了社会学理性主体框架的其中一个要素,该编列可用逻辑树图解标示(参阅下页专栏及图解)。但是,不可能把该图解原样移植到别的学科。在每种情况下,分析与澄清工作,都必须在内部认识论的范围内进行。

人们可以清楚地看到,把程序概念应用于人文科学与社会科学有三个好处。第一:程序概念没有任何规范的与指示的目的,也不企图说明何谓"真正的"科学。第二:程序概念建议使用一种逻辑描述工具,该工具十分贴近研究者每日工作中肯定使用的分析手段。第三:这个工具使各个学科之间进行比较有了可能,而且容许用已经更新的术语提出科学知识问题。

程序是要把认识的计划格式化,以利于分析种种现象,并使之可以理解。比如在社会学里,迪尔凯姆引进因果分析的一个程序,该程序的特点在于把被研究的种种现象转变为可变参数,建立其共变,并探求结构因素,这些联系可能是结构因素的表达式。通过分析,这个程序可以概括为 $y = f(x_1, x_2, \dots x_n)$,在这个公式里,$y$ 是被研究的现象(自杀、犯罪、选举行为等),可变参数 x_1、x_2 …… 是解释性因素(社会的、宗教的、地理的属性)。这样,因果分析模式就呈现为总体解释模式,该模式归集了各种各样的学派与理论。人们能够使研究程序的历史重现:20世纪初,早期分析尚处于襁褓中,术语呆滞含混;接着,一些著述者,像拉扎斯菲尔德和布东,用数学头脑将其精确化;最后是与信息技术密切相关的当今研究程序的分支……

人们也可以考虑将这同一个因果程序应用到别的学科,像心理学、经济学、历史学、语言学等中。因而,人们面对不同学科多式多样的用语,这些用语源于共同的逻辑结构。例如,在社会学里,统计分析各种变动所使用的证明方法与方式,就近似于心理学中的因子分析。作分析则能同时考虑形式与术语,乃至针对该程序其他学科所接受的术语,这样该程序就会面对不同学科中源于共同逻辑结构的多种用语。再深入一些,该程序还能对这同一结构的出现进行考虑,即属于别门科学的总体学科中的结构。

应该比较什么?

有了内在认识论(每个学科或总体学科所固有的)和外在(比较)认识论,

怎样将行动理论分类

在社会学领域，存在有好几种理论，这些理论把社会行动置于分析的重点。无论涉及对政治参与（投票，游行）的解释，还是涉及经济行为（消费方式……），人们感兴趣的是从这个角度看行动者的各种意向，以及他们的各种策略。贝特洛（J.-M.Berthelot）把这种阐释社会现象的方式冠之以"施动者的模式"。这一解释模型有不同的异文。某些异文强调行动者及其互动，即强调行动者所处的背景，另一些异文则侧重指出各种动机（价值观，利益……）的重要性。

- **行动的动力**（也就是动机）：行动者的动力（即动机）也可被概述为品行，或是被理性（人们像谋略家那样行动）、或是被主观性（人们按照某种世界观行动）操纵的品行。说到底，理性谋略的特征离不开两类模型：功利主义模型和有限理性模型。第一种模型把行动者看成一个"经济学人"；"经济学人"一边盘算"自己的成本与收益的差额"，一边使自己的利益最大化（理性选择模型）。相反，第二种模型把行动者视为谋略家，乃是按照不那么严格的"理性"行动，西蒙称之为"有限理性"。

- **互动**构成行动理论的另一极。在这种情况下，人们或是强调情境本身（例如，在家庭内部、在朋友圈子里、在公共场合建立起来的关系），或是强调集体行动的多种形式（社会运动社会学和组织社会学）。

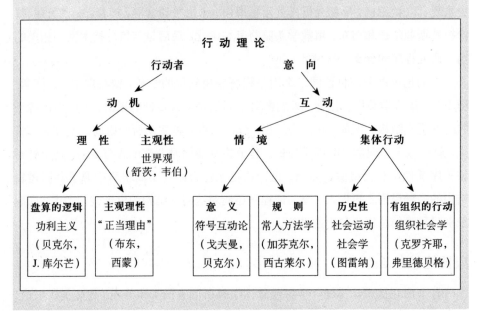

就可以本着共同目的进行对话。关键在于，每个学科都要阐明知识生产的程序与方法，将一个学科与另一个学科的程序与方法进行比较，从中发现核心要点并发现分析的共同模式、重新构建这些要点与共同模式的形成，并研究控制方法，以及知识有效化的方法……

所有这一切，今天仍以分散方式存在。历史学和科学社会学如今果断地深入到科学活动的中心，只要稍稍关注人文与社会科学，只要对认识论不再抱有偏见，历史学与科学社会学就能起到重要作用。认识论这门学科以分析方式及非规范方式应用于实践，既不以划分界限为目的，也不以划分等级为目的。相反，这门学科对任何科学事业都力求把握住共同探索的课题：对现象的可理解结构进行建构，使这些结构经得起批判。基于这种观点，在探索行动的、理性的、符号的、历史的和著述的法则的同时，人文与社会科学会被引导着去探索一些不同的界限，这些界限或者是其他学科能够同时阐明的，或者是其他学科在其历史上某个阶段已经放弃的。程序繁多和学派繁多是这些学科的特征，但不是功能欠缺的标志，而是在不同背景下为了澄清仍须作出努力的一种表现。

人文科学的六种方法

如何解释像生殖力下降、失业或神经官能紊乱等现象？为了解答这个问题，贝特洛（《对社会问题的理解》，*L'Intelligence du social*, 1990）总结出各门社会科学里的六大"简明易懂的模式"。在现实研究里，这些分析方式往往相互干扰。

- 因果方法对某种现象（忧郁综合症，离婚率上升……）作出说明，同时将该现象与别的因素联系起来进行分析。因果方法在于探究可变参数之间的关联，以求把各种解释因素离析出来。例如，迪尔凯姆在对自杀进行分析时就是这样做的：他力求把自杀频率与别的可变参数（像宗教归属或家庭境况）联系起来。
- 功能方法思索的是某个体系内部被研究现象的作用。例如，在某群体内部，礼仪有什么功能？人类学家马林诺夫斯基认为，宗教仪式（洗礼，领圣体）具有整合功能。
- 结构方法来自语言学，被列维－斯特劳斯应用到人类学方面。结构方法的目的在于，弄清经济及社会关系的深层结构。
- 解释论方法主要应用于符号资料，如闲言辩白、梦或建筑学。这种方法的关键在于,阐明某一现象可能具有的隐含意义。弗洛伊德就是这样分析失败行动的,其中谈到梦时他认为,梦显示出无意识但受抑制的冲动。
- 施动者方法为众多学派所采用,这些学派的共同点是,通过参照能动者有意识的行动,对某种现象作出解释。在历史学、政治学里,这种方法很常见;在阐释一个大事件时,施动者方法将其归因于有谋略的大人物(拿破仑与英国被封锁、列宁与战时共产主义)。
- 辩证方法意味着,把某种现象分析为动力学的展现,该动力学受到相互矛盾的各种力量的驱动。皮亚杰就是遵循这种方法,把智慧解释为心理模式与现实约束相对峙的双重逻辑。

第三节　寻找行动的逻辑

　　今天，有好几位社会学家都在通过一些类似的方法，采用"行动逻辑"的观点，试图重新思考社会行为。他们的共同点是：在弄清个体"行动理由"的同时，考虑动机与理性的多样性，并重视行动者就其自身行为所做的辩白。

　　距今差不多已有十年时间，"行动逻辑"成为法国社会学语汇中的一个常用概念。尽管"行动逻辑"是多种解释的支点，但使用该词语还因为使用者怀有雄心，想要超越两个单维度社会行动学派——传统的决定论和理性主义学派。

　　传统决定论学派企图通过种种客观因素（性别，社会归属……）来解释社会行动（消费行为、选择学校、文化实践……）；然而，对于这些客观因素，相关的能动者们可能并未真正意识到。在这种情况下，就要靠社会学家——透过主体所申明的理由——把控制个体行动方式与思考方式的真正动机揭示出来。第二种学派直接受到功利主义思潮的启发，将注意力放在行动者身上：个体为达到某种目的，进行理性思考、盘算、慎重考虑、估量所采用的手段等。这种有意识的盘算，解释了他们的行动。无论涉及投票、选定方向，还是决定购物，或者乃至决定要生孩子……行为从属于简单、单义的理性原则。主体以这种或那种方式，权衡行动的成本与收益。解释模式之间的这种对立自然过于简单化，难以准确说明社会学理论昨天和今天之间方方面面的细微差别。不过，想要超越这两种学派的那些人，常在考虑这种对立。事实上，试图超越这两种解释模式并非前所未有。例如，韦伯在其《经济与社会》（1922）里就已区分出四种形态的社会行动：传统的、对人有爱心的（或"情感状态的"）、价值理性的，及目的理性的；帕雷托则在其《普通社会学纲要》（1916）中提出，将"逻辑行动"与"非逻辑行动"进行对比。社会科学的这两位奠基之父想用这种方式说明，在名目繁多的社会行为表现中，理性行动（其意义是指，动员各种妥当手段，以求达到某种目的）只构成一种特殊情况。那些提出"行动逻辑"的社会学家们，与理性行动谱系一脉相承。他们都想证明，在任何社会行动中，行动者总会参照若干个"逻辑"，即有好几种意图和干预手段，这些意图与干预手段彼此相配合。

从行动者逻辑到行动逻辑

近年来，有三种研究方向被引入法国，为的是用行动逻辑观点重新审视社会行为。

第一种可定位的运动，出现在组织社会学中。在其新近出版的两部著作，《组织社会学》(*La Sociologie des organisations*, 1990) 和《组织社会学的新方法》(*Les Nouvelles Approches sociologiques des organisations*, 1996, 合著) 里，社会学家贝尔努 (Philippe Bernoux) 力图证明，借助于行动逻辑的分析，各种不同的组织分析图表如何能发生关联。贝尔努与他的合著者们从企业研究入手，注意到当前的社会学不大重视个体所在的框架，而往往特别关心行动者的逻辑。在一本划时代的书《在劳动中认同》(1997) 里，雷诺·圣索利厄 (Renaud Sainsaulieu) 借助下述事实解释了职业认同的形成：在一个企业内部，某些行动者群体（工人，职员，技工……）采用相同的逻辑。在一个群体里，利益、行为规范、价值观等之间的关联性，确实容许建构社会认同化的各种类型，这些类型在 70 年代广泛地覆盖着业务知识素养。这种思维手段高估了行动者的逻辑性，而忽略了行动者若脱离自己的身份及处境就不能自身存在这一点。由此看来，最好使用行动逻辑这一词语，"逻辑能随着被考虑的行动而变化；但这些逻辑被确定，并非基于行动者对自身的考虑。"按照这种观点，行动逻辑可被简单地定义为会合，即带有明显社会烙印的行动者与自己的身份及处境之间的会合，身份及处境则已受到机构的影响、被权力关系等格式化。

贝尔努给我们举了一个例子，从他 20 年前在贝利埃 (Berlier) 工厂一个车间进行的一项调查 (《属于自己的劳动》，*Un travail à soi*, 1982) 谈起。当时人们可以察觉，熟练工人有三个特征：他们是农民出身的工人，是工人传统的工人，以及原籍突尼斯——他们本人是来自突尼斯农村的工人。前两个群体的态度，颇有"显著特征"，并且是"特有的"：农民出身的工人更相信宿命论、顺从，更尊重等级制度；工人出身的工人更是唯意志论者，并且好斗；原籍突尼斯的工人表现出的行为，则是参照前两种类型中的其中一种。突尼斯工人既是出于策略原因，也是出于家庭或文化方面的原因，所以能把他们的行动方式并入两种不同的模式中。然而，最惹人注目的是，某些人虽然首先选定参照农民群体类型，但却随即便转向工人群体类型，相反的情况则从未真正出现过。"这种选择，显而易见是个人性的、策略性的；是通过迅速参照历史，甚至参照机构情况，才明确地作出这种选择。在 70 年代,工业社会葬送了农民的法国,随之造成流动性,从农场向工厂移动,而不是相反。这里存在一种运动,远远超出贝利埃公司车间的范围。"这一事例可以使人们清楚看出,微观分析与行动背景相结合是有好处的。另外还有认识论方面的一个双重界限:一方面是缘木求鱼的愿望,换句话说,要把理论上很难取得一致的种种分析联系起来;另一方面,随后是行动逻辑类型学在制作上的困难,该类型学可以充当阅读一览表,适用于任何经验调查。

角色和经验之间

研究行动逻辑的第二种方法,是迪贝在两部著作里提出的:在《经验社会学》(*Sociologie de l'expérience*, 1994)里,他介绍了一种新分析图表;《在学校里,学校经验社会学》(1996,合著)是这种方法在学校系统的一种应用。

近年来,迪贝着手研究的程序显然借鉴了图雷纳的研究成果,不过,得出的结论则未必相同。迪贝区分出三种行动逻辑,其中每一种都反馈到构成社会的多种体系中的某一体系上。

- 第一种是整合逻辑:整合逻辑反映在任何社会组织的现存社区里。按照这一逻辑,设定行动的角度是社会归属的角度、人种归属的角度……个体归属或群体归属的角度。行动的目标是维系,也就是加强一个社会框架里的归属意识,社会首先被理解成一个整合体系。所以,同一个班的学生形成一个社区,与该校其他班级或与老师们相对而言,该社区随时都在建构自己的同一性:"这种整合逻辑建构表象与实践:替罪羊,向与教师'合作'的'叛徒们'施加压力,相互帮忙,齐心合力起哄……"
- 第二种行动逻辑是策略逻辑。策略逻辑反映在市场世界。在这一视角下,学生们彼此都是竞争者,他们在学校这个市场上相互对峙,由此他们制定了个人的且是"自私"的策略。行动由心领神会的利害关系主导,并由功利主义的理性原则塑造而成。
- 第三种行动逻辑是"主观性"逻辑。主观性逻辑被确定,是与文化决策相关联的。在这一视角下,行动被决定下来,与考虑到价值观的"承诺"相关联。因此,"真实性"的价值今天得到所有中学生的认可。

迪贝称这三种行动逻辑的结合为"社会经验",这三种行动逻辑在不同程度上互相渗透。人们可以更准确地"指出，经验是行动逻辑的结合体（……）。行动者必须将行动的种种不同逻辑有机地结合起来，这就是该活动孕育的动力学；该活动构成行动者的主观性和他的反身性。"行动绝对不能完全被归结为三种逻辑中的一种。在社会行动中缺少重心，是使人产生强烈印象的现实，何况社会再也不能被还原为国家主义的国家——将一种文化、若干个机构，以及一种生产方式统一起来的国家主义的国家。因此，行动者们如今被卷入逻辑的旋涡，这些逻辑彼此越来越不连贯。他们必须应对这些逻辑之间越来越强烈的张力。

在学校里，教师们目前的经验证明了这一点。迪贝发现，长期以来，对教师的认同、教师的身份、教师的行为规范，以及由此产生的教师的主观性，早都已被赋予教师的社会角色塑造好了（这一角色通过学生们、同事们及学校行政人员明确的及众望所归的期待……表现出来）。如今，教师们跟他们的社会角色日益拉开了距离，而且明确地把"身份"与"职业"分开。"他们的经验在两个分离的参照范围之间动摇踌躇，在两种特定的行动逻辑之间摇摆不定。"

介于考证社会学与批判社会学之间

"行动逻辑"的第三种方法是由博尔坦斯基和泰弗诺提出的，他俩在《论辩护，声望经济学》一书中，为一个取名为"约定论学派"的研究新潮流奠定了基础，该学派的研究对象是规则、规范，即社会行动者之间建立起来的约定。这些约定，既非作为总体社会的效能设计出来强加给个体者，也不是作为约束明白无误地在理性能动者之间订立的简单明确的契约。可见，这两位作者的推理方法，与决定论和理性主义学派都保持着距离。

在这本书中，博尔坦斯基和泰弗诺首先认为，人人具有真正的认知能力和道德能力，能够辨别出某种情境的本质，面对该情境也能调整他们的行动。每个人都在依据复杂的价值观和利害关系来确定自己的行动。不过，他们还须作出妥协，调整他们的行动，以迎合周围人的期待。那么，这些价值观和利害关系都是什么呢？或者说，行动者指导自己行动所倚仗的是哪些"行动理由"？按照博尔坦斯基和泰弗诺的见解，揭示行动理由最有利的时机，是行动者们发生冲突的时刻，这也是他们必须为自己的行动进行辩护、必须为自己的行动表现找到论据、找到"辩护词"的时刻。某个职员与其顶头上司闹对立就属于这种情况；或者，当政治人物为信誉归属进行辩论时，再或是夫妻争吵时，均属这种情况。行动者在表达自己的异议时，实际上所参照的价值观，会根据具体情况偏离博尔坦斯基和泰弗诺建构的模型——用于辩护的六个"城邦"，即六个"表象世界"，是该模型的基础。这些"城邦"是一些参照体系，行动者可以依据这些体系，视情境采取行动、协调自己的行动，并为自己的行动有法律依据进行辩护。在这些"城邦"内部，存在一条普遍原则（共同的最高原则），例如，在"声望城邦"里，参照原则是接受他人的意见。合作的行动逻辑是寻求众望所归的逻辑。在"家庭城邦"里，参照原则是父系原则（家庭逻辑）。在这样一个框架里，最被看重的社会关系是一种持久关系，建立在信任先辈、熟悉先辈智慧等的基础上。与每个"城邦"相对应的，是确定"声望"的某种方式：在"声望城邦"里，个体的声望有赖于他人的公论；在"家庭城邦"里，声望与在等级制度中所占的地位有关；在"商业城邦"里，获取财富的能力是决定性的……

借用多迪耶（Nicolas Dodier）所举的一个例子，可以对社会学家以什么方式掌握这样一个分析框架更好地作出评价。场景发生在一个生产车间里。一个组长与一个工人展开一场激烈争吵。组长根据报告，得知工人制作的产品质量有多种缺陷，便责怪他马虎、甚至不称职。工人则进行反驳，同时提及准确调整机器有困难，因为人们不停地让他生产尺寸、颜色、形状变化不定的产品，致使他的机器经常失调。组长回答：这就是现在的市场规则；为了生存，企业必须迅速对顾客的订货作出反应，否则就会失去市场。工人于是改换辩论格调，并提醒这位上司注意，自从他当选代表以来，就不停地给工人找麻烦，这就是资方专横的新证据……"在这类争执中，每个当事人都站到有正确含义的情理方面。上述场景的动力学产生于对峙，乃是有正确含义的情理以不同的表达方式所造成的对峙：根据人们的能力评价人、与市场规律保持一致、揭露人们无法承受的劳动环境、捍卫企业里的民主。"（N.多迪耶，《在好几个世界里行动》（Agir dans plusieurs mondes），载于"评论"（*Critique*），第529—530期，1991年6—7月。）因此，借助博尔坦斯基和泰弗诺打造的这个框架，这位社会学家按照下列方法进行调查：他把行动者发展了的辩术纳入他的分析中；他仔细研究相互对峙的各种逻辑；他记录下"一般性升温"（为证明处境特殊借助于普遍原则，如享有工会承认的权利）；他观察到，客体（例如一件残品）如何被调动，用以支持一种论据等。总之，他认真对待行动者的措辞，这些措辞完全具备社会行动的特点。

行动逻辑、理性和正义

如同前面被提及的那些人，今天推敲"逻辑行动"的社会学家们，对那些认为社会系统的演化预先确定了个体表现的分析一概拒不接受，也拒不接受对功利主义盘算所做的那些分析。但这并不意味着某种严密划一的替代观点已初见端倪。"行动逻辑"这一术语，与研究目标及理论倾向息息相关，这些理论倾向依旧四分五裂。

无论如何，依靠这些理论研究工作——也多亏另一些方向一致的研究工作——今天已经启动了两项特别振奋人心的研究计划。第一项计划涉及理性与认同之间的联系。"行动逻辑"这一主题体系提请人们，分析行动不要局限于只分析个体利益，而是要考虑社会认同的各种组成要素，要从自我给他人留下的印象，以及他人为自我制作的形象开始。事实上，只有做好历史与个人规划（自我认同）及人际关系方式（对他人的认同）之间的链接，才能尽可能把握住行动逻辑和社会变迁逻辑。[1] 第二个调查轴心是把理性与社会公正结合到一起。承认行动逻辑多元性的存在，一下子就使人们联想到社会公正的多种原则与领域的存在。[2] 同样是通过这一方式，这些学术研究与社会学家的关注点不谋而合，例如，埃尔斯特在局部范围瞄准正义原理的变异性和复杂性，同时他又与社会正义过于空泛的诸多图解相决裂。[3] 本着这种精神，埃尔斯特指出，移植一个器官，是选择一个还是数个受益者，就成为局部公正的典型例子。采纳什么标准（一个或多个标准）？依据哪种理性（一种或多种理性）？面对等待移植手术的病号名单，优先选择这个还是那个？是根据治疗的急迫性，还是根据移植成功的可能性？根据年龄，还是根据患者的社会影响？只有在局部做社会学调查研究，才有望解答这样的问题。一如理性与"行动逻辑"的关系，社会公正的概念越是被分解，实践的复杂性和日常生活的窘境就越会更好地被具体揭示出来，社会就会更公正。

注释：

[1] C. 迪巴（Dubar），《社会化——建构社会认同和专业认同》（*La Socialisation- Construction des identités socials et professionnelles*，1991）。

[2] M. 维尔策（Walzer），《正义的范畴》（*Spheres of Justice*，1983）。

[3] J. 埃尔斯特，《局部公正——社会公共机构如何分配稀少的资源和必要的负担？》（*Local Justice-How Institutions Allocate Scarce Goods and Necessary Burdens*，1992）。

第四节　生活就是经验
——弗朗索瓦·迪贝访谈录

弗朗索瓦·迪贝

　　个体行动总是在若干种逻辑之间左右为难：价值观的、个人利益的、社会角色的。怎样在这些逻辑之间重建协调？这便是行动者们"经验"的目标。

　　《人文科学》记者：在《经验社会学》里，你的出发点是认为经典社会学在走下坡路。你说这话是什么意思？再者，走下坡路都有哪些迹象？

　　迪贝：在我看来，"经典社会学"这一术语指的是一种传统，长久以来构成社会学思想的主要母体，人们可以用下面三个公设说明其特征：

- 行动者和系统，是同一现实的两个侧面；行动者是系统的内在化；
- 依照这种观念，个体完全社会化了。社会化教他得以用独立方式行动，教他使系统规范内在化；
- 第三个公设：社会存在着，是一种系统，可被视为与国家－民族等同，国家－民族能保障社会整合。

　　大约近30年来，这种传统（主要是从迪尔凯姆到帕森斯）已不再是作参照的母体。人们目睹了这个学科裂变成许多范式，这有以下好几个原因。

甚至社会观念也被打乱了。人们看到多种逻辑脱节：国家的，经济的，文化的，政治的……其次，经典社会学的这种"社会人文主义"，受到两种思潮的质疑。第一种思潮，主要由布迪厄和福柯倡导，该思潮将个体自主性当做幻觉和异化揭示出来。另一种是揭示"孤芳自赏的个体主义"的思潮。总之，对行动者与系统同一性的公设，分解成两种倾向：一种观念把社会视如互动的剧场（戈夫曼，常人方法学理论家……）；另一种是"理性主义"思潮，这种思潮的着眼点是经济学及利益的范式（布东，克罗齐耶）。

最终，将行动者和系统视为统一体的这一"经典"母体，到了今天仅只存在于布迪厄的社会学中，而且还是以批判方式存在。社会学中的重大理论是行动理论，而不再是从前的系统理论；而且人们看到行动者与系统之间、社会客观性与个体主观性之间出现了脱节。这种裂变局面，提出了一个严峻的教育学难题——怎样去教授一门无法再重建其统一的学科？

记者：你力图建构解释的严密性，提出了社会经验概念。为何你觉得这一概念"非此不可"？

迪贝：对我来说，这涉及一个勉强建构起来的观念。这一观念是我研究经验的一个产物。没错，进行实地考察时，我可以期望遇到一些行动者扮演一些角色，他们已经把规范内在化了；可实际上，我面对一些人，他们把时间花在解释他们如何建构他们的行动方式上。他们倾向于把他们的职业和他们的社会生活定义为一种经验、定义为个体的一种建构。以夫妻关系为例。过去，家庭结构稳定。虽然夫妻间没有或者不再有爱情关系，但这并不会危及家庭结构。如今，对于爱情关系，人们不得不维护，亦不得不更新；他们不得不持续不懈地建构夫妻关系。因此，离婚率不断攀升。当初是"自然史"的东西，而今则成了经验研究。

记者：你围绕着行动的"连贯三联"理论——整合、策略、主观化——建构起社会经验观念。你能解释一下行动的这三个方面吗？

迪贝：对社会有见解的意思是有三种逻辑：整合逻辑（社区）、策略性利益逻辑（市场）、主观化逻辑（文化）。这三个方面应该一起运作。我认为，今天这三种逻辑相互脱节；社会经验来自两方面的努力：处理好脱节，并奋力重建统一性。这就好比一个大学生在选择专业方向及工作方式时，应力求把他参与社会的及文化的整合的方式、把他对学习与对专业的兴趣、把他对智力活动的憧憬，都结合起来。以往对"后继者"来说是理所当然的事情，如今再也行不通了。

与森格里一样，对于阅读实践，我们也有所了解。"善于读书者"，是自小就受到培育要读书的人；他的阅读具有某种策略，他有能力令自己的主观意图驾驭阅读。可惜人们发现，大部分人的阅读，都只是出于上述三种理由中的一种，无力在阅读实践中让这三种逻辑协调一致。

记者：如何给"社会经验"下定义？

迪贝：这涉及方式问题，行动者以自己的方式为自己筹划行动的上述多样客观逻辑。就是这种能力，造就他们成为主体。这些逻辑并不属于我们。社会经验在于有能力在以上诸方面进行策划，并要应对这些多方面逻辑产生的张力。一些人以和谐的方式经历了这种策划行动，像学习优秀的学生就是这样。相反，另一些人主要是感受到紧张压力，他们的经验是一种痛楚，有内部结构遭到解除之感，像学习困难的学生。

记者：在"组织指挥"行动的多种逻辑这个范畴，对于个体能力的参差不齐，如何解释？

迪贝：社会经验是一场考验。这场考验非常不平等：在每种逻辑方面都存在着资源的不平等。在整合方面，人们被整合融入的程度不会划一。在策略方面，人人都是谋略家，人人都可以玩游戏。不过，有些人有更多的心计手法，手里握的牌比别人的多。最后，在主观化方面，是人们称之为阶级统治的玩意儿在玩游戏。人们面对的是各种创造性意境，但人们在一定程度上却又被排斥在外。

统治阶级的成员们，是那些有能力建构自己社会经验的人，因为他们拥有资源。对没有这种能力的人来说，这甚至会导致人格毁灭、与社会系统决裂，做苦工的青年人就属于这种情况。

记者：这种研究方法引导你作出公设，其前提是须把行动者视为一个"智者"，视为一个完成某种工作的人。由此便可推断出社会学家的某种特殊姿态。

迪贝：假如人们同意社会经验原理，人们就会看到，行动者只有把社会经验放置一段时间，回过头来，社会经验才有用场。行动者必须保持距离、客观看待，才能重新构成失去的统一性。这里有一个反身性时空，社会学家不应该忽略。对于个体的这个关键行为，社会学家应该能够理解，并作出阐释，还要能与他们共同分享。如果人们想理解这些，就必须与行动者一起领会这样的反思。我断言人们有这样的能力。

记者：社会学家和行动者们如何共同建构这项工作？

迪贝：关于这一点，1983年我与曼盖特（les Minguettes）的青年游行者们所经历的事很能说明问题。与许多行动者一样，他们也创造了一个"全面的"说法："我们要认同与平等，我们是法国人也是移民……"在我这方面，我推测他们有一种完全变质、彻底毁灭的经验。我们与这些年轻人一同建构了一次辩论，当然颇为艰难。在这次辩论中，社会学家做了工作，容许他们从社会阶级关系的角度，具体表达他们的经历与体验，像紧张的精神或心理状态。他们感到内心紧张：既有整合的愿望，又有认同的要求；他们感受到的内心紧张，像是一种危机，同时内心紧张又被否认。因而，社会学家的工作就在于说：这种紧张确实存在，承担这紧张的责任吧。所以，经验社会学在某种意义上就是临床社会学。

记者：你还断言行动者永远不会完全社会化，并断言行动者总是保留着"自我反省"。就这个命题，你能谈谈你的看法吗？

迪贝：干苦工的这些年轻人的社会经验，是由其所置身的极端处境造成的。他们受到强烈的谴责。在很大程度上，他们把受害者的角色内在化了。他们尤其接受了学校给他们本人确定的负面形象：能力差，缺乏毅力，"愚笨"……然而，如果把不利条件转化为行动对策，他们也能改变所经历的一切。马格里布（侨居法国的北非阿拉伯人）年轻的后裔们，有时转向种族主义，把种族主义作为护身系统，结果却成为种族主义的受害者。在学校里受挫的法国年轻人，彻底被自己的不及格给压垮。不及格的马格里布青年至少还可以说，这就因为他是阿拉伯人。他可以利用这套迂回策略来"逃命"。

记者：这种推理方法让你不仅只是评述几个"生活故事"，而是容许你对组织机构或社会现象进行分析。

迪贝：30年前，对于所有的社会学家来说，"社会阶级"这一概念是不言而喻的。那时，这一概念确定了某种原则，就是文化认同、阶级利益及阶级的历史构想之间的连续性原则。一些研究人员当时纳闷，例如，为什么有些工人不投左翼的票。今天人们发现，构成社会运动的这三个因素早已彻底分解。今后，建构一场社会运动，将是一项复杂而又没有把握的方案。各种社会运动有一个极大的弱点，并非因为社会症结化为乌有，而是因为从前把论据从一个方面转而应用到另一个方面是自然而然的，今天却行不通了。如今，生态学家和环境保护主义者遇到的大难题是，如何把为了保护世界从伦理上提出的异议，与经济利益结合起来。这种结合极为脆弱，因为我可以捍卫我的家园，反对修筑一条高速火车铁道，但我却无法转而把这与保护大自然、与某项政治方案联系起来。而在过去，一名工人轻而易举地就能把捍卫他自己的工资与为争取全人类进步而斗争联系到一起。

我们可以再举个学校的例子。自从我们国家实行共和政体以来，在意识形态上，学校是进步主义的（启蒙学校）；但在教学上是保守的，与社会是隔离的。这是一个做了极大幅度调整的机构：各种特定的院校、特定的教学手段，适于在校就读的特定的求学者们……从学校面向大众之日起，就引进了竞争逻辑，学校像市场一样运作。以前是在校外进行选拔，现在则是在校内、在校期间自始至终都是选拔过程。所以，竞争原则大量干预到教学世界，但预先已被与社会隔离开的教学世界，则使竞争原则失去了作用。第二个可观的变化是：教学世界本是学生的世界，可是学校却有权对其成员宣布："把你们的青春活力、你们的少年朝气，放到校外享用吧。"这是穿灰色校服的世界。结果使得大量孩子涌入学校的同时，教学关系被打乱了，因为学校接纳了一些在学习方面"未制定培养儿童计划的家庭"的学生：家庭培育与学校培养之间不再有连续性。往昔的学校这个机构，现在变为爆满的世界；只有当行动者们为了他们自己，凭他们个人的经验，有能力重新安排时，这个世界才得以苟延残喘。这导致教学世界的某种瘫痪，原因是人们无法再根据唯一原则来进行管理——竞争原则、由于接触批判文化而形成的主观化原则，以及孩子们的社会化原则，这些原则并不是天生就能自动相容的。

我认为，这并非一场危机，也不是一个过渡阶段；实际上，现代社会就是这个样子。如此变质走样，学生们有感受，老师们也有感受。今年我教过一个初中班。人们发现，教师们的期待与学生们的期待相去甚远；如果你只限于扮演你当老师的角色，根本行不通。老师必须建构教学关系，这才容许他把课讲下去；为此，他不能不以他的人格作抵押，他再也无法把人格隐藏在他的角色后面。体验这种境况，很不是滋味，叫人惴惴不安。人们还注意到，教师们之间也展开了一场争斗，为的是到那些与老辈班级最相似的班级去授课，只因在那里他们无须在教学关系中拿人格作抵押，在别处不抵押人格被认为是失礼不当。

若用漫画手法来描述，是否可以说，在十分确定的群体中，哪里有客观的社会紧张局势，哪里就只剩下人格难题。今天，集体行动土崩瓦解，只剩下各种纯粹只具有表现力（无任何诉求）的运动、各种无规划意愿的超行会主义运动。再也不会有把个人难题同社会症结联系起来的意愿。不过，社会概念毕竟是新出现的。在往昔漫长的阶段里，人们用神权或社会契约观点进行思考。社会学家创造了"社会"这个概念，或许，这个概念还会再存活上一段时期。

第五节　多元人
——经受个体考验的社会学

拉伊尔

社会学曾长期认为，人一律都是为他的社会阶层所塑造。然而，观察证明，行动者在行动时会运用各种不同的原则，有时甚至会使用一些相互矛盾的原则。

因为想要对集体的实践与行为表现作出解释，社会学家们便制定了人的同质观念——看上去人属于一个"整体"，为原则（惯习、模式、规范、生活方式……）一致的总体所塑造。这种观点引发了一些描述，如描写这位细木工匠，他的一切无不体现出该行业劳动伦理的特征：一丝不苟、完美无缺、精雕细刻、好上加好……人们还发现了他对自己的一切行为所做的安排：他经管收支的方式、他的言语、他的衣着、他的住房、他的举止……[1]这类例证用于说明某些统计走势或者社会逻辑尚有助益，一旦被拿来反映现实中某一特定的人，就会带有欺骗性。观察证明，行动者会运用不同的行动原则，有时甚至是使用相互矛盾的原则。同一个体在他的一生中，根据不同的背景可能依次也可能同时是小学生、儿子、父亲、好朋友、恋人、守门员、儿童合唱队队员、顾客、经理、活跃分子……这种差异反映了社会角色的单一游戏,此外还反映出社会化模式的多样性。由此人们可以推断:每个行动者的行动模式和习惯模式是多种多样、混合的。行动模式的库存有多有少,因人而异;行动模式库存依据情景,激活"准备演出的节目",进行组织编排。

可是,论及社会上的人,社会科学曾长期沉湎于同质化观念。对于行动者所感受过的经验是多样性的、行动者把各种"角色"内在化了,研究人员即使认可,也还是经常会预先设定:在多样性的背后,根本的统一性(一个本身一贯而且统一化的"自我")依然在活动。这种预先设定由于下列事实而得到强化:这个范畴或那个范畴(教育、文化、家庭、城市、政治……)的专家们经常(过于经常)观察行动者们,可惜只是在惟一一个背景下,或是只在单一活动范围内作观察。家庭社会学家看到的仅限于家庭行为表现,文化社会学家眼里只有文化实践,等等。由此他们推断出一般性的"意向"、"精神状态"、"世界观",但却不去过问,在别的情景下,这些行动者是否还会有相似的行为表现?倘若研究人员的工作进展不太快,或许他们出于无奈会变得谦和些,同时坦言在某种情境中确定的那些条条,只是先验地在那种背景中才有价值。

谈到这里,我们的目的并非想要一劳永逸地了断行动者的单一性或多元性这个难题。关键是,应从历史角度审视这个问题。换句话说,是哪些社会-历史条件制造出多元行动者,或者相反,制造出有着极度单一性特点的行动者。

标尺效应还是社会效应?

如果说今天我们认为人是多元的,那么人们可能就会问了:观点上的这种变化,究竟是跟社会化环境相关的历史原因呢,还是观察效应造成的科学原因呢?这两个回答都正确。一方面,在个体层面,研究人员关注个体的社会结构,因而他们不得不注意到,此前人们所能预设的某些同质性都伴随有某些异质性。另一方面,如今这样的社会世界,促使人们接受这种新的视角。

起初是科学标尺与视角问题。最初,社会科学对群体、对社会结构、对背景,换言之对互动,产生了兴趣,后来逐渐转向对单一的行动者进行研究。渐渐地,人们变换了焦距。人们从运用"典型案例"格式,对一个时代的文化、一个群体、一个阶级,或者对一种类型的分析作说明,过渡到把单一事例作为单一事例来研究。实际上,20世纪初,社会学家们就已绘制出了资产者、农民、外来人、工人的典型画像。但在这之后,有些人把个体看做不仅只是一个群体的代表,而且还是有多方面社会化经验的既复杂又独特的产物;在这些人眼里,"典型案例"不过是漫画而已。个体的人格及其各种态度,产生于他在学校学的东西,是他的家庭、他的职业、他的闲暇活动、他的旅行、他的社会交往、宗教活动、感情生活……造成的结果。正是因为理解了单一性,人们才迫不得已注意到多元性上——单一性必然是多元的。

观念变革的另一个原因与社会世界的演化有关。各种传统社会与当今每个社会之间的差异是多么大啊!在传统社会(部落,或乡村)里,每个人都能对他人实施控制。劳动分工、社会功能与活动范围的分化很落后:经济活动、政治、司法、宗教、伦理、认知……诸领域,相互交错纠缠。行动者们终其一生都屈从于稳定的环境。不存在多样的、竞争性的、互为对立的社会化模式,他们没有选择。与其相反,在当代社会,各种活动范围、各种机构、各种文化产品及各种社会模式都高度分化,社会化环境与传统社会相比很不稳定。更有甚者,个体有时会加入网络,或者加入机构,而这些网络和机构所传播的价值观和模式,往往截然对立。处于家庭、学校、朋友圈子、俱乐部、联合会、媒体……之间,孩子们日益要面对不协调的、相互竞争的各种情境。

因此,习惯或者行动模式的协调一致,有赖于社会化原则的协调一致,行动者会顺应这些原则:例如,有的母亲为全力以赴教育自己的孩子而"选择"不工作,有的家庭会安置一整套监控设施(不让看电视,严格控制电视节目和读物……)[2]。这里就有旨在保证社会化模式协调一致的策略,传统的资产阶级家庭采用的就是这种策略,在这些家庭里,孩子们的生活以及常与他们往来的人都被严格圈定(就读于私立学校,检查控制课外读物和课外活动等)。

反之,行动者一旦被置于非同质性多元社会背景,他的布局安排库存、习惯库存或者能力库存就不统一了。他将会视社会背景的变化,去从事异质性或者互为矛盾的实际活动。在夫妻新婚或第一个孩子出生时,人们常可观察到这种情况。有的妇女固然接受了"现代的"和"解放了的"女性生活方式,但借此机会她们又恢复了当家庭妇女这一传统角色,其实她们早已受过当家庭妇女习俗的熏染,只是尚未意识到罢了。[3] 可见,同是一个人,所携带的家庭行动模式至少有两种。在与配偶协同建立互动方式的同时,两个模式中的一个被启动,另一个则被束之高阁。

在一个分化的社会里，人们倾向于把行动者布局安排的同质性视为模态状况，而且是最常见的状况。实际上，我们觉得这种状况发生的可能性最小，并且是最为特殊的。更常见的是，个体者带有不一致而且是截然不同的习惯。多元人是通例，而不是例外。

背景的多元性，习惯的多元性

当然，人生各个时期会形成不同的习惯，每个时期都有差异。人们尤其区分出社会化的"初级"阶段（主要是家庭），后来所有的各个阶段人们统称为"次级"阶段（学校，同辈群体，工作等）。[4] 这样区分自然有重要意义，可以使人们领悟到：孩子获得一系列社会经验，全靠对成年人在社会感情上的依赖。不过，这样区分也诱使人们把个体的人生行程想象成从同质阶段（家庭）过渡到异质阶段（学校，工作，朋友网络），但这样概括遭到了各种经验观察的驳斥。

首先，在家庭结构这一核心总是会有异质性在场，家庭结构绝对不是一个完美无缺的整体组织。情况不同，便会出现差异或矛盾：在"玩耍"与"努力读书"之间；在大力支持学校的一切工作与不大关心之间；在偏爱阅读与缺乏实践也不爱读书之间；在母亲很严厉的道德管教与父亲过来反对母亲的努力、父亲主张放任主义之间；在文盲的成年人与高中毕业班的孩子们之间等等。[5]

此外，初级阶段与次级阶段机构的"重叠"，经常受到社会化行动的干扰，这是一些来自社会不同领域太过提早的社会化行动，像奶妈（出生后几天或几周），托儿所（出生后几个月），或者幼儿园（从两岁开始）。社会上各个不同领域的社会化规划，未必会与家庭规划协调一致。孩子太早被放进托儿所，他就会感知到：不同的人对他有不同的期待，并且"这里"和"那里"的人们，对待他的态度是不一致的——对此，人们怎能熟视无睹？所以，在我们极度分化的社会里，各阶层的多元性经验很有可能是早熟的。

最后，即便是在不同的社会感情环境里实现的，社会化次级阶段也能跟家庭垄断进行竞争。"由于上辈子而被降级"的那些人、被人们称作"背叛阶级"的那些人（通过求学，条件差的阶层中"脱颖而出"的孩子们），是这方面不容置疑的例证。这些"奇迹般脱险的人们"，之所以能成功摆脱他们出身的社会环境，是通过学校这一途径，换句话说就是通过社会化母体——一个与他们的家庭母体完全相反的母体。

从一个阶层到另一个阶层

家庭天地与学校天地之间存在着差异，对此贫困阶层中一些继续学业的孩子们会有所体验，他们这种体验有可能会向其自身提出一些难题。安妮·埃尔诺（小商人之女，成为教授兼作家）在她的《空空的衣柜》(Les Armoires vides, 1974) 一书中，描述了对风俗习惯的这种多元体验，如何转化为内心冲突，甚至转化为苦恼。

孩提时代似乎是清纯的共同生活时期："我在两个世界之间摇摆不定。未经思索，我就跨越了它们。只要自己不弄错，那些粗鄙下作的话、夸夸其谈，就不会出自我的口……"可是，真正的世界仍然是家里的世界。学校突然出现，如同一个虚有其表的天地。在这个天地里，必须装模作样："真正的语言，是我在家里听到的语言，说到酒用的是俗语，还有，'肉袋'即睡袋，'让人玩了'即受骗，臭娘儿们——当即，一切事物就都历历在目了：嚷叫声，扮鬼脸，酒瓶子全被打翻。可女老师说呀，说呀，但她说的事物哪里存在(……)。在学校，就是不断地'装样子表现而已'，仿佛这才有意思，仿佛这才值得关心，仿佛这样才算好。"

学习成绩一揭晓，学校这个天地就开始占据优势，并且变为"基准点"：

"(……) 这种怪怪的感觉在膨胀，感觉自己不知在什么地方，除非在作业面前，面对作文簿，除非在院子里一个角落看书(……)。我开始对一切都熟视无睹：无视自家的店铺、咖啡、顾客们，甚至无视我的父母亲。"

透过她双眼里另一个社会世界的目光，透过另一些方式的言谈、思考、品位，少女开始审视她的父母。不过，难以忘怀的是维系双亲与孩子们的家庭及恒久不灭的感情。因为，透过她在书中所建构的一切风俗习惯，她领悟到，她父母就在她心中，蔑视他们等于蔑视她自己："我恨的，是我自己。我爬上来了，踩着他们的肩膀。他们在柜台劳碌，我蔑视他们(……) 也许，恰恰是我，妨碍了他们，没能买下一家堂皇的杂货店。"

多重社会化与个体的不适

由于行动者可能有多种布局安排，所以其行为表现绝对无法完全被预测出来。不可能预见社会行为表现的出现，这不同于根据万有引力预言物体降落。这种情境是两种因素结合的产物：一方面，不可能像做物理化学实验那样，把社会背景归结为一组有限的准确参数；另一方面，行动者具有内在多元性。既然行动者拥有多种模式，也就无法恰切地预言究竟什么模式会被启动。我们被过分多元地社会化了，而且过分受制于前因后果，以至于竟然意识不到与我们相关的诸决定论。

我们每个人心里都有大量的布局安排，但却不一定找得到施展的机会；由于这一原因，有时我们会觉得个人与社会世界之间有差距。孤独、不理解、失落的情绪，都是这种不可避免的差异结下的苦果；某个特定时刻，社会容许我们"表达"，但在我们的社会化过程中，社会却要我们承受；介于我们要表达的东西与我们所承受的东西之间的是差异。就像埃利亚斯观察到的："人们培养他（孩子）多方面的才能，当他长大成人，他的职业将不容许他在那样的结构框架里施展；人们培养他（孩子）多方面的爱好，他长大成人后将不得不压抑这些爱好。"[6]因为我们有能力、有知识，还有技术诀窍，但有时它们必须持久地处于备用状态，所以我们会感到不适——我们的（本人的、被认为是"不适应社会生活的"）"本真自我"，在社会约束人的框架里，可能找不到自己的位置。这种处境会强化一种"内心"的幻觉，即强化本真的、"心灵深处的我"存在的幻觉，这一"内心"（真正"心灵深处的我"）不受社会框架的束缚。因此，正因社会世界是分化的，还因我们拥有多元布局安排和多种能力，所以我们能感受到这些大大小小的烦恼，这些烦恼有时会让我们难以忍受。某些苦恼源自社会投资的多样性，这些社会投资最终可能变得不可调和——因此，要使私生活与职业生活协调，可能会给个体造成极大的痛苦。在另一些情况下，个人会对其人生旅途中的部分安排无从适应，这是心绪不宁的根源。那些处在社会晋升势头上，突然从工人天地过渡到资产者阶层的人们，他们在生存的每时每刻都得筹划，时常苦于内心激烈的冲突，这也会让人尴尬。

个体层面社会学，即心理社会学[7]，致力于分析社会问题中最奇特的隐秘，因此被列入悠久传统范畴，从迪尔凯姆到埃利亚斯，还有莫里斯·哈尔布瓦克斯，这门社会学瞄准的目标是，将个体心理现象与社会生活框架，日益精巧地联系到一起。当社会学只满足于在实践的特殊场域里展现个体行动者时，即使不研究被个体化的社会逻辑，也能将就对付。但是，既然人们特别关心个体（并非被当做社会学任何分析的原子及依据，而是作为社会化多种进程的复杂产物），那么，至此一直沿用的那些行动模式，就再也不能令人满意了。因为想要了解各种舞台上及各种背景下的个体,心理社会学遂将以个体化及内在化形式出现的社会现实问题,全部抓紧进行研究。

注释:

[1] 布迪厄,《区隔》(1979)。
[2] B. 拉伊尔(Bernard Lahire),《读物在家庭传播与小学三年级(8—9岁)学生的在校成绩》,法国国民教育与文化部,1995年。
[3] 戈夫曼,《角色与认同:夫妻登场的例子》,载于《社会学国际手册》,第 XCVII 卷,1994年。
[4] 伯格和卢克曼,《现实的社会建构》(1966)。
[5] B. 拉伊尔,《家庭一览表:学校在民间的冲突与不幸》(*Tabeaux de famille: Heurts et malheurs scolaires en milieux populaires*,1995)。
[6] 埃利亚斯,《个体们的社会》(*La Société des individus*,1991)。
[7] B. 拉依尔,《多元人:行动的弹性》,纳坦出版社,《随笔与研究》丛书,1998年。

第六节　社会变革理论

> 社会变革理论分为四大类，时而强调平衡，时而强调不平衡。一个受到热动力学启迪的替代模式能与之唱对台戏。

社会变革理论与社会学中其他范畴的境况相同。一门理论不可能独自阐释一切，今天大多数社会学家都不打算再去研究社会历史规律。他们满足于更稳妥地研究具有一般意义的理论。因此，有一些范式[1]，时而从属于互补理论，时而从属于方法学上相互竞争的理论：个体主义与整体主义、现实主义与唯名论。由此也给人造成一种相对无序的印象，为此，布东写了一本专著。[2] 但或许我们可以说，问题并不在于列出一个全面的纵览。

通过研究多组二律背反，人们注意到，其中有一组二律背反具有更为基本的特征，那就是使平衡的赞成者与不平衡的赞成者相互对立的二律背反。之所以说更为基本，是因为这组二律背反可以把大部分变革理论进行分类，当然尤其因为这组二律背反显示出，在各种对立背后，就社会平衡（或不平衡）的定义而言，存在有某种共识。所有的著述者似乎都已达成协议，要仿照经典力学领域的做法给平衡下一个定义。这导致人们思忖，变换参照标准，是否就能解决很多难题。这至少是我要捍卫的论点，同时我确信，为了分析变革，与其像牛顿那样，还不如像博尔茨曼（Boltzmann）那样给平衡下定义。[3]

可是，为什么人们会感到有必要下这样一个定义呢？这主要是因为，要考虑社会深刻变化，全凭经验注意到在瞬间 t 和瞬间 $t+1$ 之间系统的状况不再一样并不够。人们无法凭这一单项观察推断出社会深刻变化的实质（除非通过详述针对这一情况的论据）。要对此作出判断，必须精确地阐明所参照的理论状况，而且看起来许多社会学家都认为，这种状况恰恰是平衡状态。注意，在经济学里，情况也是如此。其实，这并非偶然。

帕雷托与社会平衡

一提到社会平衡，人们立刻就会想到帕雷托的名字，既因为这个主题是他的著作的核心,也因为他曾不断地对20世纪的社会学产生影响。帕雷托曾是瓦尔拉的学生,瓦尔拉是瑞士著名经济学家,帕雷托借用了他仿照古典力学模式制定的平衡观点。他指出,社会平衡近似于经济学里占优势的平衡,只有一点除外,即经济平衡取决于逻辑行动、理性行动,而社会平衡还包括非逻辑行动(这些行动不仅仅被理性引导),不过,社会平衡始终像牛顿物理学那样,是由于在场力量的取消而获得的;一方面,这得以维护平衡与秩序之间的同义性甚至协调性;另一方面,这得以维护不平衡与无秩序之间的同义性甚至协调性。帕雷托讲得很明确:"纯经济学不仅与力学相似,确切地说,它就是力学的一种。"然而,经济学传统与社会学传统之间存在巨大差异。在经济学范畴,无论是新古典学派还是凯恩斯学派,各种模式一贯建立在确定平衡的几个简单方程式的基础上。在社会学里,情境更具二律背反性,因为正宗的不平衡模式也有自己的位置。

在平衡方面,人们发现有进化主义和功能主义;在不平衡方面,必然会有冲突社会学(我称之为斗争社会学,其主要代表是马克思主义),也还有(起码是部分地有)互动论(我使用这一术语主要是取其纯方法论上的意义:通过对构成系统的行动者互动的研究,推断出该系统状况)。

功能主义——社会结构深刻变化的三种类型

与进化论者一样,功能主义者也认为,任何社会系统都趋于维持系统的内在平衡。但对于功能主义者来说,这可以归结于下面四个主要原因:

(1)任何社会系统都是一个具有各种组成部分的整合好了的结构;

(2)任何社会系统都是一个稳定的结构;

(3)一个社会系统的每个组成部分,均具备一个功能,并为维持该系统作出贡献;

(4)任何系统的运转,均以其成员围绕基本价值观达成的共识为基础。

这与帕雷托的理论有些近似并非偶然。美国功能主义的大部分奠基者(帕森斯、梅约、霍曼斯、克拉克洪、怀特海)在1938—1942年间都曾是哈佛亨德森(L. J. Henderson)课程的演讲人。而亨德森则曾出版著述、发表文章并开设课程论述帕雷托,把帕雷托引入美国。此外,他本人也曾说过他的模式与帕雷托的模式如出一辙。他给社会平衡下的定义,无疑是力学的。平衡是"这样一种状态:

如果一个与正常出现的变动不同的小变动被强加给系统，反应就必将产生，以便再引导该系统回到原本会存在的环境里，倘若这个变动不曾被强加给系统的话。"[4] 在这种情况下，平衡是稳定的，那么，社会结构的深刻变化又是怎样发生的呢？

依照上述有关平衡的四个论点，叫人接受以下说法确实难上加难：一个社会系统的一些组成部分，同时也是变革这些组成部分的能动者。帕森斯认为，在社会化过程中，内在化的价值体系是有效的砝码，对社会结构深刻变化的种种要求加以抵制。由此产生的规范性稳定功能，说明了在各种各样社会里频频遇到的(从抵制到社会结构深刻变化的)多种现象。

然而，如果社会结构发生深刻变化，帕森斯区分了三种情况。在第一种情况下，人们达到一种新平衡，但该系统本身不被变动。通过自身的适应功能与整合功能，这个系统被修复，为的是让总体的运转得以维持；因而，人们使用"平衡的内在深刻变化"这个词语。假如这一变化不易被察觉、假如规范性稳定的合力全部起作用，该系统就会缓慢地演化。反之，假如推动社会结构深刻变化的各种力量十分强大，平衡的断裂势必会导致建立新秩序。这时平衡就断裂了，社会结构也就发生了深刻变化。人们目睹了在价值体系范畴发生的变革，各种价值观都会影响功能本身。把社会结构深刻变化这样分类，带点雄辩意味，该分类建立在这样一个原理的基础上，即任何系统的自然趋向都在于维护系统的平衡，如果因为形势紧张或冲突而产生了不平衡，那么，系统拥有种种功能，力争强行维持稳定。由此也就产生了一个逻辑推理困难——如何把结构分析与平衡动力学链接起来。

有些人尽力规避这一困难，认定社会结构的深刻变化只有外生的。例如，这就是梅约和亨德森根据人人皆知的霍索恩实验效应(这一实验标志着工业社会学的诞生)所支持的论点。按照他们的看法，在正常情况下，企业处于平衡状态，可能出现的各种不平衡源于企业的环境。这样一来，与功能主义平衡模式的协调得以保全，但却是以彻底清除任何内生的社会结构深刻变化为代价。在一个如此严格的功能主义框架内，如何解释各种社会冲突呢？

各种冲突的功能

答案将由刘易斯·科塞(Lewis Coser)阐明——通过削弱对变革进行的抵制，

"冲突的功能是，防止系统在陈规中窒息于适应，并容许创新精神"[5]。因此，冲突是系统秩序的一个组成部分，是系统秩序功能的一个因素。科塞护卫了功能主义论点的一致性，但却也授人以批判的口实。冲突并非对平衡模式提出质疑。系统秩序使冲突窒息；而且，假如冲突变为结构性的（同时冲突使规范性稳定受到质疑），一种新秩序就会替代旧秩序，并平息冲突，所以是冲突催生了社会结构的深刻变化。无秩序在此没有任何合理的位置。无秩序的出现纯属偶然。平衡永远胜出：要么使该系统永存，要么有利于某种新结构的出现；在新的结构里，秩序又恢复了。

说冲突在功能主义理论里可能没有任何位置，就如同说功能主义理论禁止社会机构深刻变化一样，可能都站不住脚。可是，秩序的力量与平衡的稳定处于这种情况，以至于成为功能性现象的冲突与结构深刻变化，再也不能以自身为目的真正地被人们考虑。为了走出死胡同，有一个解决办法，就是保留平衡的论点，同时转移科学参照对象。

进化主义与社会结构逐渐深刻变化

进化主义，在其构成要素的其中一个方面，采用了某种生物学模式。社会发展不像无活力物体的系统，而是像一个有生命的生物体。为了说明这种传统见解，人们经常使用社会有机论这个词。

其主要代表人物非斯宾塞莫属。[6]与任何生物体的发育相类似，社会演变也遵循生长期、分化期和重新整合期的原理。社会演变首先表现为社会的成长；社会成长表现在各部分逐渐分化的程序，以及各种功能的专门化。随着各个部分的分化，各个部分变得越来越相互依赖。在一个简单的小的有机体里，各个部分都会有某种独立自主功能，但一个复杂巨型的有机体却不大能承受这项功能。

各种社会也是如此，迪尔凯姆[7]径直构想了他那著名的机械团结与有机团结相对照的学说：机械团结在各种传统社会占优势，有机团结是各种现代社会的产物。在原始部落里，劳动分工程度最低。原始部落可以分裂，分裂出去的各个部分没有丧生的。相反，在各种工业社会里，劳动分工就要精细得多；可是，每个部分为了自己的生存，越来越趋向于依赖自己与其他部分进行的交换。因此，当代社会更为复杂，但被整合的程度却要比往昔社会更高。大部分情况下，社会分化都起源于劳动分工，迪尔凯姆认为，劳动分工永远是社会容量及密度提高的结果。在社会异质生长的这些时期,整合机制就会允许找到必要的制衡力,以免社会混乱打乱整体的协调性。迪尔凯姆指出,越来越细的劳动分工导致强化各种协调机制,并使个体之间的互动网络越发牢固,与此同时,个体的关注点与价值也在逐步分化。

托克维尔已经把社会结构的深刻变化视作经常不断的演化。他认为,社会系统在向着完善进化。在他看来,平等,或者说公民对平等的渴望,是民主制度的首要推动力;这使他能够预言:美国社会在发展进步,而欧洲社会则相对落后一段时间。在他看来,工业社会日益增长的财富将会导致"享乐"方式增多,主要是导致"享乐"在全体民众中广为传播。其原因在于,享乐方式越是增多,其传播数量就越是有增无已;因为那些无条件享乐的人们,对(相对)没有或被剥夺的享乐机会,会比他们先前(完全)没有享乐机会时看得更重。往昔,享乐只为一些特权人士专用,与大众无缘:一旦变得可望可及,享乐就会令人想望。这被美国社会心理学家称为相对失落。如果人们补充说,在政治领域,集权制度越是放松控制、越是自由化,就越发会受到革命的威胁,那么,人们就会得出托克维尔原理,根据这一原理,革命是一种暴力的与剧烈的单纯机制,为的是促进演变,这种演变无论如何必然发生。关于法国大革命,托克维尔写道:"大革命所做的一切,都做完了……大革命只不过是暴力的而且快捷的一种手段,借助于这一手段,人们使政治状况适应社会状况,使行为适应思想,使法律适应社会道德。"[8]

在进化论的这个框架里,如何现实地思考多种系统的断裂与解体呢?这个难题以及前面提及的那些难题,引导某些社会学家阐发了一种新的论点,一种与平衡论完全对立的论点。

冲突——社会结构深刻变化的原动力

不平衡诸理论建立在四个原理之上,其中每一个原理都体现着功能主义内涵的反命题。人们也许能按以下方式列出这四个原理:

(1) 任何社会都受社会结构深刻变化进程的支配;
(2) 任何社会都会全方位地表现出紧张或冲突;
(3) 存在一些本质上促使系统解体,或促使系统产生社会结构深刻变化的因素;
(4) 任何社会都建立在其某些成员被另一些成员压迫的基础之上。社会远不是一个自发平衡的系统，而是种种对立力量的一个游戏场，这个游戏场传播并组织社会机构的深刻变化。

有鉴于此，可以从分析社会系统的"运转"入手，推断出不平衡；或者相反，可以从行动者相互互动的结果入手，归纳出不平衡。在第一种情况下，理论是斗争性的；在第二种情况下，理论是互动主义的。我们先来研究这两个传统理论中的第一种。

在马克思看来，阶级斗争是历史的原动力。起源于阶级的基本分化，就是掌握生产资料的有产阶级和只拥有劳动力的阶级（奴隶主和奴隶、农奴主和农奴、资本家和无产者）之间的分化。阶级斗争是所有社会结构深刻变化的根源，还因为任何革命都是阶级斗争的出发点。因此，阶级冲突是各种社会的结构性特征，是体现社会结构深刻变化的唯一真正内生因素。

因此，毫无疑问，马克思主义的社会学呈现为不平衡理论：由于社会上各种矛盾与阶级冲突的经常持久存在，社会永远处于不平衡状态。同样毫无疑问的是，这要通过无秩序才能表现出来。由此一来，考虑社会深刻变化不再有困难，但难点变为，如何解释一种结构能够长期维持稳定？换言之，不通过革命，社会结构的深刻变化怎样得以出现？

例如，谁能借口说英国19世纪以来没经历过革命，就断言自那时起英国一成不变呢？相反，人们可以指出，英国发生了结构上的深刻变化，但却并未发生突然的、剧烈的或耸人听闻的动荡。无论涉及社会结构深刻变化中的阶级冲突作用，还是阶级观念定义中的阶级斗争作用，或者社会结构深刻变化的革命性质，马克思似乎把当时他观察到的新兴资本主义社会里只是特殊环境的那些东西当成了一般性。至少这就是达伦多夫对他提出的批评。

在马克思主义理论中，大凡革命，都是在两个对立阶级的内部、各种利益与组成各式团体的各种群体内部极化的后果。反过来，群体冲突的多元性则会导致一种更加循序渐进的社会结构深刻变化。这些变化并不那么突然，可这丝毫不意味着就不那么激进。按照达伦多夫[9]的说法，我们今天从资本主义社会（马克思描述的19世纪社会）过渡到了后资本主义社会，后资本主义社会的特征是权力和所有权相分离及冲突的多元化。这都关系到结构的变革。

由于利益群体增多，还由于这些群体的冲突增多，所以，就多样化及复杂化意义而言，发生了社会结构的深刻变化。换句话说，是群体的与冲突的非重叠所孕育的不平衡在不断增长，而且还有无秩序与之相伴。

总之，达伦多夫和马克思都认为，各种社会冲突（无论其重叠程度如何）必然具有总和等于零（一个游戏者输掉的一切东西，全被另一个游戏者赢得）的游戏特征；因为各种社会冲突总是归结为统治，主角当中的一个或另一个进行统治。不平衡与无秩序，是各种社会的结构特点。但由于秩序不是不平衡的一个特征，因为各种冲突性无秩序到最终不外乎为总和等于零的游戏，所以秩序几乎只能被解释为强制权。理论上的强硬措施，导致了与平衡理论产生的悖谬相反的悖谬——我们可以考虑社会结构深刻变化，可是我们实在解释不了平衡和秩序。

互动主义与显现的效应

面对这种局面，方法学个体主义意义上的互动主义认为，社会结构的深刻变化主要不是来自"主导"因素的机械效应，也不是来自具有总和等于零的游戏的结构性冲突，而是来自行动者相互依赖或互动所产生的聚合效应。

巴黎协和广场交通阻塞的例子，可以勾勒出这个模式。出于不同原因（方便，舒适，速度……），大家都希望开着自己的汽车回家。出于别的原因，人们确定了工作时间表：9：00—18：00。故在18：05，巴黎协和广场上就出现了交通阻塞。每个人行为表现的明确目的性，局限于希望在最好的情况下回家（实际上，涉及符合价值观系统也罢，符合规范也罢，在这里全都无关紧要）。由于大家有着同样的目的性，行为表现趋于同一目标，结果便导致一种不受欢迎的社会后果，可是任何人的目的性都没有包含这种后果。假如没有个体决定的聚合，聚合的后果产生了集体性的结果，那么这一切就不会发生了。人们可以从这件小麻烦事中得出两个结论：一来这涉及滚雪球效应，二来说明没有社会透明度。

社会结构的深刻变化，是微观社会不平衡的几种因素综合到一起的结果，微观社会的这些不平衡持久不断地产生，并引起整体进程的连锁反应。不平衡绝不是暂时的。互动表现为微观社会不平衡持久不断的要求，这些微观不平衡一旦达到"临界量"，就会孕育宏观社会结构的深刻变化。在实践中，人们当然承认可逆性，承认暂时的稳定性等，但是，所有这些现象，远远不是恢复到平衡的自发倾向的结果，而是归因于互动的具体环境，而且以这种方式归因于社会不平衡的调整方式。人们作出的细小决定本身并不是"严峻的"。但这些与那些细小的决定连接起来，在总体结构中就会导致极大的不平衡，足以使社会结构的深刻变化无处不在，并且不可抗拒。

倘若社会完全透明，巴黎协和广场上的交通阻塞就不会发生了；不过，这大概就需要进行组织安排，可是组织安排相互依赖的成本是那么高，所以很快就显示出那是人们无法承受的。看来必须制定一个民主的解决办法，也就是要使所有的驾车者达成共识，使他们人人同意按时间分配表上的时间通过协和广场。除了对工作时间有所限制以外，交通阻塞的成本，比起由此产生的相互依赖的成本，似乎要低得多。

总之，人们把一个系统的成员简单地聚合起来，并不能重新组织一个系统，因为在这两者之间存在着本质上的差异，而非程度上的差异。再者，假如微观社会的无秩序是宏观社会不平衡的根源，那么，当那些基本"力量"聚合在一起时，除了予以解除之外，又能怎样解释平衡的各种局面呢？然而，如果这些游戏总和不等于零，这样解除在原则上是行不通的。我们面对着一个与前述困难相对称的难题。要切实指出无秩序如何孕育着平衡，我们显得束手无策。

一个替代模式

我们已经看到，研究社会结构变化的四种社会学方法相互对峙。功能主义与进化主义强调平衡和稳定，但是这两种学派难以考虑社会结构的深刻变化。斗争论与互动主义强调不平衡，认为不平衡不停地渗透社会，可是这两种学派难以解释清楚社会交往、整体协调。功能主义和进化论力图摆脱悖谬，是求助于外生的变量；斗争论和互动论用强制这个词解释说，尽管存在紧张与冲突，社会尚未不断地分崩离析。被逼到它们的逻辑的尽头，对于逻辑提出的异议，这两个学派或那两个学派都无力解决。我们看到，其主要原因基于如下这样的事实：上述各学派在思考平衡或不平衡时所参阅的，是其在力学里所描述的东西，即分别是秩序状态或无秩序状态。

热动力学十分精确地选定相反的观点。在热动力学系统，稳定平衡状态与对于这个系统而言是最大限度的无秩序相对应；反之亦然，不平衡和不稳定则与秩序相对应。人们甚至可以说，秩序在一个系统内越占优势，该秩序就越是处于不平衡与不稳定状态。这就是一场真正的概念性革命，物理学家们没有搞错，但是，奇怪得很，这场革命却被人文科学忽略了。

从我这方面来说，我力图证明，若将此定义应用于社会系统及其变异的研究，此前向我们提出的大部分异议就会被清除掉。[10] 不过，必须承认，"秩序"这个词的隐喻色彩很强，就是平衡；然而，我们称之为"秩序"的东西，实际上却是无秩序。因此，再也不必求助于强制权或契约来解释社会交往。对于秩序维持下去，再没有理由为之吃惊，既然秩序不过是无秩序罢了。

注释：

[1] H. 芒德拉和 M. 福尔塞，《社会变革》(*Le Changement social*, 1983)。

[2] R. 布东，《无秩序的领地》(*La Place du désordre*, 1984)。

[3] 博尔茨曼 (Ludwig Boltzmann, 1844—1906)，奥地利物理学家，他的研究工作奠定了热动力学原理，根据该原理，一个系统的平衡与该系统最大的无秩序相对应。

[4] L. J. 亨德森，《帕雷托的总体理论》(*Pareto's General Theory*, 1967 (1935))。

[5] L. A. 科塞，《社会冲突的功能》(*Les Fonctions du conflit social*, 1982 (1956))。

[6] 斯宾塞，《社会学原理》(*Principes de sociologie*, 1882—1887 (1874—1875))。

[7] 迪尔凯姆，《社会分工论》(*De la division du travail social*, 1977 (1893))。

[8] 托克维尔，《旧制度与大革命》(*L'Ancien Régime et la Révolution*, 1952 (1856))。

[9] 达伦多夫，《工业社会的阶级和阶级冲突》(*Classes et conflits de classes dans la société industrielle*, 1972 (1957))。

[10] M. 福尔塞，《不大可能的秩序：熵与社会进程》(*L'Ordre improbable. Entropie et processus sociaux*, 1989)。

第七节 作为资源的社会关系

一些研究确认,在求职中,关系网络发挥了重要作用;与此同时,另一些研究则证实,在现代社会里,社交网络在不断更新。

拥有一本通讯录、能够依靠自己曾帮过忙的一个朋友、认识一家大企业经理的儿子、通过自己所在的联合会借用一个大厅排练戏剧……在某些经济学家和社会学家看来就等于拥有如此多的资源,这些资源会构成一种"资本"。因为这种资本被纳入网络关系里,故被称作社会性的(参见下面专栏)。调动这种资本并要这种资本为个体提供其所需要的东西(该个体期望实现某种目标),并非仅只依靠这个个体。为了创建资本,光拥有关系还不够,这种关系还得能被调动起来发挥作用。要使一个行动者通过恳求自己网络中的一位或多位成员帮忙,得以实现他的目标,这些成员当然必须掌握必要的资源,更重要的是这些人还得乐意帮忙才成。

社会资本结构学说

社会资本不仅取决于人们掌握的接触次数,还取决于人们在网络关系里所处的地位。

詹姆斯·科尔曼(James Coleman)是名美国社会学家。他是运用微观社会学方法探讨社会资本概念的先驱之一。[1] 依据这一观点,在网络内部建立一种关系,被看成是一种投资。每个行动者都被认为会按照建立在理性预测上的策略进行人际关系投资。例如,假设 A 为 B 做某事,作为交换,他期待着 B 在适当时机给他以他认为等同的回报。A 处于期待状态,B 则有一项人情债。这种人情债构成一种信用,该信用掌握在 A 手里。个体掌握的这类信用越多,他掌握的社会资本就越多,他将能用这些社会资本来充实精神改善福利。除非他在人际关系信任层次上搞错了,遇上这种情况,人情债就会变成未偿还的债务。因此,社会资本与互惠规范相关,这些互惠规范在网络内部占据主导地位。

按照这种学说，社会资本还取决于人际关系的结构。科尔曼认为，一个封闭的结构更是社会资本的载体。例如，在一个三人群体里，A 与 B、C 都有联系；假如 A 希望 B 帮忙，A 或许也能依靠 C 对 B 施加压力而获得，只要这种联系存在。

至于罗纳德·伯特（Ronald Burt），他在提出"结构空穴"概念的同时，使人联想到另一种形式的社会资本。[2] 他用结构空穴表示两个人之间缺少直接关系，可他们都与同一个第三人有联系。伯特认为，第三人有可能利用对自己有利的这种形势，改善社会资本。在前述例子里，如果 B 与 C 之间没有来往，A 就会拥有更多的自主性。更常见的情况是，结构空穴越多，社会资本就越高。

无论如何，促进信任的某个机构，或人际关系网络里占一席之地的"链接器"，有时会比一本通讯录更能起作用，哪怕通讯录上写得满满的。

按照罗纳德·伯特的观点，如何利用自己的地位获利

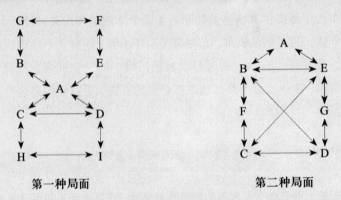

第一种局面　　　　　　　　　第二种局面

在第一种局面里，A 可以从 C 与 E、C 与 B 之间等缺少联系（换言之，结构空穴）的情况中获得某种好处。按照伯特的假设，第二种局面的特征是，由于缺少结构空穴，A 的社会资本较低。

1. J. 科尔曼，《社会理论基本原理》(Foundations of Social Theory, 1990)。
2. R. 伯特，《结构空穴：竞争的社会结构》(Structural Holes, 1992)。

每个人所拥有的资源，既可以用来实现个人目的，也可以用来实现集体目的。社会资本容许生产个体的利益好处，例如，当一个个体帮助他的一个朋友找到工作时。这种资本也容许生产集体的利益好处，使得有着共同利害关系的群体里的全体成员都从中受益，无论他们本人是否也参与生产了该利益好处，例如，当某联合会成员的网络容许联合会获得一个场所来开展他们的活动时。

这些观察把两类分析区分开。第一类分析集中在个体层面；个体依仗自己的网络获取资源并可调动这些资源——人们琢磨这些资源是怎么回事。第二类分析位于集体层面。按照这一观点，社会资本相当于资源（信任、互惠关系、网络），一个社区有可能向其成员提供这些资源。这些资源被认为是为集体行动提供方便，甚至是为取得经济成就提供方便。[1] 这里提到的社区，完全可能是范围相对有限的一些群体（家庭、联合会等），也可能是整个社会。在后一种情况下，人们努力想弄明白，社会资本如何为集体利益（像民主或工业化）的生产提供方便。

社会资本的特有作用

显然，这些不同层面相互之间也会有来往。例如，一个个体的社会资本使他本人受益，但也使他所属社区的其他成员同样受益。此外，各种联合会、协会都是一些社区，对其成员之间的信任与互惠关系往往能起到促进作用。因此，有些社会学家把一个社会里联合会、协会的数目，视为社会资本的指数。例如，这就是美国人罗伯特·普特南的见解。[2] 至于托克维尔，即使他没有使用"社会资本"这个词，但在美国的民主与人们在那里所发现的数目繁多的联合会或协会之间，他已经建立起某种联系。不过，社会资本果真与其他形式明显不同，是一种独特形式，是资源的象征，并能起到特有的作用吗？

许多社会学家都对此抱有怀疑态度。例如，布迪厄就抱有这种态度。在他看来，社会资本紧紧依赖经济资本及文化资本，而经济资本与文化资本则都跟社会出身密切相关。人们在社会等级中升得越高，社会资本就越重要，以至于社会资本更是居于等级制度高层的那些人的独占财产，并且有助于他们强化自己的统治地位。[3]

换句话说，关系网络的作用，只可能是经济地位或社会身份的一种反映。弗朗索瓦·埃朗（François Héran）也持这种看法[4]，他在分析了法国80年代初就个人网络进行的首次大调查后得出如下结论："社交性的总体结构，或者说人际关系资本，显示出与经济资本有充分的联系，而且与文化资本联系过分密切，以致人们无法将其看做社会生活中一个独立的维度。"[5]

至于我们，我们力图核实，在这一点上，人们能否降低社会资本的作用，或者，相反，社会资本是否并不构成个体社会身份的独特解释性维度。[6] 我们对这个假设做了检验,同时研究了该假设与四个变数的关系:社会出身、教育水平、职业、工资。我们借助于一个指数,这个指数能估量在取得身份的过程中社会资本的干预情况。

1998 年("全国统计与经济研究所")进行了"就业"调查,被调查对象就业不足一年,要求他们略述自己通过什么方式获得了目前这份工作,在他们个人的具体情况下,这份工作对于他们至为重要。在获得的问卷答复里,有些谈及个人活动手段(无意中申请谋职、阅读小广告……);另一些回答是采用相应的机构性解决办法(求助于"全国就业办事处");最后还有一些答复说,动用了不同类型的网络:请求自己的家庭、个人关系、自己的母校(通过自己的老同学网络)帮忙,或者直接与当前的雇主接洽。如果人们乐意认为这里的每一种答复方式都相当于调动某种形式的社会资本,那么,就有约三分之一的工作是通过这类途径找到的。[7] 为了获得一份空缺岗位,这种调动关系的做法完全可以采取收集确切信息的方式,也可以采取直接推荐的方式。很可惜,资料不允许在两种方式之间评出高低。在保留这个项目的情况下,看起来,被推动的网络类型因阶层而异;不过,所有人都表现出一种很能说明问题的倾向,那就是倾向于动用他们自己的社会资本来谋到一份工作。

主要的对照在于被认为是更牢固的联系(家庭关系)与被认为是更脆弱的联系(在以往的职业背景或求学背景中建立起的联系)之间。通过亲戚谋得的工作,与靠老同事或同班同学帮忙找到的工作相比,其职位平均都要低些。社会资本尤其受证书层次的影响,受社会出身的影响极小。社会资本对工资层次的影响有限,对社会职业等级的层次影响更大,对社会移动不产生效应。

当人们对"从另一方面看是一切同等的东西"进行理性思考时,也就是说,当人们考虑到社会出身相同、学历等等相同的那些人时,人们注意到,被调动的社会资本具有特有的效应。该效应主要归因于这样一个事实:社会资本易于改变被调查对象的教育水平与职业地位之间的关系。不管社会出身如何,这种变化差不多都是一致的。在此不对其所有细节进行探讨;毋庸置疑,要解释社会不平等,社会资本起到了某种作用,而且并不限于其他资本类型(人文的或经济的)所起的作用。

现在人们可以思忖:这种作用是否随着时间流逝而削弱了呢?与 25 年前相比,社会资本的作用是否变小了?能够准确解答这个疑问的,是对调查"就业"

框架里定期提出的另一个问题所做的回答。这另一个问题针对的是求职者采用哪种或哪些手段。1971年，在那些曾经进行活动的人当中，曾寻求个人关系包括家庭关系的占71%。1998年，这一比例为78%。在第一个日期（正值充分就业和强劲增长时期）与第二个日期（其特征表现为高失业率的经济危机时期）之间，求助于网络作为求职方式的人数略有增加。

与人们可能预想的相反，失业人数增加，以及失业造成某些社交关系丧失，都没导致关系网络使用的减少。由于生产设备要调整改建、新科技工艺要发展、劳动市场有激烈的竞争，其结果是，对文凭水平的要求提高了，所以单有文凭还不够。为了掌握信息或者被人推荐，动用非正式资源，例如个人关系，仍然至关重要。

然而，正如我们上文提到的，求助于个人关系，并非等级制度上层少数人的特权。社会各阶层均有可能获得某种形式的社会资本，而且，任何阶层出于某种意图都会调动这种资源；尽管如此，被使用的社会资本的类型，仍因不同的阶层而各有不同。那些无力再求助于任何关系的失业者（长期失业者尤甚），遭到社会遗弃的可能性最大。而其他人，即使失去了早先的一些关系，总还能指望依靠他们现有关系的扶持，尤其是双亲的扶持，只要他们还年轻。与以往相比，靠调动关系帮忙更有必要也确实可行，因此，关系经常被调动也合乎逻辑。

从集体层面考虑，即从社交形式考虑，当今的社会资本状况又是什么样呢？大家知道，在社会纽带结构里，社会交往形式很重要。事情是否像普特南在他那篇著名的题为《独自玩保龄球》的文章里谈及美国时所断言的那样，自70年代以来，集体层面的社会资本在走下坡路呢？我们也跟他一样，通过使用社会参与的各种指数，但我们研究的是法国情况，结果得出了相反的结论。参加联合会或协会的人数、所创建的联合会或协会的数目，如同联合会或协会的数目一样，自1965年以来均呈增长趋势，即使七八十年代是增长的主要时期、90年代则表现出相对稳定的特点。

联合会、协会世界飞跃发展

说到美国，我们重新分析了"普遍社会调查"的数据，我们不相信他们作出的结论，他们说联合会、协会逐渐减少。更恰当的说法应该说是有了些微的增长，尤其是在90年代。针对对他人信任度（普特南所说的"社会自信心"）的演变，对 80 年代初至 90 年代初在不同国家做的"社会生活重要性调查"资料所进行的研究，得出了相似的结论。正如奥利维埃·加朗（Olivier Galland）[8] 所指出的，大体上，人们证实这种信任在加深。

此外，1998 年"国际社会调查大纲"在调查中提出了这个相同的问题，我们对问卷的各种回答做了分析。一方面，这些回答清楚地表明，根据各国情况，信任度的层次相对比较稳定；另一方面则表明，该趋势处处呈上升态势；即使在 90 年代初，如在挪威，信任度还是达到很高的水平。

所以，无论记录指数如何，很难使用"下滑"一词。近 25 年来，在美国如同在大部分欧洲国家，社会资本略微上升或保持稳定状态。这一判断很可靠，更何况在利益社区或"实在的世界"像联合会、协会里，它的建立受到自身的限制。可是我们不应忽略，互联网的发展，导致虚拟利益社区的出现及倍增，虚拟利益社区也以社会资本的形式呈现出来，并在无可争辩地迅猛扩张。

求助于这些新的社区，并不是当代社会演变过程中出现断裂的征象。恰恰相反，对社会上这些小圈子特征的研究表明，它们的发展反映出各种趋势在强化，德国社会学家齐美尔在 20 世纪初就已觉察到这种强化：各种趋势的强化，从传统的农村社区过渡到现代与都市社会的利益社区。[9]

这些现代社区不受距离的束缚，更具异质性，越来越不相切合，然而规模却更大，人数也更多。与现代社区相对应，社会小圈子不那么密集，而且联系松散的那部分人数更多。现代社区建立在越来越特定的利益上，更趋专门化。过去，人们在任何情况下求援、要求被认同，始终都是只能从唯一或有限的几个小圈子里获得，这些小圈子联系密切，而且高度互相包含；如今人们已经不再这样做。当代社区，不论潜在的还是实在的，都处于备有社会资本与社会支持状态，为其成员着想。我们看到的是这些社区的变革，而非其消失；而且这场普遍的运动证实，没有什么容许我们猜测社会资本在下滑。

注释：

[1] F. 福山（F. Fukuyama），《信任：社会美德与创造繁荣》（*Trust: The Social Virtues and the Creation of Prosperity*, 1995）。

[2] R. 普特南（Robert Putnam），《独自玩保龄球：美国社会资本的衰落》（Bowling alone: American's Declining Social Capital），*Journal of Democracy*，第 6 期，1995 年。

[3] 布迪厄，《区隔》（*La Distinction*, 1979）。

[4] F. 埃朗,《社交性,一种文化实践》(*La Sociabilité, une pratique culturelle*), *Economie et Statistique*,第 216 期,1988 年。

[5] 《人与人之间的接触》(*Contacts entre les personnes*),"全国统计与经济研究所"和"全国人口研究所"做的调查,1982 年与 1983 年。

[6] F. 福尔塞,《当代法国的社会资本与获得身份》,*The Tocqueville Review*,第 1 期,第 XX 卷,1999 年。

[7] 此数字与 1994 年的数字无差别。

[8] 加朗,《信任关系》(*Les relations de confiance*),*The Tocqueville Review*,第 1 期,第 XX 卷,1999 年。

[9] 齐美尔,《社会学:对社会化形式的探究》(*Sociologie: Etudes sur les formes de la socialisation*, 1999 (1908))。

第八节　有组织行动动力学
——弗里德贝格访谈录

弗里德贝格

"有组织的行动"这个概念，容许人控制住组织机构里的动态合作进程与动态调整进程。

《人文科学》记者：你和克罗齐耶是法国组织社会学的首领之一。你偏爱"有组织的行动"这一概念，为什么你在《权力与规则》的第一部分却致力于剖析"组织机构"这一概念？

弗里德贝格：组织机构这个术语，既表示某种状况，也表示某种动力学。状况是指某个社会客体，如各种形式的组织机构，像企业、行政机关、联合会等。动力学是指进程，在若干进程中，个体者们调整他们的行为表现、协调他们的行动，使集体行动继续下去。在"古典的"组织机构里，动态机制最引人注目，因而也最易于研究。但是，动态机制超越了组织机构。这就是我更喜欢用"有组织的行动"的原因；有组织的行动在各种组织机构的内部，如同在其外部，都一样存在着：在罢工时，或在都市郊区年轻人的非正式团伙中，就跟在一家企业里，或在一个行政部门里完全一样。总之，哪里的人们为了成功地合作，要相互依存、不得不组织起来、不得不协调一致，哪里就存在有组织的行动。

记者：这是克罗齐耶和你在《行动者与系统》里已经阐发过的观点，是吗？

弗里德贝格：是的，我当然没有改变研究方向。我只是感到我偏离了中心要点，而且在某种程度上观点变得更为激进。组织机构在这里不居于这种思维活动的中心。组织机构在这里只是思考线索上其中的一个到达点，这种思考针对的是相互依存但也相对独立的行动者们整体行动调整的环境与机制。因而，中心概念是行动背景的、协商的及政治交换的各种概念，尤其是局部秩序的概念；由于局部秩序，最低限度的合法性周期性及稳定性也被引入各方当事人进行的协商和政治交换中。实质上，社会行动组织学派只不过是对每次特有的及偶然的这些"局部秩序"的性质与特征进行研究。或者说是要研究各种规则的起源，这些规则用来稳定权力关系，并使之井然有序；这些权力关系最终会改变这些规则。权力与规则巧妙地组成两个极，是对有组织行动进行任何思考的两个极。

记者：你说的"政治交换"指什么？

弗里德贝格：简单地讲，可以说有两种交换。一方面，有人们称之为经济交换的东西，人们接受其种种用语，不提出质疑，也不协商。在市场或商店里买来的大部分东西，都属于这个范畴。另一方面，有我及另一些人所称的政治交换的东西。这里涉及交换的各种术语本身，也就是说，为了得到某物，我同意给以对等物。这些对等物不是触摸不到的，而是属于交易的部分：暗示的也好，明确的也好，都要进行协商。当然，这两类交换之间的界限不够清晰；而经验（更确切地说是分析）表明，人们极易从第一种类型转到第二种类型。因为政治交换是基础机制，并且几乎可以说是最"自然的"机制。这一点在后社会主义国家建立纯经济交易中遇到的困难中清楚地表现出来。可事情的反常之处就在于：社会秩序从这些政治交换中显现出来，与此同时，社会秩序又经常性地受到政治交换的质疑。这恰好构成关于有组织行动的研究目标。

记者：在你看来，一个组织机构，只不过是这么一种"局部秩序"的特殊模态？

弗里德贝格：完全如此。咱们试着取得一致看法吧。各种组织机构存在着，甚至比以往任何时候更加无处不在。倘或支持反面意见，那就可笑了。但得剖析组织机构，才能了解其功能动力学。也就是说，必须琢磨行动者们的行为逻辑，行动者们给组织机构以生命，可对行动者们来说，在一定程度上，这些组织机构永远都只不过是约束人的框架。当人们这样剖析组织机构时，人们看到了什么？

理性的种种冲突、复数个体与复数群体之间的对立与结盟、权力进程，也就是说，政治交换和调节机制。然而，所有这些现象绝对不是各种组织机构里特有的。在纷繁至极的行动场域，到处都会出现这些现象。换言之，必须停止用二元对立法去推理，别以为组织机构以外的一切全都无组织无秩序。实际上，各种组织机构的运转比表现出的更加混乱；而表面上组织结构较松散的场域，反倒比理论视觉所构想的更加井然有序。对组织机构概念进行剖析，是为了把注意力吸引到社会行动所提出的协调问题的持续性上。

记者：你能给我们举一两个事例吗？

弗里德贝格：首先举一个汽车厂的例子。以代客加工的新方式，供货商待在工厂里，而票据签发人却在他的供货商那里出现。他们二者之间的相互渗透正在日益加强。在这种情势下，人们再也搞不清如何界定企业。但是，这家工厂与其分包商们并不因此而完全混乱，实际上正相反。有一种局部秩序隐藏在互动整体的后面。必须展示局部秩序的特点，才能理解有关行动者的行为表现；在把合作伙伴联系到一起的合同中，局部秩序的特点并不是轻易就可一笔勾销的。

下面我们再拿一个比较模糊的场域为例，一个城市的社会服务业领域，或者谈谈我的一个学生最近研究的一个事例，一个省里负责救济吸毒上瘾者的制度系统。没有一个专门的组织机构来承担这一症结的责任，但却有相对独立的制度化的大量行动者们。这个场域的负责者们甚至抱怨，全体干预者彼此缺乏协调。不过，如果对此更仔细地考虑就会发现，表面上看，干预者的积极性混乱无章，但事实上却在遵循着内在规律的合法性周期性；他们的积极性，与权力平衡、与禁猎区、与竞争关系、与种种角色暗含的分配法则等均相适应。必须对这种"局部秩序"有所认识，对"局部秩序"赖以存在的结构及暗含的游戏规则有所认识，才能领悟这些人或那些人的行为或策略。

记者：在你的书中你说行动者们的表现是理性的。人们感觉到，在你眼里，行动者们相互是可以替代的，他们不带有文化特征，他们没有历史，他们的人格也不被考虑。

弗里德贝格：这不完全是我说的。我书中谈及的理性，包含各方面的局限性：认知的、感情的、文化的、思想体系等等方面的局限性；研究理性选择的论著，早已把理性阐释得一清二楚。因此，理性超越了有点过时的对立观点。可有人执意要建构两个世界之间的这种对立：一方面是只顾成就、利害关系、打小算盘的冷漠世界，另一方面是有爱心、有感情、有捐赠的温暖世界。在理性受到局限的情况下，一个人的理性总是离不开背景与文化。再者，理性还会受到利害关系的牵制，捐赠也是以某种理性为基础。这种理性与我们现代社会里占据主导地位的理性是有差异的；当然，这种理性同样还是要打小算盘、要考虑利害关系。因此，一个人的理性可以参照两个维度：一是参照这个人的过去，也就是说，他个人的历史和他的"社会化"，这两方面制约着他的爱好、他的欲望、他的目标，还制约着他感知情境的方式，以及他与之相一致的方式。二是理性参照现时的限制与现时的良机，也就是说，参照此人所处的互动情境。而这个现时，只要稍微延续，现时本身也就成为社会化的源头，因而，现时会改变个体的认同。如果承认一个人理性的选择取自这两种源头，那么，将行为表现视作行动背景的征兆，并由此将其视作工具，从而展示出这个背景的结构和游戏的特殊规则，也就有了可能。为此，"只需"一个单纯的假设就够了，这一假设就是，在作分析期间，把这些人的历史搁置一旁，并把他们的行为表现看成是他们现时打小算盘的唯一产物。

第九节 微生物是社会行动者吗？
——拉图尔访谈录

拉图尔

布鲁诺·拉图尔是法国科学社会学界最活跃的代表之一。他从巴斯德个案出发向我们解释自然科学的历史是如何把人与物之间的关系引入一个新的定义。

记者：1865年法国科学院认为巴斯德（Louis Pasteur）反对费利克斯·普歇（Félix Pouchet）的自然发生说一事是对的。巴斯德通过一系列实验证明了微生物只有在其被输入的环境中才能生长发育，从而说服了他的同辈们。而普歇则坚持认为微生物可以产生于任何有机剩余物（残存物）。这一科学争论以及巴斯德后来的生涯对于你都是典范。为什么这项微生物学实验关系到人文科学？

拉图尔：因为这件事展现出正确战胜了错误。而在认识科学的传统中，对正确和错误的处理方法是不同的。当一个科学家有理的时候，他的成果就足以解释他为什么及怎样采取了这样的思维方法。当他搞错的时候，人们就会找出战略方面、心理方面及意识形态方面的诸多原因。当结果得到验证时，人们就会想为什么原来要抵制他，而不去想为什么现在会接受他。比如人们会考虑为什么普歇没有马上接受自己的失败。有人说他之所以被自己的宗教信仰所蒙蔽，是因为他坚持要把自然发生与上帝的创造联系起来。而对巴斯德，人们却不去考虑他为什么要捍卫自己的立场，既然自己的立场是正确的。因此出现了两套相互分离的解释，一套出自社会科学对错误方的解释，另一套出自哲学或科学本身对正确方的发现。

记者：就算是这里面有些东西不好说，你会为此提出何种建议？

拉图尔：首先建议的是平衡观点。大卫·布鲁尔（David Bloor）1976年提出的对称原则是科学社会学的基础，我们矿业学校的革新社会学中心对其加以发展，主要是对真伪的审查采用同等的论据手段。就巴斯德那件事来说，指的是如下一些内容：如果把普歇失去正确判断力归咎于他加入了新教创造教派，那么对巴斯德就要考虑其天主教的教义；如果用普歇居住在鲁昂的事实来解释他所持的态度，那么同样要考虑巴斯德住在巴黎。如果你注意到医生们在很多年间都拒绝承认巴斯德的发现具有多大的好处，你就应该考虑他们持这种态度的理由。这样做的结果非常好。关于微生物在传染病中的作用问题，医生们当然有理由对巴斯德的工作抱怀疑态度，因为从实验室到医院临床任何东西都不能直接照搬。巴斯德必须改变他的实验计划，研究出疫苗才能说服这些医生。所以直到1880年首批疫苗接种，才间接演示出传染的决定性作用。在此之前，医生们有充分的理由认为生理学上的"土壤"比接触传染更为重要，因为观察证明，并不是所有接触过病菌的人都会发病。

记者：说人们有正当的理由不接受新发现，是否会使科学真理相对化？

拉图尔：科学社会学，至少是我所坚持的那种科学社会学，并不是普通意义上的相对主义，而是"关联主义"，问题不在于是否说出真和伪是同等的，而在于把竞争对手置于同一起跑线上。如果一开始人们的思想中就认为普歇是自然发生说的卫道士、巴斯德是理性学者，那就没有任何可解释的东西。巴斯德赢是正常的，这很简单，仅此而已。因此从历史上的这件事得出的第一个教训是：解释普歇的失败和巴斯德的胜利，只能从一开始就使他们面临同样的输赢可能性出发。

再一个问题是：为什么巴斯德赢了？是因为他的理论是正确的吗？绝对不是，而是因为他得到了细菌的本质东西，即他证明了微生物是可以驯化、征服和利用的，在实验室中可以控制其快速增殖。正是这种对微生物的控制能力以及后来对传染病的控制能力，才使巴斯德的发现具有了意义。第二个教训是：那些认为科学进步依靠的是思想而把技术设施以及所必须的像实验室那样的特别场所排除在外的人是大错特错了。既然如此，如果把巴斯德/普歇之争孤立开来，只将其看成是自然发生说事件，那也不会弄明白更多的东西，因为自然发生这一问题全然不是由巴斯德解决的：人们至今还在对有生命之前的情况即从惰性物到有机物的过渡进行严肃认真的研究。

反过来看，如果同意问题的关键在于在实验室控制细菌的增殖或防止通过特定的动作传染，那就能够更清楚地弄懂巴斯德为什么是胜利者。我们现在所拥有的一整套实用设施使得这一切都成为可能：仪器、实验室、程序，以及更晚一些的灭菌法。但这些都是经过了很多的曲折和波折才得到的。上述这些都属于实践范围。而从根本上说，普歇对把微生物学的研究简化为实验室中的实验是持怀疑态度的。但是这些技术在今天看来是如此的显而易见，以致我们再也弄不明白为什么有些人会有不同意的想法。谈论思想的演变或被称作"认识的突变"是完全不同的两回事。构成"巴斯德灭菌法"的90%的实验室设施，都被微生物学家沿用至今。科学的"胜利"就是要建立让后人生活的世界。

记者：这一解读科学史的新方式怎样建构出一个社会学计划？

拉图尔：对称原则是20年来改变科学史的一个普遍公平原则。但人们很快就发现，应用这个原则就会重新讨论人文科学与其他学科之间的关系问题。时至今日，大体上可以说，人文科学只对那些被硬科学弃之不管的不确切的、非理性的或错误的事情感兴趣。人文科学优先考虑的是硬科学不承认其实在性、研究者并不确实相信的那些东西，像社会问题、符号问题、价值问题、表象问题等。有一门心理学是应用于宗教的，但却没有哪门心理学应用于核物理学。现在来想象一下做"硬"科学如物理学或化学的社会学研究。默顿在美国就这样做过。但他只研究了问题的一小部分——机构制度以及科学家之间的关系。他没有涉及科学实践本身。因为有一种认识论方面的禁令使得自然科学的研究对象不应该屈从于社会学或心理学研究。而我们所做的正是这件事。这是什么意思呢？再回过头来看巴斯德个案。巴斯德在他的实验室中都做了些什么？总之是一些比进行社会学、宗教学或心理学解释更为有趣的事情。他让一些新的行动者出现了，这些行动者能够引发人类很多行为：到"广阔天地"去度假、开窗睡觉、刷牙、不把烟斗借给别人、隔离病人，这些都是极其平常的行为。这些行动者正是微生物。而在巴斯德之前，微生物对人类的生活方式并无多大作用。为什么我们不接受我们与巴斯德的微生物"一起"生活这一事实呢？人种学家描写"原始人"与他们的"祖先"一起生活并无太大的困难。为什么社会学家不会接受巴斯德笔下的微生物也是我们社会的一分子呢？假如微生物被接受为社会分子，那么防范微生物的仪器工具同样应该是社会分子。社会学接受诸如标准、价值、信仰之类如此抽象的存在生命，谁知道我们说这些话的时候确切要谈的东西究竟是什么？至于微生物，它们还将继续大量存在，而且不断表现自己并起来造反。我们生活在这样一种历史状态中：巴斯德主义用被我们继承下来的设备和表象构建了一个完备的网络，但是这个网络总是受到其他存在的挖墙脚、故意破坏和从内部蚕食。

记者：社会学和符号学都同意说物品作为符号或因其意味某种事物而能对人产生功效。你的意思是这样吗？

拉图尔：像对待科学对象那样来对待符号，恰恰会重蹈以前的覆辙，即把人文科学的领域局限在自然科学不相信其真实性的那些问题上。孔德本人所做的那种古典两分法把研究对象分离开来，把物给予精密科学；把社会问题给予政治社会学。科学社会学要彻底打破这种分离，因为这门社会学既对科学对象感兴趣，也对（社会）行动者感兴趣。观察它们与人的相互作用，看看它们对人类的所做所为以及人类对它们的所作所为。说到底，这仅仅是对称原则的普遍应用：如果把社会学引入自然科学，那么也应对等地把科学技术对象输入到社会学理论中。我们不能让把社会关系赖以存在而又属于技术科学的一切客体与社会关系相分离的现象无限期地继续下去，如电流、纸张、科学实验的方法程序。当前社会学还没有一份正确的客体清单和引起社会问题动力的清单。如果人们对把科学现实归并到社会问题中不是只满足于说一说的话，那就应该同意修改社会问题的定义。也就是说把社会学提到能够囊括人类之外其他存在的高度。问题在于把由客体和人构成的总体，作为由人类和非人类组成的"群体"来对待处理。

记者：就算巴斯德的微生物是社会行动者，它们会"反抗"，它们会"造反"。但对于像试管和计算机这样的制造物，是否可以应用同样的规则？

拉图尔：经历的时间越久，客体的存在就越接近我们的存在。新几内亚的巴布亚人在做些什么？他们认为原始森林中存在着半人半兽的鬼怪，他们把疾病归咎于这些鬼怪。而我们在现代社会中又在做些什么？我们按照符合欧洲法律规定的基因规范制造变异微生物。我们生产的混合物完完全全是巴布亚人只能在头脑中象征想象的那种东西。我们改变作物的基因，而他们只满足于将作物装饰一番。从原则上说，驯化他们在思想上并没有太大的区别，可是从客体的具体结构角度来看，人与物之间含有更多的相近性。

记者：你上面所说的适用于人对物的行动。但是反过来，如何设想物对人的作用？

拉图尔：之所以难以理解这一点，是因为人们忘记了客体不仅仅是一些"东西"。下面是我在《柏林的钥匙》一文中所举的一个例子：几年前有人制造出一种汽车安全带，它能在未锁好的状态下阻止汽车启动。这种装置在北欧国家中被采用，可是在美国却出于公民自由的原因而被禁止。这就是在一个国家能够判定为"道德"的物品而在另一个国家却被判定为"不道德"的。这不就是物与人类密切相关的共同特性吗？这个物不是既作用于人也像人类一样作用着吗？这件事使这个安全装置成为一个人们可以形容为混合物的存在，它既是一种器具，又是社会生活中的行动者。在允许使用的地方，它就完全取代了司机的道德感，它使司机免于需要这一道德感。一旦弄懂了这一点，就有可能重新把社会概念本身看成是一种混合物，就是我们说的人类和非人类"群体"。对社会有了这样的想法之后，维持关系的就既不是对象基础，也不是被当成符号处理的物，而是由物和人构成的整体。

这一切改变着社会学对世界的视角。人类的行为与猴子不同，因此不能完全用局部互动来解释。社会学从来都需要借助于抽象的规定来进行阐述。人们把它们叫做文化、结构或社会体系，每一种名称都应加上结构与互动关系的理论：惯习、价值观念、人格等。然而还有一个极其简单的事实需要考察，那就是人们忘记把客体包括进去了。从而每当一种互动在时间上延续并在空间里延伸，都是因为我们与非人类、与物共同参与了这种互动。在现代世界里，信任于物的观点就是科学的观点。与宗教观点、政治观点和伦理观点大相径庭的是，这些物并不贬值，相关的论说被看成是绝对真实的。要构建这种社会学概念，必须以坚实的对象为出发点，而后才有可能审视人文科学的其他对象：疯狂、宗教、政治、权利……

第十节　共同行动和生活
——博尔坦斯基访谈录

博尔坦斯基

为了一起行动，个体必须默契地赞同一些价值观，这些价值观被博尔坦斯基称为"约定"。每个人所利用的"辩护"或合法化模式，被这位社会学家称为"城邦"。

记者：在你和泰弗诺合著的《论辩护：声望经济学》这本书中，你们把中心位置给予了"约定"这个概念，也就是个体之间的一种默契协议。你们的"约定"是什么意思，为什么会对它如此感兴趣？

博尔坦斯基：在这本书中我们确实想论述社会科学的中心问题：人们在日常生活中为了协调他们的行动，或是为了对所提出的批评进行辩解所依靠的合法性形式问题。例如，因交通服务罢工导致的停工时间的工资退还或某人多得到一天假期引起的不公正，秘书及其科长之间可能会就此发生争执。使得大家得以共同行动或共同生活的约定，是围绕"声望"这一概念组织起来的，也就是社会行动者欲提出反对意见时所参照的原则和价值观。调整行为的价值和默契规范，往往也正是在发生冲突时显现出来。发生争执时，像你我这样的人会试图以原则为依据通过谈论事情正确与否来维护自己的观点。

举一个非常简单的例子:假设在《人文科学》处于非营利时期,为了扩大杂志的影响你们决定邮寄推销。一天下午你和你的朋友正在折叠推销信并将其装入信封。这时你的朋友一边还听着广播,干活的节奏逐渐慢了下来——起先你让他有时间来适应工作节奏。但在提出四次意见后他越来越拖沓,然后就开始谈起电影。此时你对他说:"是呀,我也喜欢电影,可是我们来这里不是为了谈电影。再说你这样慢腾腾地干活已经两个星期了。"正是在这个时候抱怨开始了:"你什么意思?"……为了辩解,你的朋友把工作停下来。他可能会提出这样一类理由:"这是一项不计报酬的工作,没有理由像在工厂里那样干","最近我家里有些麻烦事,我没办法去想其他事。"你可能会这样回答他:"这项工作当然是不计报酬的,可这是你自己选择要干的,而且这批信封明天必须发出去。照现在的速度就得连夜干。"或者你的回答是:"你家有麻烦事我理解,可是杂志的事也是事。你老实告诉我这活儿你能不能干"……对立的理由属于不同的辩护逻辑。这样的争执可能会无休止地进行下去。为了结束争执就需要一个共同的框架。对行动进行辩护的某些理由会被提出。例如:"你看看咱们杂志的账。要是下周不能多卖出一千本就完蛋了……"此时人们寻求的是就指挥行动的根本价值达成一种协议,一种妥协和折中。

我们称之为"约定"的东西就是允许行动的共同框架——就工作节奏或完成工作的质量达成的协议。与泰弗诺接近的一些经济学家所进行的劳动规范方面的大量研究形成的东西,此后被人们称作"约定经济学/惯例经济学"。例如弗朗索瓦·埃马尔–迪韦奈(François Eymard-Duvernay)对商业关系中的诚信问题所进行的研究,使得我们能够考虑由忠实个人关系和商业交易两方面组成的企业的复杂情境。也正是抱着这样的目的,萨莱(Robert Salais)在《生产的世界》(*Les Mondes de production*, 1993, 合著)中描述了各种"生产世界"。

记者:社会行动者之间建立起来的约定有多种类型,有时它们是互相矛盾的。你能否描述一下各种合法性原则?

博尔坦斯基:没错,约定赖以建立的合法性多种多样。例如,一个市政府,就像克洛代特·拉费(Claudette Lafaye, 1990)的研究中所表明的那样,受制于嵌套在一起的错综复杂的不同合法性。其中有以议员为代表的被认为以保卫公共财产为己任的"公民权利"原则,有以道路部门技术领导人为代表的"工业"效益原则。属于被人们称作"辩护"一类的原则,是以保卫文化"最高"利益的文化协会社团的领导为代表。有些人处在这些不同领域的交界处。这里往往就是冲突发生的地方，因为冲突的原因就在于几种合法性的对峙。

因此，我和泰弗诺才能构建出表示不同合法性的六个"界"或曰"城邦"（参见下页专栏）。在"家庭城邦"中，行动的合法性在于人与人之间的关系。在"公民城邦"中，占主导地位的合法性原则是公共财产，是"整体利益"。"工业城邦"注重的是效益，是性能。按照"商业城邦"的秩序，只有满足个人利益、交换和竞争才是唯一的合法性。而按照"舆论城邦"，名声、知名度、他人的看法才是行动的合法性标准。

每个城邦都有自己"声望"的定义方式。在某一界中有声望的东西，在别的界中并不一定有声望。比如，为了给我的一个学生写一封推荐信，我要给一个相识很久的朋友写信，他同时又是我在全国科学研究中心（CNRS）的同事，我写道："亲爱的同事，我要求你尽力使他能在科研的道路上前进……"我的行为理由属于家庭辩护这个城邦。我给这个人写信就像给一个信得过的熟人写信一样。我把我学生托付给他就像把儿子托付给师傅作徒弟一样。但是试想一下，如果我这位同事在科研部里有领导职位，那就会改变我的信的职能规则，而且我认为这条路会通向争取对大学的支持，我就会这样写："领导先生（也许我会加上"亲爱的朋友"以与家庭关系建立一种折中）。这条规则不仅是反宪法的，因为这就是使徇私情合法化，而且与客观性规则背道而驰，而对科研的正确管理正是要基于这些客观性规则。"

这里我用的是"工业"合法性原则（对科研的正确管理）和公民原则（规则的公正性）。实际上我将会激活不同的"城邦"。

记者：是不是每个城邦在社会生活中都有一个对应的领域？比如家庭界是否就是在家庭世界中占主导地位的那个界（城邦）？工业合法性就是在劳动界占主导地位的那个界？

博尔坦斯基：不是一个"城邦"对应一个领域、一个界。在同一活动领域存在着互相结合或互相对立的不同的辩护原则。

为了建立六个"界"或"城邦"，我们从两种看似相距遥远的观点出发：实地调查和阅读哲学论著。实地调查包括的方方面面真是五花八门：对寄到《世界报》的揭发信进行分析，参加企业委员会的会议，对销售干部与其表兄兼老板之间的劳动争议进行跟踪……另一方面，我们以实实在在的政治哲学经典论著为出发

城邦及其声望

在《论辩护》一书中，博尔坦斯基和泰弗诺定义了作为约定基础的合法性世界，把它们定义为"界"或"城邦"。他们的原则都是由过去的哲学家（霍布斯、卢梭）和思想家（圣奥古斯丁、博须埃）建立的。两位作者指出，这些原则仍然出现在现代著述中（企业管理学教科书、交际手册和其他引导行动的指南书籍）。

- "家庭城邦"（cité domestique），受博须埃著作的启发，人与人之间的关系按照亲属关系设计。关系的紧密程度表现为接近的程度，其内容是存在于一个家族、一种血统和一个家庭中的从属和保护关系。博须埃把国王比作为臣民牺牲的父亲。今天，在一些把大人物指派为首领、老板或父母的讲话中仍在表达这一内容。地位是靠推荐取得的，关系的维系靠的是礼物和请客吃饭。
- "公民城邦"（cité civique），受卢梭《社会契约》的启发，人与人之间由总体利益概念联系在一起，关系以合法和代表性为特点。在这个"城邦"中，为公共财产而行动的人是伟大的。一个很好的例证就是工会代表，他们的合法性基础就是遵守选派程序并为劳动大众集体尽心。
- "工业城邦"（cité industrielle）就是效益城邦，从圣西门到管理学教科书，工业言论的主导是必须的生产效率、组织和对未来的规划。该城邦看重的是要成为专家、落实方法、采用操作工具。在这里，所有的东西都应有组织、可测量、有功能、标准化、可以再生产。
- "商业城邦"（cité marchande），由亚当·斯密给出定义，在这里，社会关系由对稀缺物品的共同贪婪所维系。人的"伟大"与否，取决于对别人垂涎的财富的占有能力。商业界中重要的人就是购买者和销售者。他们富有了也就是伟大了。他们的主要优点是机会主义、行动自由和感情距离。主导关系的东西是商务责任。
- "舆论城邦"（cité de l'opinion），受霍布斯对荣誉描写的启发，在这个城邦里，每个人的立场取决于他人表达的意见。在这个城邦的现代版中，大人物就是那些知名人士、舆论领导人、记者。他们的价值就是公众承认的价值。他们操纵着信息，其关系的内容组成包括影响、身份和魅力。
- "启示城邦"（cité inspirée），引自圣奥古斯丁有关优雅的文章，指的是人们与灵感价值相比的相对位置，它不取决于别人的意见，神圣、天才都属于这个范畴，创造力、艺术感、想象力同样属于这个范畴。政治先锋、革新者、独创者、甚至失望者也都位于这个界。

点：霍布斯、卢梭、圣奥古斯丁、亚当·斯密、圣西门。这些哲学家都写过一些政治论著，他们各自介绍一种治理城邦的正义普遍原则。

我们是怎么做的呢？重要的出发点往往存在于对丑闻的揭露中。丑闻使两种不同的合法性显露出来。例如，来了一个市长为一座新建的公共建筑剪彩，如果人们得知这位肩披三色绶带、被认为代表全社区的市长实际上是大楼承建者的表兄弟，而且合同也是在他的帮助下才拿到的……无私关系背后的私人关系就会被揭露。两种社会逻辑同时起作用，一种是私人关系，一种是公民关系，它们与卢梭的两部著作相对应：一部是《社会契约》，它把社会关系建构成理想的无私契约。接下来是一些亲切的文章，特别是《忏悔录》，它指出了真正私人关系的困难。

记者：那么，问题是不是就在于把政治哲学的重大课题（关系到社会关系的基础）与日常生活中的问题联系起来？

博尔坦斯基：不错，正是如此。在《论辩护》这本书中，我们把"城邦"这个哲学家的理想建构与当代企业管理学教科书结合起来，这些教科书提供了用于企业知识的很好的规章。我们把圣西门与工业的效益教材相结合，把博须埃与以自学成才的干部为对象的礼仪教材结合起来，博须埃的政治引用了圣经原话，我们正好用它来建构家庭城邦……

记者：今天是否能总结出主导我们社会的最有力的合法性原则以及那些衰退了的原则？

博尔坦斯基：举例来说，人们可以觉察到商业辩护不久以前在公职当中还是相当鲜见的。它们出现在80年代中期，而今可能正在衰退。我对血液传染一案的具体情况虽然不是很清楚，但是那些在加雷塔（Garetta）大夫的行为与把商业辩护和管理逻辑引入政府行政管理两者之间建立联系的人们的看法，无疑是正确的。

记者：这些"城邦"寻求的是共同协议的条件，你是否把暴力、权力和个人谋略排除在外？

博尔坦斯基：我们的探讨不敢说是囊括了人际关系各个侧面的社会一般理论。如果人们把社会的构成看做是一些情境、人们在这些情境中的唯一愿望就是实现其正义感、进行合作是为了建立一个公正的世界的话，那就错了。如果这样就会认不出世界的本来面貌。反之，那些对社会只看到武力和暴力的人，同样也是错误的。

第十一节　行动社会学……家务
——考夫曼访谈录

考夫曼

对家务实践（熨衣服、刷锅洗碗、搞卫生……）进行的分析揭示出在行动中表现感情的重要性。在理性思维和常规之间，肌体的与感觉器官的智慧决定着我们每日的行为表现。

《人文科学》记者：为什么一位社会学家会对擦亮锅盆和拧干拖把感兴趣？

考夫曼：平凡的行动代表着社会上最稳定最具原创性的东西。经过人们构想的举动、人们对其抱有看法与其保持距离的举动，则不具有这种属性。相反，每日最显而易见的活动，最具原创性也最能说明问题。

对这样一个研究客体，我领会到另一种益处：这个客体允许培养社会学的听阅者。大家对洗锅刷碗都有经验，都有这方面的知识。因而我们就能开展一项工作，专家和广大公众都对这项工作感兴趣。

记者：人们为什么搞家务？

考夫曼：英国人类学家玛丽·道格拉斯指出，井井有条和干净，象征着事物的法则与精神概貌相一致。因此，当人们看到家里杂乱无章时，就会感到不舒服；相反，整理布置之后，人们就会感到宁静。在研究干家务活时，我试图观察这些人有什么样的精神概貌,试图具体理解这个过程如何达到预想结果。

我不能完整地回答这个问题,但可以说,我们所研究的不是推理的个体,这个个体决定开始这个或那个行动,他选择这个或那个方法,等等;他受制于一个刻板的系统。如果我问一个妇女为什么她习惯于只熨衬衣、枕套和手帕(而不是别的),她会回答我说:"因为就是这样。"有一个与人融为一体的显见事实,这是一种已经内在化、磨练成接近无意识的机械行为。

记者:家务行动首先体现在动作里。你谈到"与物共舞",你能不能解释一下这个隐喻?

考夫曼:安德烈·勒鲁瓦-古朗(André Leroi-Gourhan)说过,记忆力是有节奏的。家务行动运作的原理与这有点类似:有一定节奏,还有连贯性。由于节奏和连贯性,家务动作及对客体的操作,被安排得和谐又有条理;而且,习惯也得以构建而成。我使用"共舞"这个术语,尤其是因为,每当肢体语言成功时,更会产生有感染力的愉悦感,例如,熨熨衣服就是这种情况(参见下页专栏)。

记者:在家务小天地里,第二个重要形象是客体。你说物品是"自我护栏",这是什么意思?

考夫曼:物品并非装饰。客体的重要性远不止于此。人与物品之所以亲密,其奥秘在于,人们在客体上寄存了一部分认同。这种亲密化以个体方式表现,也在夫妻间或家庭里表现出来。例如,一对夫妻,组成两人亲密的天地——这些是我的书,还是即将成为我们的书?这个进程以不言而喻的方式不停地发挥作用。从某种意义上讲,人体扩大其地盘,同时把客体接纳进来,这些客体成为人生中的一些里程碑。我使用"自我护栏"这个词语,是因为自我充满矛盾、四分五裂,远远超出人们料想的程度。在我们内心,我们有大量的矛盾,我们必须不懈地斗争,克服这些矛盾,才能建构我们的一体性。为建构这种一体性的认同最稳妥地作出贡献的,当数稳定的家庭世界,由扫帚、刀剪、碗碟、床头灯、肥皂、毛巾……组成的家庭世界。

除了客体的这种在场——客体在场的强度不一,因个体而异——这次调查中最打动我的是行动在人体里内在化的重要性。干某些活计,有时就是非常个性化的格斗。熨衣服的例子颇能感动人。熨衣物的妇女们,有的习惯于一边看电视,另一些则喜欢一边听音乐。这可能是节奏感很强的音乐,以便与孜孜不倦

> **熨衣服的快乐与苦恼**
>
> 　　大卫只熨他的衬衫，几分钟的劳役如此艰苦，致使他计时测看自己的成绩。放弃熨衣服，并不反映一种不完美的立场。相反，这涉及对自我的肯定，自我肯定建立在这样一种信念上："真正的生活"在别处，跟爱干固定不变的家务活的陈旧怪癖无缘。对这样一种态度，那些喜欢熨衣服的人是无法理解的。
>
> 　　R 太太自言自语道："哪怕最小的皱折，我都准备熨平，不管是早上 6:00，还是晚上 8:00。"她说："我按照时装业的规范做法，把袖子腋下一折为二，从袖口褶子开始熨烫，熨斗尖朝着先前熨过的卷边，要小心翼翼，一道褶也不熨错……"
>
> 　　当然啰，说不定，熨衣服的乐趣超出了美学范畴。这种乐趣伴之以感官的某种惬意，正如勒纳塔所表达的："我觉得这使我心静。这对我有益。做这活特别舒服。"存在于人体深处的这种内在化，还体现在习惯里。
>
> 　　康斯坦斯讨厌熨衣服。她把要熨的衣服尽量减少，除了非熨不可的（外衣）。但她不晓得为什么，她对抹布却例外。她意识到自己这一古怪做法，并希望尽快摆脱。不过，她无法革除这种不协调的习惯：明明脑子里想别这样做，她的手却在继续无动于衷地熨着抹布。
>
> 　　对依雷内来说，摆这三张椅子真成了一种仪式。她慢条斯理、一往情深地把那三张椅子安置好：一张椅子放衬衣，第二张椅子放裤子，第三张放置其余衣物。她轻松、灵巧地准备妥当。之后，猛然间，熨斗熨了第一下，奇迹消失了，她的身体变得沉重起来——像以往一样，这三张椅子的插曲只不过是一个题外话！
>
> 　　选自考夫曼的《心系工作》(*Le Coeur à l'ouvrage: Théorie de l'action ménagère*, 1997)。

且高效率的熨衣服格调合拍。有一些听的是更柔和的音乐，与一些非常性感或没精打采的动作相协调。

　　总之，听着音乐熨烫，便启动了一个室内小型"电影院"，这个小型电影院把极为重要的个人想象领域表现出来。这是个体的创造性享有优先权的时刻。人们头脑里在摄制，常常就是从这里酝酿出一个正式执行的计划（邀请朋友、外出旅游、买房……）。一个计划的诞生，不须坐到桌子跟前，不是靠一张纸和一支笔，而是往往来自很自由的总是飘忽不定的想象领域。倒是有一定数量的人认为，正是做家务中十分因循守旧、十分惯例化的某些动作，启动了这种个人影院。

　　记者：在你看来，这种白日梦方式构成一种极为重要的思想模态，该模态所起的作用大大超出家务行动的背景。这种思想模态比所谓的理性思维占有更重要的位置吗？

考夫曼：我作调查期间所观察到的，正如人们一般设想的那样，理性行动（也就是说，带有批判类型的思想，估计到各种可能性，确定明智的选择，明智的选择与明智地确定的某些目标相关）从数量上看十分罕见。一般来说，理性行动会在若干数量的"窗口"里展开：例如，人们考虑取得所有权的一项方案，接着就要研究价格、贷款、地点，等等。实际上，人们会不时地促使理性思维在恰当的时刻表态。

与人们的设想相反，日常行动极为复杂。有成千上万个有待完成的动作、任务、有待处理的客体，连同大量可能作替代用的方案。如果人们着手对一切都考虑周全、对任何方面的可能性选择都估量一番的话，那么脑袋就会炸掉，身体也会垮掉。理想的是，每当人们真觉得该做一件事时，"这事不用想就做妥了"。其基本原理是老一套常规：例如，每餐过后洗刷餐具。然而这些习惯弹性很大，因为多数人都不喜欢把自己封闭在常规里。在这两种思维方式（理性方式和习惯方式）之间，存在另一种模态：想着但无须思前想后，想着作出真正的选择又无须大幅度打开问题箱。如此选择，就在于人们利用各种感觉。

记者：各种感觉是通过什么模态发挥这种功能调节日常行动的？

考夫曼：让我们举个例子。洗餐具一般不被认为艰苦，因为它已被常规化了。所以，人们用不着提出何时洗餐具的问题，这几乎不经过问就完成了。反之，想要对总可以推到第二天的一些任务（例如，熨衣服或擦窗玻璃）作出决定，就要难得多。人们可能会花上几个小时考虑，以便知道哪天擦玻璃最合适。至于这类任务，人们惯于凭感觉、凭感情来处理，经常是按照同一个过程。某种客体起到指示目标的作用：例如，一摞待熨的衣服。根据高度，这堆衣服摞得越高，视觉越要向身体传达厌烦的感觉。于是便会产生一种意识："我必须熨衣服了。"但是，这种厌烦还没有强烈到采取行动的地步。人们淡忘了，第二天衣服依然在往上摞；于是，厌烦化作"一股力气"，这股力气驱使肢体行动。这些感觉不是无中生有地起作用。这些感觉源于知的积累，源于个人的历史。感情从这个人所建构的框架里发展起来。即将启动行动的那摞衣服的临界高度，是由这个人的经历确定的——这个人建构了释放感情的模式。

记者：人们会不会责怪说，你的个体决定论观点为日常生活和个体感情所左右？

考夫曼：决定论的确存在。但是，确定个体行动的种种草案，存在于我们每个人心中。这种内在化是必要的，因为一个模式越是内在化，行动起来就越便当。不过，个体也能接纳和选择接纳一些新的模式。在各种不同的草案之间，选择在不停地进行。

为了说得更明白一点，我重新举一下"室内小型影院"的例子。一个有点发疯的梦想：有人梦想摄制电影故事般的行动安排，根本有别于目前的生活，这正在变成一项真正的计划，而且能够嵌入现实。从这里起步向前，人们可以完全改变自己的生活进程。

记者：你曾说过，要作出决断，肢体智慧比理性智慧更有效，你能举例说明这个命题吗？

考夫曼：肢体智慧首先涉及每日生活的小天地。行动的其他领域（例如工作）更多地靠理性运作。为了阐明这个见解，我举美国神经科医生达马西奥（Antonio Damasio）介绍的一个例证。他当时有个患者名叫埃里奥特，由于一次意外事故，埃利奥特的一部分大脑受到损坏。被损坏的部分正是感情所在的部位。埃里奥特的智力功能丝毫没有受损。但他再也不能作出决断。为了确定一个会议的日期，他掏出记事本，并估量所有可能日期的方便与不便。他拿着他的记事本分析得条理分明，可是，一个小时都过去了，他还没拿定主意。这个例子所证明的，主要是如何使用"作废的"大脑——感情所在地——以及如何"圈定"决断。

记者：人们能把你的推理方法定位到"建构主义社会学"这一新近的潮流里吗？建构主义社会学强调，通过复数个体来建构他们的社会认同和他们的行动。

考夫曼：的确有一种潮流正在发展，这种潮流提出了个体与社会性之间联系的问题；借助于这股潮流，我判明了自己的方向。这股有影响的新势力的特征，是研究个体与社会之间的链接，研究决定论与自由之间的链接，而且这以具体事物与经验观测为基准。

记者：你使用了术语"扎根理论"来详细说明这种情况。

考夫曼：是最近去世的美国社会学家安塞姆·斯特劳斯（Anselm Strauss）提出了"扎根理论"（Grounded Theory）这个术语，我们可以将其译为"经实地检测的理论"。人们经常教大学生们使用经典方法，经典方法是根据一门理论，选取几个假说，继而实地检验这些假说。斯特劳斯所提出的就是从实地开始。人们倾听实地情况，才进行每日的学习。而且人们阐发了一些连贯的、依次连接的假说——一种正在建构中并且每日都在演化的理论模式。这种做法制造出一些理论模式，它们的特征是与具体性紧密相连，而非被制造出来就准备向外推销。

记者：有关人们最隐秘的习惯做法，你获得了如此准确的信息，你是怎样从人们那里获得的？

考夫曼：我进行访谈。我的方法是非常有质量的，也是善解人意的。我分两段时间进行。头一段时间，要善于引导访谈，引导要很灵活，要有共同的感受。按照人们回答的问题，随时都要深入下去，要提出相关的各种矛盾，等等。当被访者过了一会儿明白过来，我跟他正在他的经历中漫游时，我俩就能谈得很深入了。第二段时间最重要，这是进行分析的时间。此时，关键是制造种种假设，逐步建构解释模型。这是手艺人的一项工作：我听，反复听磁带，非常缓慢。在我建构的模型和我听到的东西之间，我踌躇不决。一些确切的含义有待发现，例如，种种矛盾和反来复去说的那些话，这需要译码和判断。我就海滩裸乳做调查期间，人们常对我说："每个人想干什么就干什么，但……"这种表达法本身就概括出了这本书中的结论：民主社会运用的是双重语言，这一双重语言指出：个体是自由的，但同时也存在一些模糊的规范。在最寻常的讲话和行为中，含有各种理论宝藏。

第十二节 一位都市社会学家
——维维奥尔卡访谈录

维维奥尔卡

多年来,米歇尔·维维奥尔卡从工人运动、恐怖主义、种族主义的视角分析社会现象。他的方法是引导一个群体思考群体自身行动的意义。

记者:你研究过的主题非常广泛,像消费者运动、种族主义或恐怖主义。你能给我们勾勒出你的专业学习及职业开端吗?

维维奥尔卡:我热心关注社会学始于1972—1973年。当时我正在巴黎第九大学攻读组织科学,即将结束博士生阶段的学习;究竟选经济学还是社会学,犹豫之后我选择了后者。图雷纳同意当我的导师,指导我写国家博士论文。我对社会运动产生了兴趣,在那个时代,知识界与政治气候被左翼和马克思主义所支配。我选择研究的不是工人运动,而是社会运动新潮流——消费者联合会。

随后好几年,我的知识和职业生涯与图雷纳密切相关。1977年,他把我拉进一个研究项目,项目的落脚点是他发明的前所未闻的新方法——社会学干预,以及对历史的假设;当时他这一发明广受争议,事实上,关键之处在于他断言工业社会的结束,断言其核心行动者工人运动的没落,同时断言后工业社会的降生,以及社会运动新潮流的降生。

记者：准确地说，社会学干预方法究竟包括些什么？

维维奥尔卡：起先的设想是，把这种方法用于分析社会斗争，以便总结出其主要意义。例如，用这一方法研究反核运动，研究奥克语地区的战斗精神，研究大学生们的斗争，等等。最近，这种方法更多被用来分析一些行为，这些行为受到社会运动削弱或社会运动不在场的影响，像青年人的"苦境"、恐怖主义或种族主义。

社会学干预的目的，是向一个集体行动者，即体现为十人左右的一个群体，提议对该群体的行动进行自我分析。首先，在第一个阶段，研究人员组织该群体同各种对话者进行辩论，这些对话者或是该群体行动中的伙伴，或是对手。这样做的效应，是让这个群体反思并弱化该群体自发的推理效果，弱化该群体的意识形态。这种弱化推理效果的做法，为该群体的反思及自我分析铺平了道路。

在第二个阶段，研究人员依据所发生的情况导入分析因素。他们向该群体说明在他们看来该群体的行动所涵盖的最高尚的意义，这种意义似乎对集体生活最普遍的取向提出了质疑；接着，提请该群体接受这个假设，对该假设展开讨论。如果该群体拒绝这个假设，那是因为该假设不恰当不让人满意；即使该群体接受，也仍不能证明该假设的妥当性。只有在该群体必须借助于该假设转而对自己的行动进行自我分析，人们才会认为这个假设是合情合理的。

记者：被你称作"颠倒"（"inversion"）进程的东西，似乎是你对恐怖主义思考的核心。

维维奥尔卡：颠倒进程呈现出两个特征。一方面，行动者把从意识形态那里、从宗教那里、从他声称能体现先前的表象那里所借用的资料彻底变换。例如，极左恐怖主义群体常常发展了某种马克思—列宁主义，其实与马克思和列宁的思想并没多大关系，曾有好几次，列宁和马克思在阴间大概都不得安宁。同样，某些时候，恐怖主义也会打着伊斯兰教的招牌，制造一些实际上是否定这门宗教的事端，实际上违背了大多数穆斯林的意愿。

颠倒进程的第二个特征与第一个特征有联系，即以民众的名义重新打造价值观念，然而却是以一种虚假的方式。恐怖主义很狂暴也很盲目，它把相关民众当做挡箭牌的手法是虚假的。人们口口声声谈及工人，却跟工人阶层没有任何接触；人们声称采取行动是以这样的共同体名义或那样的民族名义，可是，相关的民众在恐怖主义中绝对找不到自己的身影。

恐怖主义分子常常赋予自己的行动以一种新的价值观念，即标榜不能自主，也就是说，恐怖主义行动者从属于另一个行动者，从属于另一种价值观念。在最坏的情况下，全过程结束时，恐怖分子变成某种事业的雇佣兵，这种事业与他们行动的出发点毫不相干。例如，曾有一个德国群体是参照工人运动在纳粹恐怖时期组织起来的，该群体在螺旋反向并失去良知之后，竟然杀害了大批犹太人。

记者：究竟是暴力行动导致恐怖主义分子歪曲了他们起先参照的价值观念，还是价值观念的转变引导恐怖主义分子去搞暴力呢？

维维奥尔卡：这两个维度中的每一个，都在从另一个那里摄取养分。人们越是沉溺于这种封闭的进程，人们越是会被诱惑去搞暴力；反之，越来越采取恐怖行动的暴力，会逐渐切断他们与民众的联系，可他们又宣称以这些民众为参照；这种暴力越来越把他们封闭在空谈里，这些空谈如同某种意识形态在起作用，这也是阿伦特所要表达的意思，也就是说，某种思想逻辑在起作用。丧失良知导致暴力，反之亦然。因此，可以使用"螺旋"这个词。

记者：是否存在一些常数，使人们能够确定，为什么某一群体在某时刻突然转向恐怖主义？

维维奥尔卡：常数不存在。但是存在一定数量的有利条件——从一种情况到另一种情况的变数——人们可以把这些变数归为两大类。一方面，人们发现，与社会环境有关：每当社会运动退潮，或者相反，每当社会运动兴起，与社会运动达到高潮相比，社会空间向恐怖主义开放的幅度要大得多。另一方面，还由于政治环境：危机、政治僵局的各种背景，比开放局面更有利于其孳生。那些不能表达某些合理诉求的人们，可能会被诱惑求助于政治暴力。但无普遍规律可循，每次都是一种新情势。

政府有时会犯严重错误，尤其是低估或高估赌注。同样，国家元首可能会犯双重错误：要么他好像对该症结漠不关心，这会导致暴力更加猖獗；要么相反，他本人过多地介入反恐行动，其后果是，在公众舆论及国际舞台上，这使他在一定程度上成了恐怖主义分子的囚徒。在美国驻伊朗大使馆的人质事件中，吉米·卡特为这个错误付出了惨重代价。

记者：很少有法国研究人员对恐怖主义感兴趣，然而，恐怖主义现已成为一种重要的社会现象。你将这种空缺归因于什么？

维维奥尔卡：有两种原因我觉得可以援引。第一，我认为有些研究主题是"肮脏的"，而且我认为，恐怖主义很典型地属于这类主题。关注这个主题的研究人员，可能很快就会受到指责、受到压抑，人们会控告他认同研究客体，还会控告他走火入魔。这不是我的情况，而且我所研究的恐怖主义分子，从未对我有过迷惑力。当我停止研究这个范畴转入另一个范畴时，我大大地松了一口气。

第二，恐怖主义有点像火山，因为只要恐怖主义未显现出来，哪怕有相当大的爆发可能性，人们也不会去议论它。接下去，某一天，悲剧发生了，大家都开始街谈巷议。但是，谋杀案爆发时，社会要了解的东西与一名社会科学研究人员能够提供的东西根本不合拍。人们想知道：是谁放置了炸弹？作案者与这个或那个国家有什么联系？然而，人们并不关心是怎样的过程导致某群体这样去做。以往，研究人员总是错位。原因是，抑或舞台冷清，该主题无法让任何人感兴趣；抑或舞台很热火，可人们想知道的东西却并非研究人员所能提供的。

这后一种因素是法国特有的。法国曾严峻地面对过"直接行动"的极左恐怖主义威胁，或面对来自中东的国际恐怖主义威胁，那个时代正值知识分子摆脱左倾激进主义及第三世界主义的约束。知识分子处于一种微妙的境地，因为他们决不希望表示赞同；但同时，他们又十分了解恐怖主义分子所走过的历程，因为他们当中某些人不久前就从属于相同的意识形态派别。

记者：你的研究涉及一些高度敏感的主题，因此我想了解你的研究工作的社会目的性。

维维奥尔卡：我认为，研究人员作为个体与公民，在他的科研工作与他的科研总方向之间存在有一致性。就我本人来讲，我对涉及城邦生活的各种主题都感兴趣。我提供了这方面的一些研究成果，希望我的研究直接涉及的那些人能够理解这些研究，乃至从中获得具体应用办法。例如，可以说，身为研究人员，我对种族主义进行的反思与我的政治抉择是一致的。我知道，在这一主题上我的著述被决策者们广为阅读，不过，我对我的研究效应如何并没有确切的了解。

记者：你曾说过，借助于崇高的感情、借助于强硬的反种族主义，都不能使种族主义退却。

维维奥尔卡：崇高的感情相当重要，但还不够。一个有教养的人固然可以表达他反对种族主义的良好意图，并鼓励他的孩子带上"不许碰我同伴"（法国反种族歧视的口号）的胸牌，可他用这种方法绝对丝毫改变不了种族主义个体的实际现实。这种方法甚至还会激化他们觉得不被理解的感情。因为，当你去看他们时，这些人就会对你说："我的住房和工作问题没解决；我孩子念书那个班里，许多小学生不会讲法语。"因此，仅限于对发表种族主义议论的那个人进行谴责，就等于否认现实中有各种各样的社会症结。彻底的反种族主义态度，应该是更仔细地反复推敲。但我坚持想要说明，我不同意近些年来某些作者发表的批评，他们指责反种族主义，这些批评实际上把种族主义与反种族主义置于同等地位。

记者：如果我没理解错，你认为，对民间的种族主义，在初始状态时不应该纠缠，而应该倾听，以便从中发现其他一些东西。

维维奥尔卡：社会学家的任务不在于思索有关人类学或种族主义心理学的核心假说是否存在，而在于解释清楚：哪些环境使得这种现象存在，并使之扩展或衰弱？我从事的研究证明，这些环境与社会的、政治的和文化的变革相关。在社会变革中，尤其必须指出，工业社会及工人运动衰竭了，而且社会排斥有增无减。至于政治环境，主要涉及共和政体的危机，特别是伴随有种种现象，例如公立学校危机及福利国家危机。最后，文化环境尤其涉及民族认同概念。这三个领域——社会的、政治的和文化的——之间的联系，不久前要比今天紧密得多。例如，主要由于文化的与经济的国际化，国家作为框架，其能力日益减少，而社会生活和经济生活都在这一框架内进行。

记者：我想向你提最后一个问题，一个更具理论性的问题，你如何分析当代社会学的境遇？

维维奥尔卡：由于表面看来相互矛盾的两种推理方法，当前的社会学变得越来越无所适从。一方面，一些社会学家对历史及政治大变革相当敏感，像东欧剧变。另一方面，人们则遇到一些对个体经验及有限互动现象更感兴趣的社会学家。对于无所适从我拒绝接受，因为我确信，这两种学派并非相互矛盾，而是相互互补。我认为，社会学家将会提出的最热门问题，恰恰是需要这种双重视角的问题，像民族、宗教等。研究民族认同感情，应该考虑到人们每日的困难，考虑到他们的尊严面临威胁时他们所表达的感情，同时还应整合政治上及历史上的深刻反思。因此，我觉得在我们国家，如果重新建构政治方面及智能方面的辩论，那么，社会学将会被强制进行重组。

附 录

关键术语

Acteur 行动者

着手研究社会上的个体有两种方式。人们可以把个体当做类似社会机器人的东西,社会机器人依据其社会角色、依据对其命运产生影响的决定论行动。例如,假使把某个工薪者、某个学生或某个领导视为社会一般类型的一个普通代表,就属这种情况。

行动社会学,换言之,行动者社会学,反对上述个体"过度社会化"的观点。行动社会学注重个体(或各群体)所拥有的自主权。这里涉及的选择能力还意味着有推理天赋、慎重思考的天赋。行动者社会学关心的是,行动者在价值观、利害关系、判断能力(合理性)方面的表现。站在行动社会学立场,对政治投票、消费、经济行为、学历、家庭表现作阐释,就是申明在给定的背景里社会主体所作出的各种选择与决定。

当代社会学揭示出行动者的多种面相:(1) 经济学人,作为理性行动者,在行动的同时,为自己追求最优的盘算效益与成本。这是小资产者的模型:自私且善于盘算;(2) 谋略家行动者根据"有限理性"行动。主体所掌握的信息有限、分析能力也有限,故他仅满足于"得体"地行动,理性行动对于他是次要的。按照琼·埃尔斯特风趣的说法,这位行动者是"一个避免说蠢话干蠢事的动物";(3) "投入战斗的"行动者(存在有主体的更为"英雄气概"观念、存在有英雄的或积极分子的观念) 行动时,考虑到价值观(名誉、荣耀、正义等),表示倾向时依据自己的计划或情感。这类行动者的集体变异体,就是社会运动的变异体。这是一个有组织的群体,携带有很强的同一性,而且蕴藏有社会变革的规划。

韦伯区分出四种典型的行动方式:(1) 传统行动:依附习俗、依附常规或现行社会规范;(2) 情感行动:由情绪(怒火,嫉妒) 诱导;(3) 理性行动:韦伯又将其分解成两类。一类是意味着目的与手段相一致的理性行动(谋略家的、学者的或企业家的行为:为了某个特定目的,千方百计把他们的手段调整到最优);另一类是由价值观(荣耀、名誉、正义)诱导的理性行动,通过这种理性行动,主体捍卫他的理想,未必一定追求他的行动效益。韦伯认为,同一个行动可能同时从属于若干种逻辑范畴。而且根本不可能把这些逻辑范畴的每个部分都分别梳理清楚。

Anomie　失范

在社会学词汇里,这个术语反映的是社会整合机制的削弱。例如,人们用失范来指如下事实:一部分居民不再遵守一个社会的主要规范。迪尔凯姆用"失范性自杀"来显示家庭或劳动社区里个体整合衰减所造成的那些自杀的特征。在迪尔凯姆看来,某个社会道德标准衰减,也是失范的一个原因。美国社会学家默顿认为,当一部分民众不再赞同社会的价值观时,失范就会出现。在这种情况下,失范的表现方式可能是越轨、反叛或放弃。

Changement social　社会结构的深刻变化

各类社会何以变革?通过经济(竞争规律)?技术(劳动的或日常生活的信息化)?文化(思维方式、新思想观点)?政治(国家行动、压力群体行动)?革新的群体?社会冲突?或者是这些因素同时都起作用?

今天,对社会结构深刻变化的总体理论研究已被束之高阁。对社会结构深刻变化的研究,集中在局部及具体问题上。人们试图弄明白,有了新科技工艺效应,劳动如何变革?妇女地位如何演变?公众行动有哪些效应?一项社会革新如何传播?等等。社会结构深刻变化的因素是多方面的(经济的、文化的、政治的……),这已得到认可;变化的形式可以各有不同(逐渐变化、周期变化、跳跃式变化……),这也是得到认可的。

某些社会学家,如芒德拉与其研究小组路易·迪尔恩,研究各种社会演变的总体趋向(《法国社会的动向》;《第二次法国大革命》)。莫兰注重研究突然出现的和意想不到的现象,这些现象会打断事物的有规律进程。布东指出了社会机构深刻变化的"反常效应":某个行动的结果,是期望效应的反面(《反常效应与社会秩序》,1977)。克罗齐耶十分关注的是:在各个机构里及在法国社会里,对社会机构深刻变化的抵制。

Classes sociales　社会阶级

"阶级利益(……)把各种思想最不相似的人们紧紧地联系在一起,并使他们共同前进。人们的阶级属性是首要的,自己的观点是次要的。"这两句话的作者是托克维尔。可见,社会阶级这一概念不独属于马克思主义词汇,亦被社会学家们相当广泛地使用,用来指经济状况、社会身份及利益相同的那些社会群体。从一般性的某个层面看,确认社会阶级存在再也无可争议:所有的现代社会都由收入、权力、身份或威望不同的各种群体组成。

每当人们想准确地把事情说明白时,争论就开始了。"工人阶级"仅限于工人吗?换言之,是否应该包含工人和职员(职员具有相同的社会地位),构成一个更广泛的"民众阶级"?

"中产阶级"的界限是什么？脱离人们要触及的社会利害关系来确定各个抽象的阶级的范围，看来无法做到。马克思之所以根据人们在生产过程中的境况相当广泛地给社会阶级下定义，是因为他首先强调阶级斗争的动力。韦伯提出对多维度地相互交织的社会阶级进行分析。社会上存在有不同的群体：按威望（社会身份）划分、按权力（政党）划分；还存在严格意义上的阶级；这些阶级组合成各种各样的"个体群体，每个个体群体内享有（……）福利及供职的机遇相同"。

故此，人们可以从多个视角斟酌社会分层，时而看出财富不均，时而看出权力不等，或获取资源的机会不均。美国社会学家劳埃德·沃纳（Lloyd W. Warner）从研究美国一座小城市（扬基城）入手，提出用六个阶级类别来描述美国社会："上上层阶级、下上层阶级、上中层阶级、下中层阶级、上下层阶级、下下层阶级"。

达伦多夫在其《工业社会中的阶级与阶级冲突》（1957）一书中把阶级概念扩展为利益群体概念。形形色色的群体和小群体从自己的角度出发审视社会结构，这些群体与小群体根据利害关系与情势分享共同利益。工人们就是这样：有时他们组成一个同质整体，有时他们细分为不同的利益群体（公路工人，铁路工人……），有时他们也会与其他工薪阶层（职员，公务员……）联合起来组成一个更广泛的利益阶级。

Communauté 社区／社圈／共同体

种族、家庭、小圈子、群伙、教派、体育联合会……广义上，社区／社圈／共同体指一个扩大的集体，由团结一致的人们组成，他们之间有密切的亲和联系，具有一种共同的亚文化，有共属同一群体的感情。一个社区／社圈／共同体可以是宗教性的、种族性的、政治性的、专业性的……

滕尼斯对社区／社圈／共同体和社会作出了最著名的区分，这一区分法成为社会学的规范。一个社区／社圈／共同体内部的关系，像一个家庭或一个部族内部存在的关系，换言之，这些关系能在更宽泛的群体（用腾尼斯的话说就是"地方社区"或"思想精神社区／社圈／共同体"）成员之间发展。这些关系的特征是：成员们相互邻近，有感情热度，其利害一致团结一致。反过来，团体协会会员们的关系则含有商贸关系基质，受特定利益驱使，在个体们之间建立起来。这些关系是功能性的，而且建立在盘算的基础上。

Compréhension et explication 理解与解释

在社会学里，为解释某种社会现象，把两种方法加以对比是常有的事。让我们以选举为例："理解方法"要重新建构的是，导致某个个体以这样或那样方式投票的动机和理由；"解释方法"强调的是与投票相关的外部因素，像选民的社会身份、年龄与他投票的关联性。

理解／解释之间的对立，起源于围绕方法论展开的沸沸扬扬的著名争吵，这场争吵使德国社会科学在 19 世纪末至 20 世纪初活跃起来。"解释方法"参照物理学的因果模式,"理解方法"参照"精神科学"特有的方法。这两种方法的对立常常归结为两类因果关系。"理解方法"大概参照暗含的决定论,"解释方法"则参照自由选择和自觉选择。这种彻底对立毫无必要,两种方法可以互补。

Conflit social　社会冲突

冲突构成社会里的任何生命:劳动冲突,家庭冲突,政治冲突,社会冲突。冲突是社会行动者之间的社会地位、利害关系、价值观、观点不同造成的结果。冲突还可能与人们渴望(在劳动中、在社会上)得到"承认"息息相关。按照这一理由,社会学家认为,冲突暴露出了社会组织中存在的问题。

社会学家所关心的可能是冲突的原因、冲突内部的动力学(发动的形式),或者说到底,关心冲突的效应。某些冲突,像冲突、离婚、解雇,最终会导致社会联系中断。不过,冲突也能起调解作用——这也是将(企业或国民关系里)潜在的社会症结大白于天下并进行调整的一种方式。

Constructivisme　建构主义

"人们并非天生就是妇女,而是后天变成的"——波伏瓦这一警句本身,兴许就概括出了建构主义的观点。这一警句假定:社会现实是一种建构。女性气质不单只是生物性别的事。女性气质还将社会身份、教育培训、行为、表象凝聚成一个整体:它们因社会不同而异,不停歇地建构着,而且不停歇地重新建构着。基本假定就是这样的,为现实中的建构主义学派指路。种种社会现象,从犯罪到宗教、从劳动的组织安排到法律,是长期精心制订的结果;在制订过程中,表象、社会规则、行动者的游戏介入都起了作用。

Déviance　越轨

"越轨"一词于 20 世纪 60 年代被引入美国社会学。越轨是指与社会规范互相冲突的表现。从一个社会或某个群体的主导规范角度看,乔装改扮或加入一个小团伙可能就是越轨的表现。因此,一个越轨行为和某个阶层的规范有关:由于规范在变,昨日是越轨的,说不定今天是规范的;在某个群体里是越轨的,说不定另一个群体则会认为是规范的。

违法与犯罪,不是对某一规范的"越轨",而是违反法律。法国的法律依据严重程度来区分各种违法行为:不法行为,轻罪,重罪(持枪抢劫、强奸、谋杀)。

生活乏味意味着越轨行为,因为越轨行为表示对社会的反叛,并通过毁坏场所或辱骂来发泄。"越轨"一词于 80 年代在美国被纳入社会学概念。

Etat　国家

从严格意义上讲,国家从整体上重新部署由政治系统(政府和议会)和行政部门(国防、国民教育、外交……)组成的国家体制。但从广义上讲,还可以加上地方行政区域、公共机构及社会服务部门。

当国家和民族(换言之,由其语言、其习俗而形成一个统一的整体的民众)共生时,人们使用国家—民族这个词。人们今天看到的种族间冲突(索马里、南斯拉夫、伊拉克、印度……)表明,像法国或德国这样的国家—民族,在地球上是相对少见的。福利国家反映出国家在社会领域进行的强有力干预。

当代政治社会学关注国家的不同侧面,像政治系统的运作[伊斯顿(David Easton)、达尔(Robert Dahl)、阿隆]、行政组织机构(克罗齐耶)、公共政策分析、政党、压力群体、挑选精英……

Fonctionnalisme　功能主义

在社会科学里,功能主义是在反对进化论中形成的;进化论把礼仪、社会准则解释为往昔的遗产。功能主义者(马林诺夫斯基,帕森斯)则认为,假如说某个机构或某种社会实践永存,那是由于它们与某种功能相符合,那是由于它们在当前社会里起到某种作用。

有些著述者捍卫一种新功能主义,像杰弗瑞·亚历山大(Jeffrey Alexander)、卢曼、弗朗索瓦·德·森格里(François de Singly);新功能主义主张从功能角度(家庭的、礼仪的社会化功能……)研究社会现象,而不要陷入那种认为社会完全是有机整体并一体化了的观点。

Idéal-type　理想型

莫里哀的《吝啬人》是个漫画式人物,现实中极为少见。然而,他代表吝啬的原型。这个人物就是吝啬人的一种"理想型"。韦伯强调提出使用"理想型",作为概念工具在社会科学中使用,而且用来定义人类行为或社会机构的主要特征。一个理想型是一个模型,是理智的一种建构;这种理智建构不反映经验主义现实,但容许分析其构成要素。

Modernité/ Modernisation　现代性/现代化

社会学的奠基之父们认为,从传统社会过渡到工业社会,必须以传统社会的组织方式解体为前提。随着工业化与都市化的到来,宗教、行会、农村社区、手工业、地方名流都将消亡。

现代城市、大工业、市场的特征,带有种种新形式社交的印记;在这一背景下,个体变成匿名的,而且离乡背井。社会交往者们变得没有人情味,其表现是相互疏远、形式主义及冷冰冰的盘算……这些都是做生意或衙门关系的特征。

在当代社会学家们那里,现代性主题引发了大量研究,像吉登斯的《现代性的后果》

(1990)；图雷纳的《对现代性的批判》(1992)；莫兰的《普洛泽韦市镇的巨变》(1967)；芒德拉的《第二次法国大革命》(1988)。在这些著述中，人们又发现有个人主义、都市化、劳动分工及社会范畴等题材。

Mouvement, social　社会运动

工人运动、女权运动……任何持续不断的有组织集体行动，都可以冠之以社会运动。图雷纳提出了一个精准的定义：集体运动一含有社会变革方案，就变为社会运动，其特点有三：全体性、对立性、同一性。因此，工人运动曾是社会运动的原型。相反，女权运动（具有同一性和对立性，但是没有全体性）则不符合这一定义。

Organisation　组织

介于个体与总体社会之间，存在一个居中机构——组织机构。学校和企业、政党和体育联合会，都是最常见的组织机构的体现。这些组织领导、管理、指引个体行动，反过来在同样程度上，这些组织也被个体行动改造着。组织社会学构成一个独立的场域，并且是社会学中一个十分广泛的场域，英国社会学尤甚。在法国，组织社会学的主要代表是克罗齐耶。

Positivisme　实证主义

实证主义是一门认识哲学，出现于19世纪。这一学说宣称：货真价实的知，应拒斥虚无缥缈没有益处的形上思辨及信仰，转而侧重研究社会现象之间的联系的建立。在19世纪的"实证主义者"中，人们可以列出一些法国的著述者，像孔德、埃内斯特·勒南(Ernest Renan)，伊波利特·泰纳(Hippolyte Taine)，克洛德·贝尔纳(Claude Bernard)；英国有穆勒和斯宾塞。在德国，实证主义起源于20世纪30年代创建的"维也纳学派的实证主义"。

并非实证主义各派别都完全信奉同一种学说。但有几项共同原则使他们具有一致的特点：(1) 摒弃被称作"形而上学"的哲学空论，这类空论只不过在概念上作虚飘无益的思辨；(2) 必须遵循研究社会现象及其间关系的方法、实验方法、对各种假设作经验认证原则；(3) 关注准确度、量化及严密的论证。

Rational choice　理性选择

理性选择是分析行为表现的一种方式；依照这一分析方式，个体是一个理性能动者，他只力图使自己的利益最大化。这一模型产生于微观经济学，主要源于诺贝尔奖得主阿罗的著述，还源于"公共选择"学派和人文资本理论；他们的意图是，把这种推理方法的场域扩展到人类的全部行为表现中，像教育、家庭、宗教等。因此，夫妻被看成一家真正的公司。在这家公司里，感情、礼物及资财的转让，无异于报酬与投资。如果双方获得的满意度高于成本，

这对夫妻就"红火"起来……这一模型也已运用到政治社会学中,例如,一个个体在某一政党里积极奋斗,他的动机就是追求自己的利益。在社会学领域,理性选择思潮引发了许多论述、评论与辩驳,可参见奥尔森、西蒙、布东、皮佐尔诺等人的著述。

Rationalisation 理性化/合理化

韦伯发现,人类活动理性化,是现代性的突出特征。社会活动诸领域(经济、法律、科学、艺术),为遵从各自的逻辑,均挣脱传统的影响。经济领域就是这样:资本主义企业飞速发展,处处精打细算、对劳动实行"科学"分工(泰勒是韦伯的同时代人)、使用现代技术,就充分显示了从传统原则过渡到效率原则。"理性化"这一术语,看似简单,又是单义的,实际上包含三个组合维度,也是三个有区别的维度:策略上的盘算,社会功能的普遍化及专业化。

Rationalité 理性/合理性

从最一般的意义上说,在社会学里,合理性参照"理性"(即有意识的动机),"理性"推动个体采取这样或那样的方式行动。于是,人们也就使用起"主观合理性"这个词语。在此意义上,可能两种合理性是矛盾的。从更狭义上讲,在行动的目的与手段之间,合理性设定了有效性与协调性。寻求最有效的手段来达到特定目的的行动,是理性行动。经典经济学家们认为,行为表现的理性公设仅仅意味着,"经济学人"是个考虑周密、有经验、善于精打细算的人,他在进行选择时,会同时考虑到成本、收益与风险的得失。

Rationalité limitée 有限理性

赫伯特·西蒙用"有限理性"来强调这样一个事实:行动者们无力制订最精确严密的选择——既缺乏足够的信息,又缺乏推理能力,还缺少时间。行动者们几乎总是只满足于采纳明智的而非理性的解决办法、采纳令人满意的而非最优的解决办法。

Sociabilité 社会性

邻里交往、与朋友们相会、与同事们交谈、参加联合会……这些都属于社会学家所说的"社会性"的标识。齐美尔把社会性定义为"社会化游戏基地"。

Solidarité mécanique et solidarité organique 机械团结和有机团结

在《社会分工论》(1893)里,迪尔凯姆根据社会交往的起源,把两种社会类型进行对比。传统社会由"机械"类型的社会团结联结起来。没有劳动分工,因此,个体们是同一性的,而且可以相互替换。他们有相同的感情。是集体信仰(同属一个社区的宗教、伦理、情感)确保社会的凝聚力。

在发达社会,劳动分工导致功能多样化。机械伦理基础瓦解——共同的集体的传统、宗教、信仰破碎了。劳动分工保障各类职业相互依存(犹如一个有机体里的细胞,分工专门化并互为补充),是保障社会团结的第一要素。然而这还不够。必须在社会上重建新的道德基础:职业群体(行会)道德规范应充分考虑到这一点。因为,职业群体的道德规范是个体与整体社会联系的保障。迪尔凯姆认为,世俗道德规范、公民教育,也是社会新道德风尚的基本因素,即社会内聚力的黏合剂。

Systémique　系统分析

政治系统、经济系统、社会系统……在社会科学里,系统观念参照下列原理:(1) 社会现象相互依存,因此,不能作为单独因素分析;(2) 存在有反馈现象:例如,在冲突中,行动/反响周期;(3) 社会被细分为相对独立的子系统,这些子系统具备专门化功能,并处于恒久互动中。从上述相当普遍的观点看,系统分析可当做一种特定手段,用以研究人类群体、组织机构、总体社会。众多社会学家以种种方式把系统观念纳入他们的理论,像帕森斯的社会系统理论,卢曼、莫兰的自发组织现象,克罗齐耶的《行动者与系统》(1977),布迪厄的场域理论。